国际贸易概论

（第三版）

葛正鹏　琚向红　主编

·北京·

内 容 提 要

"国际贸易概论"是研究国家（地区）间商品和服务交换活动规律的学科。本教材简明、清晰地介绍了国际贸易的产生和发展，国际分工与世界市场，国际贸易政策，国际贸易措施，国际投资与国际贸易，国际服务贸易与国际技术贸易，跨国公司与国际贸易，国际贸易条约、协定与组织，电子商务与国际贸易，主要国家或地区的对外贸易等内容。

本教材内容新颖、通俗易懂，学习目标明确，重点突出，既可以作为各类院校国际贸易及其他经济管理类专业的教材，亦可作为从事国际贸易工作人员的参考用书。

图书在版编目（CIP）数据

国际贸易概论 / 葛正鹏，琚向红主编. -- 3版. -- 北京：中国水利水电出版社，2023.6
ISBN 978-7-5226-1508-0

Ⅰ.①国… Ⅱ.①葛… ②琚… Ⅲ.①国际贸易—教材 Ⅳ.①F74

中国国家版本馆CIP数据核字(2023)第082309号

书　　名	**国际贸易概论（第三版）** GUOJI MAOYI GAILUN
作　　者	葛正鹏　琚向红　主编
出版发行	中国水利水电出版社 （北京市海淀区玉渊潭南路1号D座　100038） 网址：www.waterpub.com.cn E - mail：sales@mwr.gov.cn 电话：(010) 68545888（营销中心）
经　　售	北京科水图书销售有限公司 电话：(010) 68545874、63202643 全国各地新华书店和相关出版物销售网点
排　　版	中国水利水电出版社微机排版中心
印　　刷	清淞永业（天津）印刷有限公司
规　　格	184mm×260mm　16开本　17.75印张　389千字
版　　次	2010年8月第1版第1次印刷 2023年6月第3版　2023年6月第1次印刷
印　　数	0001—2500册
定　　价	58.00元

凡购买我社图书，如有缺页、倒页、脱页的，本社营销中心负责调换

版权所有·侵权必究

第三版前言

第三版是在编者认真研读党的二十大报告、全面准确理解党的二十大精神的基础上，对第二版内容进行了修改和充实。主要修订内容如下：

（1）根据党的二十大精神，对教材中相关内容进行了修改，主要涉及推进高水平对外开放，提升贸易投资合作质量和水平；构建优质高效的服务业新体系；稳住外贸外资基本盘，促进外贸创新发展，培育外贸新动能；推动贸易和投资自由化便利化，推进贸易创新发展，增强对外贸易综合竞争力；创新服务贸易发展机制，发展数字贸易，加快建设贸易强国；深度参与全球产业分工和合作，维护多元稳定的国际经济格局和经贸关系等方面内容。

（2）对教材中部分数据进行了更新，对部分阅读资料和案例进行了更换。

（3）针对教学中收到的相关建议，对本书内容及表述进行了修订。

（4）对第五章有关国际直接投资发展趋势与特点的相关内容进行更新。

（5）第十章增加了中美贸易摩擦的相关内容，重新修改了"金砖五国"对外贸易发展概况的相关内容。

在修改过程中我们仍然坚持第一、二版的版式、风格和编写指导思想。

本次修订主要由浙江开放大学葛正鹏教授和琚向红教授完成。全书由浙江大学胡培战副教授主审，葛正鹏统稿和定稿。本书在修订过程中，也得到了浙江开放大学的领导以及国际贸易概论课程组成员的大力支持和关心。

在本书的编写和修改过程中，我们参考了国内外的有关论文、专著、教材及其他文献资料，借鉴和引用了国内外学者大量的研究成果，在此一并表示衷心的感谢。限于编者水平，不足之处在所难免，敬请广大读者批评指正。

编写组
2023年6月

第二版前言

第二版是在第一版的基础上进行了部分内容的修改和充实。内容主要变化包括：

（1）对每一章中有关数据进行了更新。

（2）对有些章节阅读资料进行了更换。

（3）针对教师和学生提出的建议，对各章中有些文字表述进行了修订。

（4）根据近年来电子商务和各个国家或地区对外贸易发展过程中的新变化，在相关章节中增添和修改了相关内容。

在修改过程中我们仍然坚持第一版的版式、风格和编写指导思想。

第二版各章节内容修订主要由葛正鹏和琚向红完成。本书在修订过程中，也得到了浙江广播电视大学有关领导以及国际贸易课程组成员的大力支持和关心。在本书修改过程中，我们参考了国内外的有关论文、专著、教材及其他文献资料，借鉴和引用了国内外学者大量的研究成果，还从各个网站上引用了大量数据及资料，在此一并表示衷心的感谢。

限于编者水平，不足之处在所难免，敬请广大读者批评指正。

编写组

2021 年 1 月

第一版前言

《国际贸易概论》是研究国家(地区)间商品和服务交换活动规律的一门学科。从学科特点来看,《国际贸易概论》是一门理论性、政策性、社会实践性很强的课程,对现实国际贸易活动具有重要的指导意义。

在本书编写过程中,我们坚持以下指导思想。

(1)力求反映时代性特点,反映最新的国际贸易理论、信息和实践,体现国际贸易领域正在发生的变化和趋势。

(2)坚持够用、适用、实用的原则,既要考虑国际贸易理论的系统性和完整性,又充分体现够用的原则,删繁就简,简明清晰。

(3)强调理论与实践的结合,既要系统介绍国际贸易的基本理论和知识,又要强调国际贸易理论在实践中的应用,求真务实,注重能力培养。

(4)采取开放性和合一式编写方法,适合学生自主学习的特点。

全书每一章都包含"学习要求、阅读资料、本章小结、练习题、课堂讨论"等内容,这种合一式的编写方法,充分体现了现代远程开放教育和自主学习的特点。每章首先介绍了学习要求,将本章知识点分为重点掌握、掌握和了解三个层次,使学生明确必须要达到的教学目的和要求;每章插入了大量的阅读资料,以帮助学生了解《国际贸易概论》课程的最新理论、实践活动等;设有旁批,对所阐述的基本知识和原理进行提示、补充或简要介绍不同的学术观点,以指导学生进行理论联系实际的学习;通过小结回顾本章的主要内容,与前面的学习要求相呼应;每章配有练习题,便于学生学完本章后,进行本章练习;每章设有讨论题,便于教师组织学生进行小组或课堂讨论。

本书由葛正鹏、琚向红任主编,李鹏强、汪建明任副主编;由胡培战主审。各章编写分工为:第一章、第五章由葛正鹏编写;第二章由周丹编写;第三章由汪建明编写;第四章由尤超英编写;第六章、第八章由琚向红编写;

第七章由李芸编写；第九章由李鹏强编写；第十章由张岸嫔编写。全书由葛正鹏统稿和定稿。

在本书的编写过程中，我们参考了国内外的有关论文、专著、教材及其他文献资料，借鉴和引用了国内外学者大量的研究成果，还从各个网站上引用了大量数据及资料，在此一并表示衷心的感谢。限于编者水平，不足之处在所难免，敬请广大读者批评指正。

编写组

2010 年 8 月

目 录

第三版前言
第二版前言
第一版前言

第一章　导论 ·· 1
　　第一节　国际贸易的产生和发展 ··· 2
　　第二节　国际贸易的一些基本概念和分类 ·· 8

第二章　国际分工与世界市场 ··· 22
　　第一节　国际分工 ·· 23
　　第二节　世界市场 ·· 43
　　第三节　国际市场价格 ·· 53

第三章　国际贸易政策 ·· 64
　　第一节　国际贸易政策概述 ·· 65
　　第二节　欧美各主要历史阶段的国际贸易政策 ································· 69
　　第三节　自由贸易政策 ·· 79

第四章　国际贸易措施 ·· 90
　　第一节　关税方面的措施 ··· 91
　　第二节　非关税壁垒措施 ·· 100
　　第三节　鼓励出口与出口管制措施 ·· 111

第五章　国际投资与国际贸易 ··· 123
　　第一节　国际投资概述 ··· 124
　　第二节　国际直接投资的主要形式与发展趋势 ································ 127
　　第三节　区域经济一体化 ·· 131

第六章　国际服务贸易与国际技术贸易 ·· 150
　　第一节　国际服务贸易 ··· 151
　　第二节　国际技术贸易 ··· 166

第七章　跨国公司与国际贸易 ··· 179
　　第一节　跨国公司的形成与发展 ··· 180

第二节　跨国公司理论……190
　　第三节　跨国公司对国际贸易的影响……197

第八章　国际贸易条约、协定与组织……206
　　第一节　贸易条约与协定……207
　　第二节　世界贸易组织……212

第九章　电子商务与国际贸易……229
　　第一节　电子商务的运行……230
　　第二节　电子商务在国际贸易中的运用……237

第十章　主要国家或地区的对外贸易……245
　　第一节　发达国家对外贸易概述……246
　　第二节　美国的对外贸易……247
　　第三节　日本的对外贸易……254
　　第四节　欧盟的对外贸易……258
　　第五节　发展中国家或地区的对外贸易……262
　　第六节　"金砖五国"的对外贸易……265

参考文献……275

第一章 导 论

学习要求

◆ **重点掌握**

国际贸易的概念
对外贸易额与贸易量
总贸易和专门贸易
国际贸易地理方向和对外贸易地理方向
国际贸易商品结构
对外贸易依存度

◆ **掌握**

出口贸易与进口贸易的含义
直接贸易与间接贸易的含义

◆ **了解**

国际贸易的产生与发展
出口与进口的含义
复出口与复进口的含义
过境贸易的含义

国际贸易概论

第一节　国际贸易的产生和发展

一、国际贸易的概念

国际贸易（International Trade）又称世界贸易（World Trade），是指世界各国（地区）之间货物、劳务和技术的交换活动。国际贸易是世界各国相互之间劳动分工的表现形式，它反映了各国在经济上的相互依赖关系。从一个国家（或地区）的角度来看，它同其他国家（或地区）所进行的商品交换活动被称为对外贸易（Foreign Trade）。如果站在世界的角度来看，就把各国对外贸易的总和称为世界贸易。而一些海岛国家，如英国、日本的对外贸易常被称为海外贸易（Oversea Trade）。

二、国际贸易的产生与发展

（一）国际贸易的产生

早在公元前 3000 年，古代埃及和幼发拉底河流域、底格里斯河流域就出现了国家的雏形，国际贸易也就产生了。所以，国际贸易是在国家形成后产生的，这是国际贸易产生的第一个条件。国际贸易产生的第二个条件是社会分工的扩大和有可供交换的剩余产品。在人类社会早期，生产力水平极度低下，没有剩余产品，劳动成果仅能维持最基本的生存需要，因此谈不上有贸易活动。随着社会生产力的发展，人类社会发生了第一次社会大分工，即畜牧业从农业中分离出来。随着农业和畜牧业的发展，社会生产力的逐步提高，出现了剩余产品。第一次社会大分工为经常性交换创造了条件，也为国际贸易创造了条件。

> 史学家认为，人类社会第一次社会大分工产生于原始社会末期。

【阅读资料】

人类社会三次社会大分工

第一次社会大分工发生在新石器时代（即原始社会末期），指畜牧业从农业中分离出来。在此以前，交换只是偶然的现象，畜牧业部落出现后，它所生产的生活资料不仅比其他原始部落多，而且种类也不同，从而使经常的交换成为可能。这次大分工有力推动了商品交换的发展，也为私有制的产生提供了物质基础。

第一章 导论

第二次社会大分工是指手工业和农业之间的分离。随着生产力的发展特别是金属工具的采用，当时出现了各种各样的手工业生产，如纺织、榨油、酿酒、金属加工和武器制造等，它们逐渐从农业中分离出来。这次大分工促进了劳动生产率的提高和生产规模的扩大，使直接以交换为目的商品生产开始出现，并使商品交换范围进一步扩大，从而加速了私有制的产生和原始社会的瓦解。

第三次社会大分工是指原始社会瓦解、奴隶制社会形成时出现的一个不从事生产而专门从事商品交换的商人阶级。商人阶级的出现，缩短了商品买卖的时间，扩大了商品的销路，又一次推动了商品生产和交换的发展。恩格斯将商人的出现称为第三次社会大分工。

（二）国际贸易的发展

1. 古希腊和古罗马时代

早在古希腊和古罗马时代，国际贸易就有了一定程度的发展。

古希腊的地理范围，不仅包括希腊半岛，还包括爱琴海诸岛、小亚细亚沿海、地中海沿岸以及黑海沿岸地带。古希腊是欧洲文明的发源地，古希腊人同西亚和埃及的居民往来，创造了欧洲最早的文化。在"荷马时代"以后的二三百年，即公元前8—公元前6世纪，古希腊许多奴隶制城邦国家相继建立起来，其中最为典型的是雅典和斯巴达。

荷马时代是指公元前11—公元前9世纪古代希腊氏族制度解体的历史阶段。因反映该时期社会情况的主要史料是荷马史诗，故名。因史诗描述的是神话中英雄的故事，又称英雄时代。

雅典位于希腊东南的阿提卡半岛上，是一个以手工业、商业和航海业而闻名的奴隶制城邦国家，也是希腊政治经济文化的中心。它的海上交通运输很早就得到了发展。史学家认为，与世界同样处于手工业阶段的其他地区相比，古希腊的贸易量是首屈一指的。公元前594年的"梭伦改革"，废除了债务奴隶制度，从而使商人的地位得到了根本的保证，这就大大地促进了工商业的发展。当时的埃及以及黑海北岸和西西里的粮食、牲畜、皮革，马其顿和色雷斯的木材，米利都的羊毛等都云集在地中海沿岸的雅典等大港口和城市进行贸易交流。

斯巴达在希腊半岛南部的伯罗奔尼撒半岛上。公元前500年左右，它成为南部希腊最强大的国家。伯利克里时代（公元前5世纪中期），雅典空前繁荣。伯利克里（Pericles）是古代希腊的政治家，出身贵族，拥有大量地产，并同工商业有密切利益关系，成为工商业奴隶主的代表人物。在他执政期间，主张扩大雅典海上势力和平民的权利，大兴土木，修建雅典卫城和比雷埃夫斯港，建成了雅典和比雷埃夫斯港之间的长墙，巩固了陆地防御力量，确保了雅典与海外的交通。

古代罗马诞生在意大利半岛中部的台伯河流域，是在"七丘之城"的基础上发展起来的。公元前2—前1世纪，罗马奴隶制迅速发展并开始繁荣。罗马奴隶的来源，居于第一位的是把战俘及战败地区居民变卖为奴。此外，地中海的海盗掠夺和拐骗来的人口，也是奴隶的来源之一。另外，在各行省，仍有贫苦的人民沦为债务奴隶。与这种情况相适应，奴隶贸易也跟着发展起来。当时在罗马共和国的范围内，到处都有这种奴隶的买卖。在罗马帝国初期的200年间，即"罗马和平"时期，对外贸易已相当发达，主要有三条通道：一条是从意大利经海路到亚历山大港，再从陆路经红海东岸到也门，利用季候风到印度，商人从东方将香料、宝石、纺织品运到罗马，将罗马的铜、锡、葡萄酒、玻璃制品运往东方；另一条是向北到达波罗的海、北海沿岸，罗马进口琥珀、毛皮、奴隶，出口金属器皿等；再一条是通过"丝绸之路"与中国进行贸易往来，中国的丝绸成为罗马上层社会喜爱的奢侈品。公元2世纪，罗马商人曾到过中国。

2. 中世纪时期

中世纪时期，蒙古帝国的兴起以及中东地区的统一，使对外贸易达到了新的高度。

随着蒙古帝国的兴起，陆上贸易发生了一场大变革。从波罗的海到太平洋，从西伯利亚到波斯湾，蒙古人横贯欧亚大陆。成吉思汗西征时就推广了中国的驿站制度，让人修桥架路，颁布保护行商的法令。于是，许多蒙古贵族纷纷向商队投资，以牟取厚利。

中东是所有横贯欧亚大陆的商路的枢纽；这里既有通往黑海和叙利亚各港口的陆路，又有穿过红海和波斯湾的水路。其中渡过阿拉伯海，同印度西南部马拉巴尔沿海地区的贸易尤为繁荣。大批穆斯林商人，多数为阿拉伯人和波斯人，相继在印度和锡兰各港口定居下来，并用船只将马匹、白银、铁器、亚麻布、棉花和毛织品从西方运到东方，以换取丝绸、宝石、柚木和各种香料。

在全盛时代的中国唐代，对西方的贸易也受到官方支持和保护。唐代开放的治国政策有力地推动了自汉代以来的"丝绸之路"的贸易。

13—15世纪，亚欧商业中心在黑海地区形成，当时的中国版图扩大，使中国商人可以直接远行到达黑海沿岸。意大利商人的

意大利首都罗马，位于国境中部的台伯河两岸。关于它的起源有一段有趣的传说。相传罗慕洛和列慕斯是希腊战神马尔斯的一对双胞胎，出生后母亲被仇人杀死了，他俩被放在筐子里投入台伯河中。可是筐子并没有下沉，他俩被漂流到了岸边。一只母狼将他俩叼回去用狼奶喂养。后来被猎人拾去抚养，练就一身本领。他们长大后杀死了仇人，报了杀母之仇。哥哥做了国王，在台伯河边七座山丘之上建立起一座城堡，用自己的名字命名。"罗慕洛"念快了就变成"罗马"。所以罗马又称"七丘之城"。

丝绸之路指西汉（公元前202—公元8年）时，由张骞出使西域开辟的以长安（今西安）为起点，经甘肃、新疆，到中亚、西亚，并连接地中海各国的陆上通道（这条道路也被称为"西北丝绸之路"以区别日后另外两条冠以"丝绸之路"名称的交通路线）。广义的丝绸之路指从上古开始陆续形成的，遍及欧亚大陆甚至包括北非和东非在内的长途商业贸易和文化交流线路的总称。

贸易路线，在君士坦丁堡、克法塔纳和特拉布松一线，与中国丝绸之路正好相连接。中国人与意大利人便成为共同主宰那个时代的国际贸易伙伴和对手。意大利人马可·波罗（Marco Polo，1254—1324）就是在这个时期两次访问中国。他们从威尼斯起程，渡过地中海，沿波斯湾南下，来到元代上都（今内蒙古自治区多伦西北）。史学家认为，《马可·波罗游记》激起了欧洲人对中国文明与财富的倾慕，最终引发了新航路和新大陆的发现。郑和七次下西洋，历经28年，走过30多个国家和地区，最远到达非洲东海岸和红海沿岸。规模之大，时间之久，为后来欧洲航海家所未及，成为世界航海史上的壮举。

3. 资本主义的原始积累时期

15—18世纪末，这一时期被称为是资本主义的原始积累时期，有一些历史学家将这一时期称为重商主义时代或商业资本主义时代。这一时期，在欧洲历史上，贸易（特别是对外贸易）所发挥的作用是非常罕见的。人们把对外贸易和一个国家的繁荣紧密联系在一起。"地理大发现"不仅仅是地理学发展史中的重大事件，也是贸易史上的重大事件。1431年，葡萄牙人维尔和（Velho）到达了大西洋东北部的亚速尔群岛；1486年，葡萄牙人迪亚士（Bartolomeu Dias）发现非洲南端风暴角（即好望角）；1492年，意大利人哥伦布（Cristoforo Colombo，约1451—1506）航抵美洲；1498年，葡萄牙人瓦斯科·达·伽马（Vasco da Cama，1469—1524）开辟绕过好望角通往印度的航路；1519—1522年，葡萄牙人麦哲伦（Fernao de Magalhaes，1480—1521）及其船队完成人类首次环球航行；1642—1643年，荷兰人塔斯曼（Tasman，1603—1659）航行至澳大利亚、新西兰和塔斯马尼亚等地。

"地理大发现"带来了世界市场的根本性变化，国际流通中的商品种类和数量大大增加，欧洲的产品找到了更大的市场。史学家认为，"地理大发现"带来了欧洲的商业革命。新航路和新大陆的发现，不仅开辟了东西方贸易新的通道，还使得欧洲商人的贸易活动从早先的地中海地区，进而扩展到大西洋沿岸以至世界各地。一些从未在欧洲出现过的海外产品，如烟草、可可、咖啡和茶叶等，开始进入欧洲市场，并且很快就成为对外贸易的主要商品。过去欧洲人较少食用的稻米、白糖等的销售量也连年增长。至于原来就已经畅销于欧洲国家的东方香料（胡椒、丁香、肉桂、豆蔻等），在"地理大发现"之后增长的幅度更大。贸易的扩大推动了专业化分工的深化。伴随着大规模贸易出现了专门从事海外贸易活动的新型公司，比如荷兰、英国的东印度公司、法国的西印度公司等，这些公司的出现使国际贸易发展成为一个巨大的产业。"地理大发现"也引发了新一轮的殖民扩张和掠夺。最初是葡萄牙殖民者在15世纪末占领了西非的大片土地，大肆掠夺黄金和象牙，并进行残酷的奴隶贸易。"发现"新大陆后，葡萄牙人又占领了巴西，随后达·伽马又占领了非洲南端和整个东海岸，此后又进入印度、锡兰（今斯里兰卡）和马六甲海峡，并占领了中国的澳门。西班牙继葡萄牙之后成为又一个殖民大国，西班牙人先后占领了中南美洲，从事奴隶贸易，将非洲黑人贩运到美洲从事劳动。荷兰于15世纪末加入了殖民扩张的行列，并取代了葡萄牙和西班牙，成为最大的殖民国家。17世纪中荷兰的国际贸易达到了顶点，当时欧洲贸易总额的很大一部分是由荷兰人经手的。阿姆斯特丹发展起了巨大的转口贸易。此后，英国和法国也逐渐成为殖民大国。

转口贸易是指国际贸易中进出口货物的买卖，不是在生产国与消费国之间直接进行，而是通过第三国转手进行的贸易。这种贸易对中转国来说就是转口贸易。

4. 资本主义自由竞争时期

从18世纪后半期到19世纪末20世纪初，是资本主义自由竞争时期。在这一时期，最重要的事件就是欧美主要国家先后完成的工业革命。关于工业革命的起因，许多史学家认为，商业革命则是贡献之一，它在一定程度上推动了欧洲工业革命的发生。商业革命促进了劳动的世界分工和国际贸易的扩大，使欧洲国家积累了巨额货币财富，大量的资本以利润的形式从世界各地源源流入欧洲，从而推动了欧洲国家工场手工业的发展。商业革命为欧洲的工业，尤其是为制造纺织品、火器、金属器具、船舶以及包括制材、绳索、帆、锚、滑轮和航海仪器在内的船舶附件的工业提供了很大的、不断扩展的市场。商业革命也使对外贸易量显著增长。从18世纪初到19世纪初，世界贸易总额增长了1倍多，而在1800—1870年间，世界贸易总额增长了6.7倍。

1715—1787年间，法国从海外地区输入的进口商品增加了10倍，而出口商品增加了7~8倍。英国的贸易也有了几乎同样惊人的增长，在1698—1775年的这一时期中，进口商品和出口商品都增长到500%~600%。在这一时期，英国成为了"世界工厂"，在世界工业和贸易中取得了支配地位。1820年，英国的工业产量已占世界工业总产量的一半以上；1850年以后，英国一半以上的工业品被销往国外市场，而大部分工业原料则从国外进口，从而使英国成为国际贸易的中心。在1846年前的10~15年间，英国出口扩张的速度已经非常快（约每年5%），此后扩张的速度进一步加快。1843—1847年期间和1857—1861年期间，英国的出口量年增长率超过6%。

19世纪最后30年间，欧洲、北美及日本和澳大利亚等国都先后完成了工业化过程，过渡到了资本主义工业经济。整个世界形成了以欧美为代表的现代工业经济和由其他国家组成的传统经济的格局。在第二次技术革命的推动下，一系列新兴的工业开始出现，在原来的工业部门里，重工业的比重逐渐增加，取代了轻工业而占据了主导地位。各国开始有所侧重地发展自己的工业，比如冶金、化工、能源、机器制造和交通运输等。一些原来的农业国发展了燃料和其他矿产品的采掘工业，以满足第二次工业革命对农矿原料的巨大需求，从而形成了与工业国各工业部门相互补充的产业结构。新的国际分工体系因此逐渐形成：一方面是食品和各种农矿原料的生产集中在占世界人口大多数的亚非拉国家；另一方面是把工业生产集中在占世界人口少数的欧洲、北美和日本。交通运输工具的革新、国际运费的下降，以及国际通信手段的发展，极大地推动了国际贸易和国际分工格局的形成。铁路成为许多国家港口和内陆联系的主要交通工具。1869年，苏伊士运河通航使亚欧之间的航运距离缩短了7000公里；蒸汽船的使用进一步减少了国际货运的时间和运输成本。1870—1913年，海洋运输费用减少了一半以上。海底电缆在各国之间先后铺设，国际邮政业务也取得了很大的发展。所有这一切，使1870—1913年间世界贸易额增加了3倍多。

5. 垄断资本主义时期

这一时期，欧美国家的垄断组织已经基本形成，并逐渐占据了支配地位。垄断的产生，使得国际贸易也具有了垄断的特点。随着生产和资本的集中，垄断组织在经济生活中起着决定性的作用，它们不仅控制国内贸易，而且控制了国际贸易，国际贸易成了垄断组织追求最大限度利润的重要手段。而且在这一阶段，欧美国家对外扩张的中心已经逐渐从商品输出转向了资本输出。到20世纪初，世界领土已经被欧美主要国家瓜分完毕，形成了统一的世界市场。通过资本输出，欧美主要国家在殖民地建立了各种企业，大力发展欧美主要国家所需要的工业原料、食品和供出口用的初级产品加工工业。当时形成的落后国家集中生产原材料、农矿产品，欧美国家集中生产工业品的国际分工格局,直到今天仍然没有发生实质性的变化。

第二次世界大战以后,在第三次技术革命的影响下,国际贸易伴随着经济的巨大发展而出现了飞速增长。1949—1999 年间,世界商品出口的年平均增长率为 5.78%,超过世界出口的年平均增长率2.14%。这一时期的国际贸易发展的速度和规模都远远超过了以前任何一个阶段。从 1950—2000 年的 51 年中,全世界的商品出口总值从 610 亿美元增加到 61328 亿美元,增长了将近 100 倍。世界贸易实际价值的平均增长速度为 6%,超过了同期世界实际 GDP 平均 3.8%的增长速度,这也意味着国际贸易在 GDP 中所占的比重在不断提高。

第二节　国际贸易的一些基本概念和分类

一、国际贸易的一些基本概念

(一)出口与进口

一国或地区的对外贸易可以分为出口和进口两个组成部分。

出口(Export)又称输出,是"进口"的对称,是指一国或地区生产或加工过的商品和服务向国外出售。出售商品和服务的国家称为出口国。出口商品和服务收入的货币总额称为出口额。出口是一国或地区外汇的主要来源。

进口(Import)又称输入,是"出口"的对称,是指一国或地区商品和服务由国外购进,用于本国生产和生活消费。从国外购进商品和服务的国家称为进口国。进口商品和服务所支付的货币总额称为进口额。

一个国家或地区其出口总值与进口总值的差额就是净出口(Net Export),也可称为贸易余额(Balance of Trade)。

当净出口为正值时,可称为贸易盈余、贸易顺差或出超(Trade Surplus);当净出口为负值时,可称为贸易赤字、贸易逆差或入超(Trade Deficit)。

贸易顺差表明了一国或地区外汇有净收入,外汇储备增加。贸易逆差表明了一国或地区外汇有净支出,外汇储备减少。

(二)复出口与复进口

复出口(Reexport)又称为再出口,是指外国商品进口以后未经加工制造又出口。复出口在很大程度上同经营转口贸易有关。

在欧洲和拉丁美洲一些国家，凡外国商品运进本国海关仓库，未经加工，又从海关仓库运往国外的，均列为复出口。在英国和美国，除上述情况外，还包括外国商品已经进入本国市场，只要未经加工，又运往国外的，即"本国化了的商品"，也列为复出口。复出口的商品都不列入对外贸易进出口商品的统计数字，而单独作统计。

复进口（Reimport）是指本国商品输往国外，未经加工又输入国内，也称再进口。复进口多因偶然原因（如出口退货）所造成。

复进口的商品常由于本国的出口商品在国外未能销售、有质量问题或有损坏等原因造成退回，具有一定的偶然性，并无经济意义，因此复进口的商品都不列入对外贸易进出口商品的统计数字，而单独作统计。

（三）对外贸易额与对外贸易量

对外贸易额（Value of Foreign Trade）又称对外贸易值，是指一个国家或地区在一定时期内的进口总额与出口总额之和，一般用本国货币表示，也可用国际上习惯使用的货币表示。联合国发布的世界各国对外贸易额是以美元表示的。

大多数国家（地区）在统计有形商品时，出口额以 FOB 价格计算，进口额以 CIF 价格计算；无形商品不报关，海关没有统计。

FOB 意思为装运港船上交货，指定具体装运港名。适用运输方式：海运和内河运输。

FOB（Free on Board）即离岸价格，是国际贸易中常用的贸易术语之一，在出口报关时一般采用这个贸易术语。其意思是船上交货，习惯称为装运港船上交货。按此术语成交，由买方负责派船接运货物，卖方应在合同规定的装运港和规定的期限内，将货物装上买方指定的船只，并及时通知买方。货物在装船时越过船舷，风险即由卖方转移至买方。在 FOB 条件下，卖方要负担风险和费用，领取出口许可证或其他官方证件，并负责办理出口手续。采用 FOB 术语成交时，卖方还要自费提供证明其已按规定完成交货义务的证件，如果该证件并非运输单据，在买方要求下，并由买方承担风险和费用的情况下，卖方可以给予协助以取得提单或其他运输单据。

CIF 意思为成本加保险费加运费（指定目的港），货物自装运港到目的港的运费保险费等由卖方支付。适用运输方式：海运和内河运输。

CIF（Cost，Insurance and Freight）即到岸价格，是指卖方必须支付将货物运至指定的目的港所需的运费和费用，但交货后货物灭失或损坏的风险及由于各种事件造成的任何额外费用即由卖方转移到买方。但是，在 CIF 条件下，卖方还必须办理买方货物在运输途中灭失或损坏风险的海运保险。CIF 通常是指 FOB＋运费＋保险费。

对外贸易额是反映一国或地区对外贸易规模化和状况的一个

重要指标。

国际贸易额（Value of International Trade）这一概念不同于对外贸易额，它是指一定时期内世界各国（地区）出口贸易额的总和。而不是指世界各国（地区）出口额和进口额之和，也不是指世界各国（地区）对外贸易额之和。统计国际贸易额，必须把世界各国（地区）的出口额折算成同一货币后相加。

> 一个国家的出口就是另外一个国家的进口，所以，如果把世界各国（地区）的进出口额相加，就会造成重复计算。

用货币表示贸易的规模虽然方便，但由于商品价格经常变动，所以它不能准确地反映贸易实际规模的发展和变化。若用数量表示，就可以避免这个缺点，由此产生了贸易量的概念。

对外贸易量（Quantum of Foreign Trade）是按一定期的不变价格为标准来计算的各个时期的贸易额。用进出口价格指数除进出口值，得出按不变价格计算的对外贸易值，便剔除了价格变动因素，就是对外贸易量。其计算公式为：

$$对外贸易量 = \frac{进出口额}{进出口价格指数}$$

$$价格指数 = \frac{报告期价格}{基期价格} \times 100$$

对外贸易量的大小反映了一个国家或地区进出口贸易的实际规模。

（四）总贸易和专门贸易

总贸易（General Trade）就是指以货物通过国境为标准划分的进出口贸易。总进口额加总出口额就是一国的总贸易额。美国、日本、英国、加拿大、澳大利亚、中国等90多个国家采用这种划分标准。

专门贸易（Special Trade）就是以关境为标准划分的进出口贸易。只有从外国进入关境的商品以及从保税仓库提出进入关境的商品才列为专门进口（Special Import）。当外国商品进入国境后，暂时存放在保税仓库，未进入关境，不列为专门进口。从国内运出关境的本国产品以及进口后经加工又运出关境的商品，则列为专门出口（Special Export）。专门进口额加专门出口额称为专门贸易额。德国、意大利、瑞士等80多个国家采用这种划分标准。

关于什么是进口和出口，目前世界上不同国家其统计标准有所不同。通行的统计标准有两种：一种是以国境作为统计对外贸易的标准，另一种是以关境作为统计对外贸易的标准。

> 国境和关境有时并不一致。具体内容可参见第四章相关内容。

这里所讲的国境和关境是两个不同的概念。国境是指一个主权国家的领土范围。关境（Custom Territory），亦称关税领土、海关境

第一章 导论

域、关税境域或关税领域,指一国关税法规完全实施的领域。海关合作理事会（Customs Co-operation Council,CCC）（现世界海关组织 WCO）将关境定义为"全面实施统一海关法令的境域"。

凡进入国境的商品一律列为总进口（General Import）;凡离开国境的商品一律列为总出口（General Export）。在总出口中又包括本国产品的出口和未经加工的进口商品的出口（即复出口）。

联合国所公布的各国贸易额一般都注明了是总贸易额还是专门贸易额。

（五）国际贸易地理方向和对外贸易地理方向

国际贸易地理方向（International Trade by Region）亦称国际贸易地区分布,是指在一定时期内世界贸易洲别、国别或地区分布情况和商品流向。通常以一定时期内世界各洲、各国或地区的出口额（或进口额）占世界出口贸易总额（或进口贸易总额）的比重来表示。它反映世界各洲、各国或地区在国际贸易中所占的地位。计算各国在国际贸易中的比重,既可以计算各国的进、出口额在世界进、出口总额中的比重,也可以计算各国的进出口总额在国际贸易总额（世界进出口总额）中的比重。

对外贸易地理方向（Direction of Foreign Trade）又称对外贸易地区分布或国别构成,是指一定时期内各个国家或地区在一国对外贸易中所占有的地位,通常以它们在该国进出口总额或进口总额、出口总额中的比重来表示。对外贸易地理方向指明一国出口商品的去向和进口商品的来源,从而反映一国与其他国家或地区之间经济贸易联系的程度。一国的对外贸易地理方向通常受经济互补性、国际分工的形式与贸易政策的影响。

（六）国际贸易商品结构和对外贸易商品结构

国际贸易商品结构（Composition of International Trade）是指一定时期内各大类商品或某种商品在整个国际贸易中的构成,即各大类商品或某种商品贸易额与整个世界出口贸易额相比,以比重表示。国际贸易商品结构可以反映出整个世界的经济发展水平、产业结构状况和科技发展水平。

就某一个国家来说,对外贸易商品结构（Composition of Foreign Trade）是指一定时期内一国进出口贸易中各种商品的构成,即某大类或某种商品进出口贸易与整个进出口贸易额之比,以份额表示。对外贸易商品结构可以反映出该国的经济发展水平、产业结构

11

状况、科技发展水平等。

为便于分析比较国际贸易商品结构与对外贸易商品结构,世界各国和联合国均以联合国《国际贸易标准分类》(Standard International Trade Classification,SITC)公布的国际贸易和对外贸易商品结构进行分析比较。

SITC 为用于国际贸易商品的统计和对比的标准分类方法。现行《国际贸易标准分类》于 1950 年 7 月 12 日由联合国经济社会理事会正式通过,目前为世界各国政府普遍采纳的商品贸易分类体系。

按《国际贸易标准分类》,商品可划分为两大类:一类是初级产品,另一类是工业制成品。初级产品(Primary Commodity)指未经加工或只是简单加工过的产品,主要包括农、林、牧、渔、矿业产品,如矿石、精矿、籽棉、皮棉等。按照联合国《国际贸易标准分类》,初级产品包括以下几类:①食品及主要供食用的活动物;②饮料及烟草类;③燃料以外的非食用原料;④矿物燃料、润滑油及有关原料;⑤动植物油、脂及蜡。

工业制成品指经复杂加工的工业产品和商品。按照联合国《国际贸易标准分类》,工业制成品包括以下几类:①化学品及有关产品;②按原料分类的制成品(包括钢铁、有色金属、纸张和纺织品等);③机械及运输设备;④杂项制品(包括鞋、服装和家具等)。

【阅读资料】

国际贸易商品结构呈现高级化趋势

科技革命的深入发展推动着国际贸易商品结构的高级化。

国际贸易商品结构高级化主要表现在货物贸易商品结构的高级化和服务贸易商品结构的高级化。

第一,国际货物贸易商品结构的高级化。

20 世纪 90 年代以来,在世界商品贸易中,最具活力的是工业制成品贸易。从近 10 多年的情况看,在世界贸易中,工业制成品贸易年均增长 9.8%,而初级产品贸易仅增长 2.2%。

随着人类科学技术的不断发展和进步,技术因素在国际货物贸易发展中的作用日益突出。电子产业、海洋及微生物技术、太空航天技术、环境保护技术、新材料技术等高技术产业及高技术含量的产品在国际货物贸易中的比重直线上升。

在国际技术贸易增长的同时,技术贸易的内容也发生了变化,向着知识型、信息型等软件技术方面倾斜。

第二,国际服务贸易商品结构的高级化。

自 20 世纪 60 年代以来,由于各国政府逐步放宽了对服务贸易

的限制，国际服务贸易得到了迅速发展。在 70 年代和 80 年代约为 20%，但在 90 年代则上升到 25%左右。从 90 年代开始，世界产业结构中第三产业的比重就一直在 60%以上。

在国际服务贸易规模和速度迅猛发展的同时，服务贸易商品结构也在发生变化。第二次世界大战以后，由于第三次产业革命，电信、金融以及各种信息产业、高新技术产业得以迅速崛起并快速进入服务贸易领域。从而使得世界服务贸易的结构不断发生变化，原有的运输、旅游及其他服务中，运输服务比重下降。在新的世界服务贸易的构成中，1990 年，国际运输服务占 28.5%，国际旅游服务占 33.9%，其他服务占 37.6%；2005 年，国际运输服务占 23.3%，国际旅游服务占 28.9%，其他服务占 47.8%。从 1990—2000 年，国际运输服务增长率为 4%，国际旅游服务增长率为 5%，而其他服务业的增长率为 8%，增长速度方面的差异正体现了世界服务贸易的商品结构高级化趋势。

近年来，在国际服务贸易构成中，运输和旅游等传统服务贸易所占比重相对下降，通信、保险、广告、租赁、管理等新型服务贸易所占比重不断提高，特别是知识产权、技术转让、数据处理、咨询等知识含量较高的服务行业发展更快，使服务贸易结构向知识密集型转变。

国际服务贸易市场特别是技术含量高的新兴服务业市场具有高度垄断性，发达国家占据了服务贸易 3/4 的份额。

（七）对外贸易依存度

对外贸易依存度（Degree of Dependence on Foreign Trade）又称为对外贸易系数，是指一国的进出口总额占该国国内生产总值的比重。它不仅用来衡量一个国家的经济对国际市场的依赖程度，同时也反映一个国家的经济开放程度。

一个国家对外贸易依存度过高，其国内经济发展易受到国外经济影响或冲击，世界经济不景气（如国际金融危机）对本国经济冲击就较大。一个国家如果对外贸易依存度过低，就说明没有很好利用国际分工和国际经济技术合作的好处。因此，各国应该根据本国国情，探讨不同阶段如何选择本国最佳的对外贸易依存度。

【阅读资料】

我国对外贸易依存度的变化

随着我国经济融入世界经济一体化的进程,我国对外贸易快速增长,对外贸易依存度逐年增加。1985年为23.1%,1990年为30%,其中出口依存度为16.05%,进口依存度为13.84%,我国出口慢慢赶上并超过进口。1994年我国对外贸易依存度突破40%,1996—1999年有所滑落,2000年再次达到43.9%,2002年突破50%,2005年高达63%。随后,随着我国经济的不断发展,对外贸易依存度开始逐年下降。2010年,我国当年GDP总额为40.15万亿元人民币,进出口总额为29727.6亿美元,这样2010年我国对外贸易依存度为48.95%。2015年我国当年GDP总额为68.91万亿元人民币,进出口总额为24.59万亿元人民币,这样我国对外贸易依存度为35.63%。2017年,我国GDP总额为82.08万亿元人民币,进出口总额为27.79万亿元人民币,我国对外贸易依存度为33.6%。中国经济的外贸依存度越来越低,说明我国经济增长更加依赖国内的消费和投资,同时,我国现在是更广更深地融入了世界,也意味着面对国外区域经济波动传导来的影响将会越来越小。

二、国际贸易的分类

国际贸易范围广泛,性质复杂,可以从不同角度、不同标准进行分类。

（一）按商品移动的方向分类

1. 出口贸易

出口贸易（Export Trade）又称输出贸易,是指将本国的商品或服务输出到外国市场销售。从国外输入的商品,未在本国消费,又未经本国加工而再次输出国外,称为复出口或再输出贸易。

2. 进口贸易

进口贸易（Import Trade）又称输入贸易,是指将外国的商品或服务输入到本国市场销售。输往国外的商品未经消费和加工又输入本国,称为复进口或再输入贸易。

3. 过境贸易

过境贸易（Transit Trade）是指甲国向乙国运送商品，由于地理位置的原因，必须通过第三国，对第三国来说，虽然没有直接参与此项交易，但商品要进出该国的国境或关境，并要经过海关统计，从而构成了该国进出口贸易的一部分。由于过境贸易对国际贸易的阻碍作用，世界贸易组织成员国之间互不从事过境贸易。

（二）按商品的形态分类

1. 有形贸易

有形贸易（Visible Trade）也称货物贸易，是指有实物形态的商品的进出口。

国际贸易中的有形商品种类繁多，为便于统计，联合国《国际贸易标准分类》（1974年版）把国际贸易商品共分为 10 类、63 章、233 组、786 个分组和 1924 个基本项目。这 10 类商品分别为：食品及主要供食用的活动物（0）；饮料及烟类（1）；燃料以外的非食用原料（2）；矿物燃料、润滑油及有关原料（3）；动植物油、脂及蜡（4）；化学品及有关产品（5）；主要按原料分类的制成品（6）；机械及运输设备（7）；杂项制品（8）；未分类的（其他）商品（9）。

在国际贸易中，一般把 0~4 类商品称为初级产品，把 5~8 类商品称为制成品。参见国际贸易商品结构有关内容。

2. 无形贸易

无形贸易（Invisible Trade）是指没有实物形态的商品的进出口。其内容主要包括：①和商品进出口有关的一切从属费用的收支，如运输费、保险费、商品加工费、装卸费等；②和商品进出口无关的其他收支，如国际旅游费用、外交人员费用、侨民汇款、使用专利特许权的费用、国外投资汇回的股息和红利、公司或个人在国外服务的收入等。

有形贸易因要结关，故其金额显示在一国的海关统计上；无形贸易不经过海关办理手续，其金额不反映在海关统计上，但显示在一国国际收支表上。

（三）按贸易是否有第三者参加分类

1. 直接贸易

直接贸易（Direct Trade）是指商品生产国与商品消费国直接买卖商品的贸易活动。贸易的出口国方面称为直接出口，进口国方面称为直接进口。

2. 间接贸易

间接贸易（Indirect Trade）是指商品生产国与商品消费国通过第三国进行买卖商品的贸易活动。其中，生产国是间接出口国；消费国是间接进口国；第三国是转口贸易国。例如，伊拉克有一些商机，但是风险也很大。我国的有些企业在向伊拉克出口商品时，大多是先把商品卖给伊拉克的周边国家，再由伊拉克的周边国家转口到伊拉克。

以上所讲的转口贸易（Entrepot Trade），就是商品消费国和商品生产国通过第三国进行的贸易活动，对于第三国而言就是转口贸易。

要注意区别转口贸易和过境贸易。

转口贸易和过境贸易的区别在于：商品的所有权在转口贸易中先从生产国出口者那里转到第三国（或地区）商人手中，再转到最终消费该商品的进口国商人手中。而在过境贸易中，商品所有权无需向第三国商人转移。

（四）按商品运输方式分类

1. 陆路贸易

陆路贸易（Trade by Roadway）是指通过陆地上的交通工具（如火车、汽车等）运输商品的贸易活动。陆地毗邻国家之间的贸易多采取陆路贸易。

2. 海路贸易

海路贸易（Trade by Seaway）是指通过海上的运输工具（如各类船舶等）运输商品的贸易活动。海路贸易的运输工具主要是各类船舶，这是国际贸易的最主要运输方式。

3. 空运贸易

空运贸易（Trade by Airway）是指通过飞机航空运输商品的贸易活动。单位价值较高或鲜活的商品，一般用航空货运方式。

4. 邮购贸易

邮购贸易（Trade by Mail Order）是指通过邮件运输方式的贸易。

本章小结

1. 国际贸易是指世界各国（地区）之间货物、劳务和技术的交换活动。国际贸易是世界各国相互之间劳动分工的表现形式，它反映了各国在经济上的相互依赖关系。

2. 国际贸易是在国家产生后产生的。早在古希腊和古罗马时代，国际贸易就有了一定程度的发展。中世纪时期，对外贸易达到了新的高度。在全盛时代的中国唐代，对西方的贸易也受官方支持和保护。唐代开放的治国政策有力地推动了自汉代以来的"丝绸之路"的贸易。"地理大发现"带来了世界市场的根本性变化，国际流通中的商品种类和数量大大增加，欧洲的产品找到了更大的市场。

3. 从18世纪后半期到19世纪末20世纪初，是资本主义自由竞争时期。在这一时期，商业革命促进了劳动的世界分工和国际贸易的扩大。

4. 19世纪末20世纪初，欧美国家的垄断组织基本形成，并逐渐占据了支配地位。垄断的产生，使得国际贸易也具有了垄断的特点。第二次世界大战以后，在第三次科技革命的影响下，国际贸易伴随着经济的巨大发展而出现了飞速增长。

5. 在研究国际贸易时，经常使用一些基本概念，如出口与进口、复出口与复进口、对外贸易额与贸易量、总贸易和专门贸易、国际贸易地理方向和对外贸易地理方向、国际贸易商品结构、对外贸易依存度等。掌握这些基本概念有助于更好地学习本课程。

6. 国际贸易按商品移动的方向分类，可分为出口贸易、进口贸易和过境贸易；按商品的形态分类，可分为有形贸易和无形贸易；按贸易是否有第三者参加分类，可分为直接贸易和间接贸易；按商品运输方式分类，可分为陆路贸易、海路贸易、空运贸易和邮购贸易。

练习题

一、填空题

1. 社会分工的扩大和具有可供交换的＿＿＿＿＿＿＿＿的出现、国家的产生是国际贸易得以产生的两个基本前提。

2．一些海岛国家，如英国、日本的对外贸易常被称为_____。

3．一国或地区的对外贸易可以分为_____和_____两个组成部分。

4．一个国家或地区其出口总值与进口总值的差额就是_____，也可称为贸易余额。

5．大多数国家（地区）在统计有形商品时，出口额以_____价格计算，进口额以_____价格计算。

6．剔除了价格变动的影响计算出来的对外贸易额称为_____。

7．对外贸易依存度是指_____所占的比重。

8．国际贸易商品结构指一定时期内_____在国际贸易中的构成。

9．国际贸易地理方向通常用各洲、各国或各地区的出口贸易额占_____的比重来表示。

二、单项选择题

1．国际贸易额指用货币表示的一定时期内世界各国的（　　）的总和。

  A．对外贸易额　　　　B．商品贸易额
  C．进口贸易额　　　　D．出口贸易额

2．我国商品进出口总额是指实际进出我国（　　）的商品总金额。

  A．关境　　　　　　　B．保税区
  C．自由贸易区　　　　D．国境

3．商品生产国与消费国通过第三国进行交易，对第三国来说这属于（　　）。

  A．三边贸易　　　　　B．转口贸易
  C．易货贸易　　　　　D．直接贸易

4．贸易逆差是指一个国家或地区（　　）。

  A．本年度进口额高于上年度进口额
  B．出口总额小于进口总额
  C．进口总额小于出口总额
  D．外汇流入小于外汇流出

5．对外贸易的地理方向反映（　　）。

A．各国或各地区的出口贸易额占世界出口总额的比重

B．各国或各地区的进口贸易额占世界进口总额的比重

C．一国各类出口商品在世界出口总额中所占的比重

D．一国的出口商品去向和进口商品来源

6．国际贸易商品结构指（   ）。

A．各种商品在一国进口总额或出口总额中所占的比重

B．各国或各地区的出口贸易额或进口贸易额占世界出口总额或进口总额的比重

C．各类商品在世界出口总额中所占的比重

D．一国的出口商品去向和进口商品来源

7．对外贸易依存度指一国在一定时期内的（   ）的比重。

A．进出口总额占该国国内生产总值

B．出口贸易额占对外贸易总额

C．对外贸易总额占国际贸易额

D．外商投资总额占该国国内生产总值

8．对外贸易量是以（   ）来表示的。

A．不变价格计算的对外贸易额

B．对外贸易额的增长比例

C．对外贸易额占国内生产总值的比重

D．现价计算的对外贸易额

9．划分有形贸易与无形贸易的标准是（   ）。

A．商品形态不同

B．贸易过程中是否使用单证

C．是否以现汇方式作为清偿手段

D．关境和国境

10．（   ）不反映在海关的贸易统计上。

A．现汇贸易　　　　　B．间接贸易

C．无形贸易　　　　　D．有形贸易

11．国际贸易得以产生的两个基本前提是（   ）。

A．社会大分工，地理大发现

B．出现货币，出现商品生产

C．社会分工的扩大和有可供交换的剩余产品，国家的产生

D．世界市场的形成

12．对外贸易量可以反映一国（   ）。

A．贸易的实际规模　　　B．贸易商品的实际构成
C．贸易的实际利益　　　D．比较优势

三、多项选择题

1．国际贸易的产生必须具备以下条件（　　）。
　A．良好的商业信誉
　B．社会分工的扩大和出现剩余产品
　C．国家的产生
　D．完备的组织结构
　E．纸币的出现

2．反映国际贸易地理方向的指标有（　　）。
　A．各国的出口额占世界出口总额的比重
　B．各国的进口额占世界进口总额的比重
　C．各国的制成品出口额占世界出口总额的比重
　D．各国的制成品进口额占世界进口总额的比重
　E．各国的进出口总量占世界进出口总量的比重

3．贸易差额包括（　　）。
　A．贸易顺差　　　　　B．货物贸易差额
　C．服务贸易差额　　　D．贸易逆差
　E．贸易平衡

4．对外贸易按商品形态的不同，可分为（　　）。
　A．直接贸易　　　　　B．转口贸易
　C．间接贸易　　　　　D．有形贸易
　E．无形贸易

5．对外贸易按贸易是否有第三者参加，可分为（　　）。
　A．直接贸易　　　　　B．间接贸易
　C．有形贸易　　　　　D．无形贸易
　E．出口贸易

四、判断题

1．输入本国的货物未经加工制造再输入时，称为复出口。（　　）
2．国际贸易额即世界各国进出口总额加总。（　　）
3．当净出口为正值时，可称为贸易盈余、贸易顺差或出超。（　　）
4．货物的生产国与货物的消费国通过第三国进行货物买卖的行为，称为转口贸易。（　　）

5．国际贸易值是以货币表示的，而国际贸易量是以数量表示的。（ ）

6．对外贸易量的计算中剔除了价格变动的因素。（ ）

7．生产国与货物消费国通过第三国进行的贸易，对第三国来说，则是转口贸易。（ ）

8．对外贸易地理方向指一国进出口交易的地区分布或国别分布。（ ）

9．对外贸易额是指一个国家或地区在一定时期内的进口总额与出口总额之和。（ ）

10．对一国的外贸和经济发展来说，长期的贸易顺差并不一定绝对有利。（ ）

11．对外贸易商品结构是指一定时期内一国进出口贸易中各种商品的构成，即某大类或某种商品进出口贸易与整个进出口贸易额之比，以份额表示。（ ）

12．对外贸易额与对外贸易量没有本质区别，只是计量单位不同。（ ）

五、名词解释

1．国际贸易
2．对外贸易额
3．对外贸易量
4．总贸易
5．专门贸易
6．对外贸易依存度

六、问答题

1．国际贸易产生需要什么条件？
2．什么是对外贸易额与对外贸易量，它们之间有什么区别？
3．什么是对外贸易依存度？

课堂讨论

通过本章阅读资料以及课外资料了解世界贸易特别是我国对外贸易的规模大小、商品结构、地区分布、外贸依存度等指标。

第二章　国际分工与世界市场

学习要求

◆ **重点掌握**

绝对成本论
比较成本论
要素禀赋论
国际分工的含义
世界市场的概念
影响国际分工发展的主要因素
影响国际市场价格的因素

◆ **掌握**

需求相似理论
产品生命周期理论
产业内贸易理论
当代世界市场的构成与特征
国际市场价格的种类

◆ **了解**

里昂惕夫之谜
世界市场的形成和发展
企业进入世界市场的途径

第二章 国际分工与世界市场

第一节 国 际 分 工

一、国际分工的形成与发展

（一）国际分工的含义

国际分工（International Division of Labor）是指世界各国（地区）之间的劳动分工。它是社会生产力发展到一定阶段的产物，是社会分工超越国界的结果。国际分工是国际贸易和世界市场的基础。

（二）国际分工的发展过程

国际分工经历了萌芽、形成、发展和深化4个阶段。

1. 国际分工的萌芽阶段（16—18世纪中叶）

15世纪末至16世纪上半期"地理大发现"及随之而展开的殖民地开拓，世界市场的萌芽和国际贸易的迅速扩大促进了手工业向工场手工业的过渡，从而使以工场手工业为基础的、具有地域性的且面向国外市场的专业化生产产生，国际分工进入萌芽阶段。

在这一时期里，西欧殖民主义者用暴力和超经济的强制手段，对拉丁美洲、亚洲和非洲进行了血腥的掠夺。他们开发矿山，建立甘蔗、印度兰、烟草等农作物种植园，为本国生产并提供自身所不能生产的农作物；与此同时，又向这些殖民地扩大出口本国的工业品。由此出现了宗主国与殖民地之间的最初的分工形式。

 分工是一种社会范畴，历史上曾经出现过三次社会大分工，但只有在国家出现和社会生产力发展到一定水平后，才产生国际分工。

【阅读资料】

18世纪英国殖民地贸易一窥

几乎每个利物浦的市民都成了商人。他们中拿不出一大捆货物者就拿出一小箱……几乎各个阶层的人对几内亚的买卖都兴趣浓厚。这真是一股浪潮，难怪利物浦的小船多如牛毛。在利物浦，赚取百分之百的利润并不稀罕。有时一次出航的净利可达300%。1737年，活跃号货船首次处女航，装载了价值1307英镑的货物，它返回到利物浦时，运来了殖民地的产品和总额为3080英镑的汇兑支票。其中还未把随后提交的棉花和蔗糖计算在内。

［资料来源：艾里克·威廉斯（Eric Williams）. 资本主义与奴隶制度. 北京：北京师范大学出版社，1982］

2. 国际分工的形成阶段（18世纪60年代到19世纪60年代）

从18世纪60年代到19世纪60年代，西方国家逐步完成了产业革命，从而使国际分工进入了形成阶段。

产业革命的完成使得英国等国建立了大机器工业和现代工厂制度，确立了资本主义生产体系，促进了社会分工和商品经济的发展，由此促进了国际分工的形成。

这一时期的国际分工具体呈现出以下一些特点。

（1）大机器工业的建立为国际分工的形成奠定了物质基础。

1）大机器生产使生产能力和生产规模迅速扩张，源源不断生产出来的商品使国内市场趋于饱和，因而需要寻求新的销售市场；生产的急剧膨胀又引起对原料需求的增加。大工业的快速发展必然要求开辟广大而廉价的原料来源，导致机器大工业日益脱离本国本土，而依赖国外市场。

2）大机器工业生产的物美价廉的商品成为英国资产阶级征服国外市场的武器，并强权地迫使其他国家按照英国生产和消费的需要而改变自己的产业结构，成为英国大机器工业的原料产地和商品销售市场。

3）大机器工业改革了传统的运输方式，提供了电报等现代化的通信工具，把原料生产国和工业品生产国紧密联系在一起，使国际分工成为可能。

4）大机器工业打破了以往地方和民族的自给自足和闭关自守，把各种类型的国家都卷入世界经济之中。

（2）这一时期的国际分工基本是以英国为中心而形成的。由于英国首先完成了产业革命，它的生产力和经济迅速发展，竞争能力大大加强。英国在实行全面的自由贸易政策以后，加强了对农产品、矿产品，尤其是对进口谷物和棉花的依赖，而将亚非拉落后的农业、矿业经济逐步拉入到国际分工和世界市场体系中来，进一步地推动了国际分工的形成。对英国在当时国际分工中的地位，马克思曾描述道："英国是农业世界的伟大的中心，是工业太阳，日益增多的生产谷物和棉花的卫星都围绕着它运转。"❶

（3）随着国际分工的发展，世界市场上交换的商品日益为大宗商品所替代。这些商品主要包括小麦、棉花、羊毛、咖啡、铜和木材等。

---

❶ 马克思恩格斯选集：第4卷，北京：人民出版社，1972：279.

第二章 国际分工与世界市场

3. 国际分工的发展阶段（19世纪中叶到第二次世界大战）

在19世纪末和20世纪初出现了第二次产业革命，机械、电报工业迅速发展，石油、汽车、电力等工业建立起来，交通运输工具也获得了长足发展，特别是苏伊士运河和巴拿马运河的贯通，海底电缆的铺设，都大大促进了资本主义生产的进一步发展。例如，1820—1870年，世界工业生产增加了9倍，1870—1913年增加了4倍。在这个时期，垄断逐渐代替了自由竞争，资本输出成为主要的经济特征之一。资本主义国际分工的重要形式，即宗主国与殖民地半殖民地间的分工、工业产品生产国与初级产品（农产品、矿产品）生产国之间的分工，日益加深并强化，最终形成了国际分工的体系。具体表现为以下几个方面。

（1）亚非拉国家的经济变为单一型经济，其经济发展主要依赖于一两种或两三种产品的生产和出口，造成亚非拉国家经济的双重依赖性：一是经济生活上依赖少数几种产品；二是高度依赖世界市场，特别是工业发达国家的市场。

（2）分工的中心从英国一国变为一组国家。它们之间也形成了以经济部门为基础的国际分工关系。

（3）随着国际分工体系的形成，世界各国之间的相互依赖关系日益加强，对国际分工的依赖性也日益加深。对这种通过国际分工实现相互依赖的关系，罗萨·卢森堡（Rosa Luxemburg，1871—1919）以德国为例作了生动的描述："德国的产品大部分是输往其他国家及其他大陆，以供他国居民需要，其数额逐年不断增大……""另一方面，德国国民不管在生产上或日常消费上，每一步都免不掉依赖其他国家的产品。如我们吃俄国谷物制成的面包，匈牙利、丹麦及俄国家畜的肉类；我们消费的米，是从东印度及北美运来的；烟草是从东印度群岛及巴西运来的；我们还从西非获得可可豆；从印度获得胡椒；从美国获得猪油；从中国买到茶叶；从意大利、西班牙、美国买到水果；从巴西、中美、东印度群岛买到咖啡……"

4. 国际分工的深化阶段（第二次世界大战以后）

第二次世界大战以后，兴起了第三次科技革命，跨国公司迅速发展，殖民体系逐步瓦解，发展中国家出现，一批社会主义国家纷纷成立，使国际分工进入到深入发展的阶段。

（1）在国际分工格局中，工业国与工业国的分工居于主导地位。

第二次世界大战前,工业制成品生产国与初级产品生产国间的分工居于主导地位,其次才是工业国与工业国间的分工。战后科技和经济的迅速发展改变了战前的国际分工格局,以自然资源为基础的分工逐步发展为以现代化工艺、技术为基础的分工,从而形成了以工业国之间的分工占主导地位的国际分工格局。自20世纪60年代以来,发达国家之间贸易额占其对外贸易总额的比重一直在70%左右,充分说明了发达国家之间经济的相互依赖程度已经很高。

(2)各国间工业部门内部分工有逐步增强的趋势。第二次世界大战前,在工业国家间的分工中,占主导地位的是各国不同工业部门之间的分工。各个工业国家在钢铁、冶金、化学、机械制造、汽车、造船、造纸和纺织等工业间进行分工。第二次世界大战后,随着科技的进步和社会分工的发展,原来的生产部门逐步划分为更多更细的部门。越来越多的次部门跨越国际,形成国际间的部门内部分工。

(3)发达国家与发展中国家间工业分工在发展,而工业国与农业国、矿业国的分工在削弱。从国际分工产生直到第二次世界大战前,殖民主义宗主国主要从事于工业制成品的生产,而殖民地、附属国或落后国家则主要从事以自然条件为基础的农业或矿产的生产。战后的科技革命、发展中国家工业化战略的实施以及跨国公司的经营活动都导致某些工业产品的生产从发达国家向发展中国家进行转移,从而促进了发达国家与发展中国家之间工业分工的发展,出现了高精尖工业与一般工业的分工、资本技术密集型产品与劳动密集型产品的分工。

2004年,北美自由贸易区内部贸易额(出口)为7400亿美元,占集团总贸易额的55.9%;欧盟为25100亿美元,占67.6%。

(4)随着区域经济一体化的发展,区域性经济集团内部分工日趋加强。直到目前为止,区域经济一体化程度最高的一体化组织当属欧洲联盟。在这些众多经济一体化的组织或集团中,成员之间的贸易壁垒不断降低,但对于非成员国却还保留着高低不同的贸易壁垒。结果,区域经济一体化形成的内部市场促进了成员国之间资本、人员、商品和服务的流动,在某些情形下,政府更有意识地加以政策引导,从而更加深化发展了集团成员国之间的内部分工。

(5)服务业国际分工逐渐形成。第二次世界大战前,国际分工主要局限于生产制造类产业部门,20世纪80年代后,国际分工开始从有形商品领域发展到无形商品领域。科技革命导致了一系列新兴服务部门的出现,如信息服务、计算机服务等。而生产制造部门的急速发展则直接带动了一批为其提供服务的部门发展,如银行、保险、运输、信息和咨询等。而后,经济增长又将其辐射到其他的衍生服务部门，如教育、文化、娱乐和餐饮等服务部门。

（6）跨国公司内部分工与外部分工构成国际分工的重要组成部分。跨国公司的跨国界生产活动在公司内部、外部形成了有序的分工体系，内部贸易和外部贸易就是跨国公司内部分工和外部分工的具体体现。由于跨国公司国际化经营的特性，这种内部分工和外部分工客观上就表现为跨国界的国际分工。实质上，第二次世界大战后国际分工的快速发展，跨国公司正是其中的重要推动力量和具体载体。

（三）影响国际分工发展的主要因素

国际分工的发展要受到各种因素的影响和制约。影响国际分工形成和发展的因素包括以下4个方面。

（1）社会生产力是国际分工形成和发展的决定性因素。

1）国际分工是生产力发展的必然结果。一切分工，其中包括国际分工，都是社会生产力发展的结果。生产力的增长是社会分工形成与发展的前提条件，它突出地表现在科学技术的重要作用上。迄今为止出现的三次科学技术革命，不断改善工艺技术、劳动过程和生产过程，使社会分工和国际分工随之发生深刻变革。从18世纪60年代到19世纪中期，欧洲各国逐步完成了产业革命，建立了大机器工业，改善了交通运输工具，使一切国家的生产和消费都具有了世界性，出现了国际分工。从19世纪70年代开始的第二次科技革命，促进了生产力的进一步发展，加速了资本的集聚与集中，资本输出成为重要的经济现象，使国际分工进一步发展，形成了资本主义国际分工体系。第二次世界大战以后，出现了第三次科学技术革命，使生产力的发展日益超越国家的界限，形成了生产的国际化，跨国公司又进一步推动国际分工发展成为世界分工。这次科学技术革命使国际分工从部门之间扩大到了产业内部，出现了各国在产品零件、部件和工艺流程上的内部分工；使国际交通、通信工具不断革新，运输费用不断下降，使全球各个国家成为联系紧密的经济整体。

2）各国生产力水平决定其在国际分工中的地位。历史上，英国最先完成了产业革命，生产力得到巨大发展，使英国成为"世界工厂"，在国际分工中居于主导地位。继英国之后，欧美其他资本主义国家产业革命相继完成，生产力迅速发展，与英国一道成为国际分工的中心与支配力量。第二次世界大战后，原来的殖民地半殖民地政治上取得独立，努力发展民族经济，生产力得到较快的发展。一些新兴的工业化国家经济发展迅速，它们在国际分工中的不利地位正在逐步改善。

3）生产力的发展决定国际分工的形式、广度和深度。随着生产力的发展，各种经济类型的国家都加入到国际分工行列，国际分工已把各国紧密连接在一起，形成世界性的分工。随着生产力的发展，国际分工的形式从"垂直型"向"水平型"和"混合型"过渡，生产力发展的多样性决定了国际分工的多类型、多层次。

（2）自然条件是国际分工产生和发展的基础。自然条件是一切经济活动的基础。没有一定的自然条件，任何经济活动都很难进行。比如，矿产品只能在拥有大量矿藏的国家才能生产和出口。自然条件也决定了某些特定的地区所能种植的某些种类的作物，比如多数的农作物，像咖啡、茶叶、橡胶等的耕作都需要特殊的气候。

应当指出，自然条件对国际分工的影响随着生产力的发展，其作用在逐渐减弱，自然条件只是提供了国际分工的可能性，但并没有提供其现实性。要把可能性变成现实性，还需要现实的生产力作为条件。如在存在丰富石油资源的地区，只有在科学技术和生产力发展到一定的阶段，石油资源才能得到充分的开发和利用，从而形成产业。因此，在生产力与自然条件之间，前者居于了主导地位。

（3）资本流动，特别是第二次世界大战后跨国公司的兴起和发展成为国际分工向广度、深度、多层次发展的重要力量。

（4）上层建筑可以推进或延缓国际分工的形成和发展。

"垂直型"国际分工是指经济发展水平相差悬殊的国家之间的分工。

"水平型"国际分工是指经济发展水平大体相同的国家之间的分工。

"混合型"国际分工是指"垂直型"和"水平型"两者相结合的分工形式。

第二次世界大战后国际资本流动以对外直接投资（FDI）为主体，占国际资本流动总量的70%以上。

【阅读资料】

政府间行为推进了国际分工和国际贸易的发展

欧洲经济一体化的发展加强了成员国之间分工的发展和贸易的扩大。欧共体在1970年实现关税同盟之初，成员国内部贸易占集团总贸易的比例为59.5%，1980年为60.8%，1990年为65.9%。20世纪90年代中期以后，欧洲联盟成立，欧洲统一大市场建立，成员国之间的商品、服务、资本和人员流动的障碍基本消除，成员国之间贸易占集团总贸易的比重在2002年达到61.0%。北美自由贸易区建立前，三国（加拿大、美国、墨西哥）间贸易占总贸易比重1970年为36%，建立后，在2002年达到56%。

（资料来源：UNCTAD. Development and Globalization: Facts and Figures, 2004, p55）

二、国际分工对国际贸易的影响

国际分工是国际贸易的基础。从国际分工产生和发展的过程可以看出,国际分工对各国贸易、经济乃至整个国际经济关系与世界经济格局都能产生根本性的影响。

（一）国际分工影响国际贸易的地区分布

在国际分工中,处于中心地位的国家往往也是国际贸易的主要对象,在国际贸易中也居于主导的地位。

（二）国际分工能够影响国际贸易的地理方向

随着国际分工由"垂直型"分工为主向"水平型"分工为主发展（从出口制成品、进口原料为主变为生产专业化协作为主）,国际贸易关系由宗主国与殖民地落后国家之间占主要地位发展为发达国家之间占主要地位。

（三）国际分工影响国际贸易的商品结构

国际分工的发展也同时影响着国际商品结构的发展变化。具体表现为以下几个方面。

（1）国际贸易总量中初级产品占较大比重转变为工业制成品占较大比重。

（2）发展中国家以出口初级产品为主转变为工业制成品的比重不断增长。

（3）工业或公司的内部贸易额大幅度增加,中间性机械产品在整个工业制成品贸易中的比重不断得以提高。

（4）服务贸易、技术贸易随着生产的不断进步得到了同步的迅速发展。

（四）国际分工能获得国际贸易利益

国际分工使各国能充分发挥自己的优势（绝对优势和比较优势）,在互利贸易中增进各国的福利。

（五）国际分工的发展使世界经济生活得以不断国际化和一体化

国际分工的发展使各国对外贸易依存度不断提高,在经济生活的各个方面形成了你中有我、我中有你的局面,紧密程度空前提高。

对外贸易依存度亦称对外贸易系数,是指一国在一定时期内的对外贸易总额（进口额与出口额之和）在该国国民生产总值（或国内生产总值）中所占的比重。

三、有关国际分工与国际贸易的主要理论

国际贸易理论（International Trade Theory）是经济学中最古老

的学科之一，有关国际分工与国际贸易的经济理论经历了不断的演进和发展。

早在16世纪，西欧重商主义就开始对国际贸易问题进行探讨。随着资本主义的发展，国际贸易理论的研究也获得了发展。古典经济学家的重要代表亚当·斯密（Adam Smith，1723—1790）、大卫·李嘉图（David Ricardo，1772—1823），以及后来的约翰·斯图亚特·穆勒（John Stuart Mill，1806—1873）为国际分工理论奠定了理论基础，其论点至今仍影响着国际贸易理论的发展。

在约翰·斯图亚特·穆勒之后，经过阿尔弗雷德·马歇尔（Alfred Marshall，1842—1924）、埃德渥斯（F. Y. Edgeworth）、陶西格（F. W. Fahssing）、范纳（J. Viner）、哈伯勒（G. Harberler）、俄林（B. Ohlin，1899—1979）等人的努力，国际分工理论获得进一步发展。

从亚当·斯密的地域分工论到现代西方分工理论，其发展大体上经历了以下4个阶段。

第一阶段，亚当·斯密的绝对成本论。

第二阶段，以大卫·李嘉图为代表的比较成本论。

第三阶段，赫克歇尔（Eli F. Heckscher，1879—1959）、俄林的要素禀赋论。

第四阶段，华西里·里昂惕夫（Wassily Leontief）对要素禀赋论的扩展，也称为"里昂惕夫之谜"。

（一）古典国际贸易理论

古典国际贸易理论产生于18世纪中叶，是在批判重商主义的基础上发展起来的，主要包括亚当·斯密的绝对成本论和大卫·李嘉图的比较成本论。

亚当·斯密提出了国际分工与自由贸易理论，对国际分工和国际贸易理论做出了重要贡献。

1. 绝对成本论（Theory of Absolute Cost）

亚当·斯密是资产阶级古典经济学的主要奠基人之一，也是国际分工和国际贸易理论的创始者。他处在从工场手工业向大机器工业过渡的时期。在其代表著作《国民财富的性质和原因的研究》（简称《国富论》）中，他提出了国际分工与自由贸易理论，并以此作为他反对重商主义和保护贸易政策的重要武器，对国际分工和国际贸易理论做出了重要贡献。

在其理论论述中，亚当·斯密首先分析了分工的利益。他认为分工可以提高劳动生产率，原因是：①分工能提高劳动的熟练程度；②分工使每个人专门从事某项作业，节省了与生产没有直接关系的时间；③分工有利于在生产中发明、创造和改进工具。

在亚当·斯密看来，适用于一国内部不同职业之间、不同工种之间的分工原则，同样也适用于不同国家之间。他认为，每一个国家都有其适宜于生产的某些产品的绝对有利的生产条件，去进行专业化生产，然后进行彼此交换，这样对所有交换国家来说都是有利的。因此，亚当·斯密的这个理论也被称为绝对利益理论（Theory of Absolute Advantage）。

为了说明这个理论，亚当·斯密举例说明。假定英国、葡萄牙两国都生产葡萄酒和毛呢两种产品，亚当·斯密认为在这种情况下可以进行国际分工和交换，其结果对两国都有利。见表 2-1，依照斯密的分工原则，英、葡两国进行分工，结果各国所拥有的产品产量都比分工前提高了。通过国际贸易，两国人民的消费和福利水平也都能够获得相应的提高。

表 2-1　绝对成本论对国际分工和国际贸易的描述

时间	国家	酒产量	所需劳动投入/(人/年)	毛呢产量	所需劳动投入/(人/年)
分工前	英国 葡萄牙	1 1	120 80	1 1	70 110
分工后	英国 葡萄牙	 2.375	 190	2.7 	190
交换后	英国 葡萄牙	1 1.375		1.7 1	

因而，亚当·斯密认为：国际分工的基础是有利的自然禀赋，或者是后天有利的生产条件。它们都可以使一国在某种产品的生产上处于比其他国家更加有利的地位。如果各国都按照各自的有利生产条件进行分工和交换，将会使各国的资源、劳动和资本得到最有效的利用，将会因此大大提高劳动生产率和增加各国的物质财富。

由于这个理论是按各国绝对有利的生产条件进行国际分工，所以，这一分工理论又叫地域分工说（Theory of Territorial Division of Labour）。

2. 比较成本论（Theory of Comparative Cost）

大卫·李嘉图的比较成本论是在亚当·斯密绝对成本理论的基础上发展而来。根据亚当·斯密的观点，国际分工应按地域、自然条件及绝对的成本差异进行，即一个国家输出的商品一定是生产具

比较成本论是对绝对成本说的继承和发展，进一步完善了古典学派的国际贸易理论。

有绝对优势、生产成本绝对低的商品。大卫·李嘉图进一步发展了这个观点,他认为每个国家应集中生产优势最大或劣势最小的产品,然后通过国际贸易,便可以在资本和劳动力保持不变的情况下,将生产总量提高,由此而形成的国际分工对贸易各国都将是有利的。

为了说明这个理论,大卫·李嘉图沿用了英国和葡萄牙的例子,但他让葡萄牙在两种产品的生产上均处于优势地位,但这却并没有改变理论所作出的结论。具体描述见表2-2。

表2-2　比较成本论对国际分工和国际贸易的描述

时间	国家	酒产量	所需劳动投入/(人/年)	毛呢产量	所需劳动投入/(人/年)
分工前	英国 葡萄牙	1 1	120 80	1 1	100 90
分工后	英国 葡萄牙	 2.125	 170	2.2 	220
交换后	英国 葡萄牙	1 1.125		1.2 1	

从表2-2中可以看出,葡萄牙生产酒和毛呢,所需劳动人数均少于英国,从而英国在这两种产品的生产上都处于不利地位。根据亚当·斯密的绝对成本理论,两国之间不会进行国际分工。而大卫·李嘉图认为,葡萄牙生产酒所需劳动人数比英国少40人,生产毛呢只少10人,即分别少1/3和1/10;显然,葡萄牙在酒的生产上优势更大一些,虽然它在毛呢生产上也具有优势;英国在两种产品生产上都处于劣势,但在毛呢生产上劣势较小一些。根据大卫·李嘉图的比较理论,应"两优取最优,两劣取次劣"。即英国虽都处于绝对不利地位,但应取其不利较小的毛呢生产,葡萄牙虽都处于绝对有利地位,但应取有利较大的酒生产。按这种原则进行的国际分工,在两国投入的劳动人数不发生变化的条件下,通过国际贸易,两国最终所获产量都能获得增加。

大卫·李嘉图认为,在资本与劳动力不能自由流动的条件下,按照比较成本理论原则进行国际分工,可使劳动资源获得更合理的配置,从而增加产品的生产总量,这对贸易各国都是有利的,其前提就是必须在国际贸易领域实行完全的自由贸易。

(二)现代国际贸易理论

古典学派的国际分工和国际贸易理论在西方经济学界占支配地

位长达一个世纪之久,到了 20 世纪 30 年代,这一地位才受到两位瑞典经济学家的挑战。他们分别是赫克歇尔和俄林。俄林的代表著作是《域际和国际贸易》,由于他的理论采用了赫克歇尔的主要观点,并创立了较完整的要素禀赋学说(Factor Endowment Theory),因此这一学说又被称作赫克歇尔-俄林原理,或简称赫-俄原理(H-O 原理)。现代的国际贸易理论也首推赫克歇尔和俄林的要素禀赋论。

要素禀赋简单地说也就是一国所拥有的各种生产要素(包括劳动力、资本、土地、技术和管理等)的数量。

1. 要素禀赋论(Factor Endowment Theory)

古典学派认为商品的价值是由生产商品所花费的劳动时间决定,而俄林所属的新古典学派通过运用互相依赖的生产结构中存在多种生产要素的新观点,代替了古典学派单一生产要素的传统理论。古典学派认为国际贸易发生的原因是各个国家在生产各自商品时劳动生产率的差异,而且各国劳动生产率及其差异都假定不变。俄林则在他的生产要素禀赋理论中,假定各个国家在生产商品时所使用的生产技术是一样的,即生产函数相同,因而排除了劳动生产率方面的差异;而把各国间要素禀赋的相对差异以及在生产各种商品时利用生产要素的强度差异,作为他解释国际贸易产生和得到不断发展的理论基础。

(1)赫-俄原理的基本假定。

1)在各个域际或国家内部,生产诸要素是完全自由流动的,但在区域和国家之间,它们却不能自由流动。

2)假定货物流通中的一切限制都不存在。

3)假定只有商品贸易,贸易是平衡的,出口所获收入恰恰足以支付进口支出。

4)假定生产诸要素是完全可以分割的,单位生产成本不随产量的增减而变化,因而不存在规模经济利益的问题。

5)假定只有两个区域或两个国家。

6)假定两国技术水平相同,即生产函数相同。

(2)要素禀赋论的主要内容。要素禀赋论又有狭义和广义之分。

所谓狭义的要素禀赋论是指生产要素供给比例说,它通过对相互依存的价格体系的分析,用不同国家生产诸要素的丰缺来解释国际分工和国际贸易产生的原因,并从中反映出一国进出口商品的结构特点。所谓广义的要素禀赋论,除了生产要素供给比例说之外,还包括要素价格均等化原理。该学说研究国际贸易对要素价格的反作用,说明国际贸易不仅使国际间商品价格趋于均等化,而且还会使各国生产要素的价格也最终趋向均等化。这两种要素禀赋论分述如下。

1) 生产要素供给比例说。俄林的生产要素供给比例说是从商品价格的国际绝对差开始逐层展开的，其内容有以下7方面。

a. 价格的国际绝对差。俄林认为，各国所生产的同样产品的价格绝对差是国际贸易的直接原因。当两国间价格差别大于商品的各项运输费用时，则从价格较低的国家输出商品到价格较高的国家将获得国际贸易的利益。

b. 成本的国际绝对差。俄林认为价格的国际绝对差来自成本的国际绝对差。同一种商品价格国家之间的差别，主要体现的是成本的差别。所以，成本的国际绝对差是国际贸易发生的第一个原因。

c. 不同的成本比例。俄林认为国际贸易发生的第二个原因或条件是两国国内各种商品存在着不同的成本比例（即有些商品成本相对较高，而另一些商品成本相对较低）。

d. 相同的成本比例。俄林认为，如果两国的成本比例是相同的，一国的两种商品成本都按同一比例低于另一国，则两国间只能发生暂时的贸易关系。直到两国的汇率变化使两国商品的单位成本完全相等。因而，俄林认为，不同的成本比例，即比较成本差异是国际贸易发生的重要条件或原因。

e. 生产诸要素不同的价格比例。为什么存在着比较成本的差异，即不同国家有不同的成本比例呢？俄林认为是因为各国国内生产诸要素的价格比例不同。不同的商品是由不同的生产要素组合生产出来的。在每一国，商品的成本比例反映了它生产诸要素的价格比例关系，也就是工资、地租、利息和利润之间的比例关系。由于各国间生产要素价格不同，由此就产生了成本比例的不相同。

由于生产要素的价格是由自身的供给和需求所决定，因而两国间生产要素价格的不同比例关系，反映出了两国间诸生产要素不同的供给与需求的比例关系。

f. 生产诸要素的不同的供求比例。各国在生产要素的供给方面是不相同的，即各国所拥有的各种要素的数量、种类和质量是不相同的。国际贸易就是建立在各个国家各种生产要素的多寡不同和价格的高低不同的基础上。

g. 国际分工和国际贸易的基础和利益。俄林从价格的国际绝对差出发，分析了成本的国际绝对差，又探讨了不同国家间不同的成本比例，进而探讨了生产诸要素不同的价格比例，最后分析了生

第二章 国际分工与世界市场

产诸要素不同的供给或需求的比例。

俄林认为，在这一链条中，供给比例是最重要的环节，但没有一个单一环节是国际贸易最终的基础，各个环节之间互相依赖的关系决定了每个国家的价格结构，而各个国家的价格结构又决定了它们在国际分工和国际贸易体系中不同的比较利益，这构成了国际分工和国际贸易的基础。

他还认为，国际生产要素不能充分流动使商品的生产达不到最理想的结果，但是商品的流动在一定程度上却可以弥补生产要素缺乏流动性的不足。即通过国际贸易，部分解决了国际间要素分配不均的状况。

2）要素价格均等化说。赫克歇尔和俄林，不仅认为不同国家不同的要素禀赋是国际贸易发生的原因，而且还进一步论述了国际贸易将会导致各国生产要素的相对价格和绝对价格趋于均等化，即所谓要素价格均等化说（Factor-Price Equalization Theory）。美国经济学家保罗·萨缪尔森（P. A. Samuelson，1915—2009）进一步发展了这个理论，保罗·萨缪尔森认为，国际要素价格均等化不仅仅是一种趋势，而且是一种必然。

【阅读资料】

认识保罗·萨缪尔森

保罗·萨缪尔森，1935年获芝加哥大学文学学士学位，1936年、1941年获得哈佛大学硕士和博士学位。保罗·萨缪尔森的巨著《经济学》流传颇广。现在许多国家的高等学校将保罗·萨缪尔森的《经济学》作为专业教科书。保罗·萨缪尔森于1947年成为约翰·贝茨·克拉克奖（John Bates Clark Medal）的首位获得者，并于1970年获得诺贝尔经济学奖，保罗·萨缪尔森是第一位获得诺贝尔经济学奖的美国经济学家。保罗·萨缪尔森在经济学领域可以说是无处不在，被称为经济学界的最后一个通才。保罗·萨缪尔森麻省理工学院的同事、诺贝尔经济学奖得主罗伯特·默顿·索洛（Robert Merton Solow），评价他说：在普通经济学家仍沉浸在计算或分析简单经济学问题时，优秀的经济学家则提供人们分析事物的工具和思考的方法，在这一点上，没有人能超越保罗·萨缪尔森。

作为一个新古典综合学派的学者，保罗·萨缪尔森被认为是新凯恩斯学派的创始人之一。他主张政府积极有为，曾在1970年的《纽约时报》上撰文指出,在传统放任的经济环境下,"繁荣总是昙花一现",但对现代"复合经济"来说,财政和货币政策将肯定可以防止周期性衰退,并确保更多就业岗位。

2009年12月13日,一代宗师、新古典综合学派代表人物保罗·萨缪尔森在其位于美国马萨诸塞州的家中逝世,享年94岁。对于他的辞世,他的学生,美国联邦储备委员会主席本·伯南克(Ben Shalom Bernanke)评价说,保罗·萨缪尔森是"一个道路开拓者、多产的经济学理论家、所知的最伟大的经济学教师之一"。

鉴于保罗·萨缪尔森对赫-俄原理的发展,因此这个理论又称为赫-俄-萨原理(H-O-S Theorem)。

按照这种理论,虽然生产要素在国际间不能自由流动,但国际间商品的自由流动将会导致两个国家的工人取得同等的实际工资,资本获取同样的利息,土地获得同等的地租。这是因为两国在实行分工和发生贸易之后,各自大量使用本国的丰裕要素进行商品生产,从而使这类要素价格日趋上涨;同时,由于各自不断进口本国稀缺要素密集的外国产品,将使本国这类要素价格趋向下跌。这样,通过国际贸易导致了两国间生产要素价格差异的缩小,并使之趋向均等化。

但是,俄林认为,要素价格完全相同几乎是不可能的,要素价格均等化只是一种趋势,其原因有以下几点:①影响市场价格的因素复杂多变,不同地区的市场又存在差别,因此价格水平难以一致;②生产要素在国际间不能充分流动,即使在国内,生产要素从一个部门移向另一个部门,也不是充分便利的;③产业对几个要素的需求往往是"联合需求",而且它们的结合不能任意改变,这种整体性和固定性的结合,影响了要素价格的均等;④集中的大规模生产必然使有些地区要素价格相对较高,而另一些地区要素价格相对较低,这也阻碍了生产要素价格的完全均等。

但是,保罗·萨缪尔森针对这个问题作了进一步的推论。他认为,国际贸易将使不同国家间生产要素的相对价格和绝对价格都变得均等化。这种均等化不是一种趋势,而是一种必然。

他认为,国际贸易会导致各种要素相对价格的完全均等化,是由于在多种要素相对价格有差异的情况下,贸易就将持续扩大和发展,贸易的扩大和发展将会缩小两国间要素价格的差异,直到两国间各种商品的相对价格完全均等为止,这时也就意味着两国国内的

保罗·萨缪尔森认为:"自由贸易不仅使两个贸易国家的商品价格相等,而且使两国生产要素的价格相等,最终两国工人获得同样的工资率、资本(或土地)获得同样的利润(或租金),而不管两国生产要素的供给和需求模式如何。"

要素相对价格也实现了完全均等化。

保罗·萨缪尔森还进一步论证了两国要素的绝对价格趋向均等化的问题，在要素的相对价格均等化、商品市场和要素市场存在着完全自由竞争以及两国使用同样技术的条件下，国际贸易将会导致要素的绝对价格也变得完全均等化。

他试图通过这一理论说明，国际间的自由贸易不仅可以合理地配置资源，调整各国的经济结构，而且还可以"改善"各国收入间的分配不均，缩小彼此经济差距。因此，要素价格均等化说这一理论又被称之为要素报酬均等化理论。

（3）要素禀赋论的3个主要结论。

1）每个区域或国家在国际分工和国际贸易体系中应该生产和输出丰裕要素密集的商品，而输入稀缺要素密集的商品。

2）区域贸易或国际贸易的直接原因是价格差别，即各个地区间或国家间商品价格存在差异。

3）商品贸易趋向于（即使是部分地）消除工资、地租、利润等生产要素收入的国际差异，导致国际间商品价格和要素价格趋于均等化。

2. "里昂惕夫之谜"（The Leontief Paradox）

第二次世界大战以后，在第三次科技革命的推动下，世界经济迅速发展，国际分工和国际贸易发生了巨大变化，传统的国际分工和国际贸易理论显得越来越脱离实际。在这种形势下，西方经济学家力图用新的学说来解释国际分工和国际贸易中存在的问题，其中的转折点被称为里昂惕夫反论，或称"里昂惕夫之谜"。

【阅读资料】

美国经济学家华西里·里昂惕夫

华西里·里昂惕夫（Wassily Leontief），由于他的投入–产出分析法对经济学的杰出贡献，获得了1973年诺贝尔经济学奖。华西里·里昂惕夫是投入–产出分析方法的创始人。投入产出分析为研究社会生产各部门之间相互依赖关系，特别是系统地分析经济内部各产业之间错综复杂的交易提供了一种实用的经济分析方法。1973年，华西里·里昂惕夫因发展了投入–产出分析方法及这种方法在经济领域产生的重大作用，备受西方经济学界的推崇并因此而获得诺贝尔经济学奖。在哈佛大学经济系任教期间，约瑟夫·熊彼特（Joseph Schumpeter）作为他的同事，对他的研究成果极为推崇。还有两位诺贝尔经济学奖得主保罗·萨缪尔森和罗伯特·默顿·索洛，则都是他的学生。华西里·里昂惕夫的主要著作有《投入-产出经济学》《生产要素比例和美国的贸易结构：进一步的理论和经济分析》等。

依照要素禀赋论，一个国家拥有较多的资本，就应该生产和输出资本密集型的产品，而输入在本国生产中相对稀缺的劳动力要素的劳动密集型产品。基于这种认识，华西里·里昂惕夫利用投入-产出分析方法对美国的对外贸易商品结构进行了具体计算，以此来验证赫-俄原理。他把生产要素分为资本和劳动两种，对200种商品进行了分析，计算出每百万美元出口商品和进口替代商品所使用的资本和劳动量，以此得到美国出口商品和进口替代商品的资本-劳动比例，用来反映商品资本、劳动的密集程度。其计算结果见表2-3。

表 2-3　　美国出口商品和进口替代商品
对国内资本与劳动的需要量

年　　份	1947		1951	
项目	出　口	进口替代	出　口	进口替代
资本/美元	2550780	3091339	2256800	2303400
劳动/（人/年）	182313	170004	17391	16781
人均年资本量	13991	18184	12977	13726

从表2-3可以看出，1947年进口替代商品生产所需人均资本使用量与出口商品生产所需人均资本使用量的比率为1.30，1951年变成1.06。尽管两年间的比率不同，但由此得到的结论是基本相同的，即美国出口商品的资本密集程度低于进口替代商品。这个验证结果与赫-俄原理的推理恰好矛盾。就如华西里·里昂惕夫自己所言："美国参加国际分工是建立在劳动密集型生产的专业化基础上，而不是建立在资本密集型生产专业化的基础上。"❶

在华西里·里昂惕夫发表其验证结果后，西方经济学界为之震惊，并将这个不解之谜称之为"里昂惕夫之谜"，随后在国际贸易的研究领域掀起了一股验证与探讨"里昂惕夫之谜"的热潮。一些经

---

❶ 里昂惕夫. 国内生产与对外贸易：美国资本状况的再检验. 美国哲学学会会议录，1953.

济学家，如沃尔（D. F. Wahl）、建元正弘（M. Tatemoto）、巴哈德瓦奇（R. Bharadwaj），他们都仿照华西里·里昂惕夫的做法对一些国家的对外贸易状况进行了验证，研究结果发现，其他一些国家也同样存在着这个"里昂惕夫之谜"。

这些国家包括加拿大、日本和印度。它们对美国出口商品的资本劳动比率要高于从美国进口商品的资本劳动比率，这进一步证实了"里昂惕夫之谜"的存在。

（三）当代国际贸易理论的新发展

对于"里昂惕夫之谜"，西方经济学界提出了多种多样的解释，这在一定程度上带来了第二次世界大战后西方国际分工和国际贸易理论的相应发展。其有代表性的学说主要有需求相似理论、产品生命周期理论和产业内贸易理论等。

1. 需求相似理论

需求相似理论（Theory of Demand Preference Similarity）又称作需求偏好相似说或收入贸易说（Income Trade Theory），是瑞典经济学家斯戴芬·林德（Staffan B. Linder）于1961年在《论贸易和转变》一文中提出的。它用国家之间需求结构的相似性来解释工业制成品的贸易发展。

斯戴芬·林德认为，赫-俄原理只适用于工业品和初级产品之间的贸易，而无法解释工业品之间的贸易。工业品生产的初期是满足国内的需求，随着生产规模的扩大，才会扩大其销售的范围，将产品推向国际市场。由于产品是从满足国内市场偏好及其收入水平而发展出来的，故该产品首先并且也是较多的会出口到那些与其偏好、收入相似的国家。这些国家的需求结构和需求偏好非常相似，因此一国可能进出口的商品，同时也会是另一国可能进出口的商品。

那么，影响一国需求结构的因素是什么呢？林德认为，主要因素是人均收入水平。人均收入水平的相似可用作需求结构相似的替代指标。人均收入越相似的国家，其消费偏好和需求结构就越相近，产品的相互适应性就越强，贸易机会因此也就越多。人均收入水平的差异在某些方面形成了贸易扩大的潜在障碍。

需求相似理论认为，人均收入水平和消费品、资本品的需求类型有着非常紧密的联系。人均收入水平较低的国家，其选择的消费品质量也相对较低，因为它要让有限的收入尽量满足多样化的需求；同时，为了实现充分就业和发展生产，这些国家也只能选择通用的技术和相对简单的资本设备，这也导致了这些国家消费品结构的低级化。人均收入水平较高的国家其生产的消费品质量与档次相对较高,资本设备也更先进、更高级。所以,即使一个国家拥有了比较优势的产品,但如果其他国家收入水平与之存在较大差距,而对其产品没有需求,那么这种比较优势产品也将不能成为他们之间的贸易产品。

产品生命周期是一个很重要的概念,它和企业制定产品策略以及营销策略有着直接的联系。

2. 产品生命周期理论

产品生命周期理论(Theory of Product Life Cycle),由美国经济学家雷蒙德·弗农(Raymond Vernon)提出,并由威尔士(L. T. Wells)等人加以发展。它是用来解释产品生命周期不同阶段贸易流向变化的国际贸易理论。雷蒙德·弗农把产品的生命周期划分为以下3个阶段。

(1)产品创新时期。少数在技术上领先的创新国家的创新企业根据本国资源条件和市场需求首先开发出新产品,并在国内投入生产。此时期该创新企业在新产品的生产和销售方面享有垄断权。接下来,新产品开始不仅满足国内市场的需求,而且逐步出口到与创新国家收入水平相近的国家或地区。这时,创新企业几乎没有竞争对手,鉴于国外还没有类似产品的生产,对该新产品的需求完全依靠创新国家的创新企业来获得满足。

(2)产品成熟时期。随着技术不断成熟,生产企业的数目也在不断增加,产品的竞争增强了,对企业来说,产品的成本、价格变得日益重要。与此同时,国外该产品的市场不断扩展,也出现了大量仿制者。这样一来,创新国家企业的生产不仅面临着国内原材料供应紧张的局面,而且还面临着产品出口运输能力和各项费用的制约,进口国家的种种限制及进口国家企业仿制品的竞争。在这种情况下,企业若想保持和扩大对国外市场的占领就必须选择对外直接投资,即到国外建立子公司,当地生产,当地销售,在不大量增加其他费用的同时,利用当地各种廉价资源,减少关税、运费、保险费用支出,大大降低产品成本,从而增强企业的产品竞争力,巩固和扩大产品市场。

(3)产品标准化时期。在这一时期,技术和产品都已实现标准化,参与此类产品生产的企业日益增多,竞争更加激烈,产品的成本与价格在竞争中的作用十分突出。在这种情况下,企业通过对各国市场、资源和劳动力等价格进行比较后,选择生产成本最低的地区建立子公司或分公司进行产品生产。此时往往由于发达国家劳动力价格较高，生产的最佳地点从发达国家转向发展中国家，创新国的技术优势也已不复存在，国内对此类产品的需求转向从国外进口。原来的创新企业若想继续保持优势，只能是继续不断地进行产品（包括新产品）创新。

如果从产品的要素密集性上看，不同时期的产品存在着不同的特征。如在产品创新时期，需要投入大量的研究与开发费用，这时产品要素的密集性表现为技术密集型；在产品成熟时期，知识技术的投入减少，资本和管理要素投入增加，高级的熟练劳动投入越来越重要，这时期产品要素密集性就表现为资本密集型；在产品标准化时期，随着产品的技术趋于稳定，技术投入更是微乎其微，资本要素投入虽然仍很重要，但非熟练劳动的投入增加得更多，产品要素密集性也随之改变。在产品生命周期的各个时期，由于要素密集性的不同、产品所属类型的不同、技术先进程度的不同以及产品价格的不同，从而使得各种不同类型的国家在产品不同时期具有不同的比较利益，因而"比较利益也就从一个拥有大量熟练劳动力的国家转移到一个拥有大量非熟练劳动力的国家"。❶

产品生命周期理论是一种动态的经济理论。产品要素的密集性在产品生命周期的不同时期，其生产要素的比例会发生规律性的变化，同时也将产品的比较利益不断地从某一国家转向另一国家。产品生命周期理论使得"赫-俄"静态的要素比例说发展成为了一种动态的要素比例说。

3. 产业内贸易理论

美国经济学家格鲁贝尔（H. G. Grubel）和劳埃德（P.J. Loyd）等人在研究共同市场成员国之间贸易量的增长时发现，发达国家之间的贸易大量属于产业内同类产品的贸易，因而开始了人们对产业内贸易的研究。产业内贸易理论（Intra-industry Trade Theory）解释了产业内同类产品贸易增长的特点及其原因，默瑞·坎普（Murray C. Kemp）和克鲁格曼（P. Krugman）等人对产业内贸易理论也进行了发展和完善。

产业内贸易理论认为，当代国际贸易的贸易结构，大致可分为产业间产品贸易和产业内贸易两类。一般来说，产业内贸易具有以下几个特点。

（1）它与产业间贸易在贸易内容上有所不同，它是产业内同类

产业内贸易具体表现为在同类产品中有进口也有出口，往往采用产业内贸易指数（IIT）来测度产业内贸易程度。美国1970年、1987年、1999年制造业产业内贸易指数分别为 55.1%、61%、81.1%，德国为59.7%、66.4%、85.4%，而中国1999年的产业内贸易指数为88.5%。

---

❶ 弗农. 产品周期中的国际投资与国际贸易. 经济学季刊, 1966, 5.

产品的相互交换，而不是产业间非同类产品的交换。

（2）产业内贸易的产品流向具有双向性。即同一产业内的产品，可以在两国之间相互进出口。

（3）产业内贸易的产品具有多样化特点。这些产品中既有资本密集型产品，也有劳动密集型产品；既有高技术产品，也有标准技术的产品。

（4）产业内贸易的商品必须具备两个条件：一是在消费上能够相互替代；二是在生产中需要相近或相似的生产要素投入。

产业内贸易形成的原因和其受到的制约因素比较复杂，大体上有以下几点。

（1）同类产品的异质性是产业内贸易的重要基础。产业内贸易理论认为，从实物形态上，同类产品也可以由于商标、牌号、款式、包装和规格等方面的不同而被视为异质产品；即使是实物形态相同，也可以由于信贷条件、交货时间、售后服务和广告宣传等方面的差异而将同类产品视为异质产品。这种同类异质性产品可以满足不同消费心理、消费欲望和消费层次的多样化的消费需要，由此促使了不同国家间产业内贸易的产生和发展。

（2）规模经济收益递增是产业内贸易的重要成因。生产要素比例相近或相似国家之间能够进行有效的国际分工和获得贸易的利益，其主要原因是其生产企业规模经济的差别。一国的企业通过大规模专业化的生产，可以取得规模经济的效果，其成本随着产量的增长而逐步降低，使得生产成本具有了比较优势，打破了各生产企业之间原有的比较优势均衡状态，而使自己的产品处于竞争优势地位，从而在国际市场上具有了更强的竞争力，扩大了产品的出口量。这样，产业内追求规模经济的目标促成了产业内分工和产业内贸易的形成。

（3）经济发展水平是产业内贸易重要的制约因素。产业内贸易理论认为，经济发展水平越高，产业部门内异质性产品的生产规模也就越大，产业部门内部分工就越发达，从而形成了异质性产品的供给市场；与此同时，经济发展水平越高，人们的收入水平也会越高，较高的人均收入使得消费者的需求变得更加复杂和多样化，表现出对异质性产品的强烈需求，在这种情形下便可形成异质性产品的需求市场。当两国之间人均收入水平趋于接近时，其需求结构也趋于接近，产业内的贸易发展倾向因此也就越强。

第二节 世界市场

一、世界市场的形成和发展

（一）世界市场的概念

世界市场（World Market）是指世界各国之间商品、服务进行交换的场所，是世界范围内通过国际分工联系起来的国家间的各种类型市场的组合。

应该说，不同地区的经济文化交流，古已有之，但能称得上世界市场，却是近代才出现的事情。

世界市场的大小取决于参加世界市场国家或地区的多少和各国国内市场的大小，但它并不是各国国内市场简单的总和，它不是一个地理概念，而是一个经济概念。世界市场由若干因素构成，并受诸多因素影响，如商品的规模、种类、销售渠道、运输通信以及各国经济发展水平和经济政策等。

世界市场有广义世界市场和狭义世界市场之分。广义的世界市场包括商品市场、技术市场、黄金市场、劳务市场，甚至涵盖资本市场、货币市场等。狭义的世界市场只是指世界商品市场，国际贸易研究中一般主要是指狭义的世界商品市场。

（二）世界市场的发展过程

世界市场是伴随着国际分工和地理大发现而萌芽的，它的形成和发展是伴随着资本主义生产方式的产生与发展而不断演变，并因第一次产业革命的发生而迅速发展，又伴随着第二次产业革命的进展而最终形成。

这一部分可与本章第一节"国际分工的形成与发展"对照学习。

1. 世界市场萌芽时期

15世纪中后期，工场手工业在欧洲得到普遍发展，商品货币有了广泛传播，商品生产和商品经济对自给自足的经济造成了巨大的冲击。在地中海、黑海和波罗的海沿岸逐渐形成了一些国际商品交换的中心。15世纪末至16世纪初的地理大发现，促进了西欧各国经济的发展。马克思和恩格斯曾经指出："美洲的发现，绕过非洲的航行，给新兴的资产阶级开辟了新的活动场所。东印度和中国的市场、美洲的殖民化、对殖民地的贸易、交换手段和一般商品的增加，使商业、航海业和工业空前高涨，使商品生产规模、商品交换活动范围明显地扩大，出现了区域

性商品贸易的现象。"❶

在我国夏商时代的黄河流域,也已形成了一些局部的、偶然的商品交换中心。16—18世纪,我国经由中亚、西亚和欧洲的陆路商路——丝绸之路,把中国的丝绸、瓷器、茶叶输往了西方,换回了香料、珠宝、象牙和药材等商品。到宋朝时期,海上丝绸之路又得到进一步发展,明朝时,郑和率领的巨大商船队七下"西洋",经东南亚、印度洋,最远到达非洲东岸。先后访问30多个国家,作为友好使者,扩大了中国与这些国家之间的商品交换和经贸往来。这一切都加速了世界市场的萌芽与发展。

2. 世界市场迅速发展时期

18世纪60年代到19世纪60年代,这一时期发生了人类历史上的第一次产业革命,资本主义从原始积累阶段过渡到自由竞争时期,资本主义生产方式逐渐成为占统治地位的生产方式,这也导致世界市场进入了迅速发展的时期。其表现为以下几个方面。

(1) 商品生产规模不断扩大。大机器工业的发展极大地促进了社会生产力的提高以及社会商品生产规模的扩大,同时也催生了一系列新兴的工业部门;增加了商品的数量与种类;推动了铁路、轮船、通信等事业的发展,为各国国内市场及世界市场的扩展提供了雄厚的物质基础。

(2) 世界商品销售中心的形成。大机器工业不仅需要广大的原料供应地,而且需要一个不断扩大的世界销售市场。随着生产能力的扩大,对原材料的需求相应增加,同时必然伴随着销售市场的扩大,二者密不可分。这样,大工业不仅把销售市场,而且把原料来源都卷入到了世界市场。如英国资本主义的不断扩张,诱使它大肆掠夺亚非拉等殖民地的羊毛、棉花、咖啡和矿石等生产资源,相对应它又把自己大机器所生产的商品大量的销往亚非拉等殖民地市场,而使英国一度成为世界的商品销售中心。

(3) 世界市场空间的不断扩展。大机器工业还需要一个不断扩大的市场空间。大机器工业只有在经常扩大生产、不断夺取新原料产地和扩大销售市场的条件下才能持续生存。大机器工业的发展取决于市场规模的大小。资本家为了追求更高额的利润,经常要超越已有的市场范围,到国外去寻求新兴市场,不断夺取和占有广大的

---

❶ 马克思,恩格斯. 共产党宣言. 北京:人民出版社,1964:24-25.

市场，为大工业的发展开拓更广阔的发展空间。

3. 世界市场形成时期

世界市场最终形成于19世纪70年代至20世纪初。这个时期发生了第二次产业革命，电力和电动机得到了发明和使用，这使资本主义的生产力又得到了质的提升。同时，资本主义的生产关系也发生了较大变化，垄断逐渐代替了竞争，世界范围的殖民地被瓜分完毕，资本输出成为争夺世界市场的又一重要手段。这些促使了统一的世界市场最终形成。

统一的世界市场形成的标志主要有以下4个。

到1900年，世界上各个国家被卷入世界市场的过程基本完成，统一的世界市场形成。

（1）多边贸易和多边支付体系的形成。多边贸易和多边支付体系是指在若干国家之间进行贸易活动，用对某些国家的出超来支付对另一些国家的入超，从而形成的多个国家之间进行多边支付、结算的贸易多边支付体系。

由于国际分工的发展，宗主国与殖民地的资本主义世界经济体系的形成，使得英国成为了当时世界上最发达的国家。它从世界各地掠夺原料和食物等初级产品原料，经过生产加工后又向世界各地输出大量自己的工业品，使其成为"世界工厂"，国际商品的交接中心，国际的金融中心，这样实际上英国就成为了当时世界多边贸易和多边支付体系的中心。

多边贸易和多边支付体系的形成为所有贸易参加国提供了贸易的支付手段，也能让国家间债权债务的清偿、利息与红利的支付都能得到顺利完成。因此多边贸易和多边支付体系的建立加强了世界市场上国家之间的经济联系，使商品交易与金融交易紧密相连，促进了各国及世界经济的顺利发展。

（2）国际金本位制的建立与世界货币的形成。世界市场的发展与世界货币的形成是紧密联系的，只有在世界市场充分发展之后，作为世界货币黄金的职能才能充分展开。这一时期，一些西方国家先后宣布黄金作为国际货币，建立了国际金本位制度。国际金本位制度，就是西方主要国家把黄金作为国际货币，自由流通；作为国际货币的黄金因此具备了货币的三种职能形式，即作为清偿手段、支付手段和储备手段；而且各国货币的汇率是由其所含黄金量的比值来确定，这样就形成了一个统一的但较为松散的国际货币制度，它也是当时世界多边贸易和多边支付体系的货币制度。

国际金本位制度主要有两个作用：一是它给世界市场上各种货币的价值提供了一个可以相互比较的尺度，并能使各国货币间的比价（汇价）基本保持稳定；二是它给世界市场上各国的商品价格提供一个可以互相比较的尺度，从而使各国的同一种商品的价格保持一致，把各国的价格结构联系在一起。黄金被确立为国际货币是世界市场形成的重要标志之一，是资本主义生产方式和交换方式国际化重要表现。

【阅读资料】

金本位制的演变和崩溃

1. 金本位制和金汇兑本位制。随着资本主义矛盾的发展，破坏国际货币体系稳定性的因素也日益增长起来。由于维持金本位制的一些必要条件逐渐遭到破坏，国际货币体系的稳定性也就失去了保证。第一次世界大战爆发后，各国停止银行券兑现并禁止输出，金本位制陷于崩溃。战争期间，各国实行自由浮动的汇率制度，汇价波动剧烈，国际货币体系的稳定性已不复存在。大战结束后，资本主义各国已无力恢复金本位制。

金汇兑本位制又称虚金本位制，它是以存放在金块本位制或金币本位制国家的外汇资产为准备金，以有法定含金量的纸币作为流通手段的一种货币制度，第一次世界大战以前，许多殖民地国家曾经实行过这种货币制度。第一次世界大战后，一些无力恢复金本位制但又未采用金块本位制的资本主义国家，也推行金汇兑本位制。

由于实行金汇兑本位制的国家的货币与某一国家货币保持着固定比价，金汇兑本制国家的对外贸易和金融政策必然受金块本位制的国家的影响和控制。因此，金汇兑本位制是一种削弱了的极不稳定的金本位制度。

2. 国际金本位制的崩溃。国际金本位制在1929年爆发的世界性经济危机和1931年的国际金融危机中全部瓦解。国际金本位制彻底崩溃后，20世纪30年代的国际货币制度一片混乱，正常的国际货币秩序遭到破坏。主要的三种国际货币，即英镑、美元和法郎，各自组成相互对立的货币集团——英镑集团、美元集团、法郎集团，结果使国际贸易严重受阻，国际资本流动几乎陷于停顿。

（3）资本主义世界各种经济规律发挥了主导作用。资本主义发

第二章 国际分工与世界市场

展到垄断阶段，世界经济形成了以宗主国与殖民地为联系纽带的，剥削与被剥削、掠夺与被掠夺的资本主义世界经济体系。资本主义制度中各种固有的规律，诸如基本经济规律、经济发展不平衡规律、价值规律等在世界市场上也居于了主导地位，影响和制约着世界市场的发展。这也是直到今天，世界市场上仍具有的标志特征之一。

（4）世界范围形成了比较健全、固定的商品市场和国际销售渠道。到 20 世纪初，在世界范围内已形成了各种大型的、固定的商品交易所、国际拍卖市场、国际博览会等；建立健全了航海、航运、保险、银行和各种专业服务机构；建立了比较固定的航线、港口和码头。这一切都使已形成的世界市场能有机地结合在一起。

2010 年在我国上海举办的世界博览会诞生在 1851 年的英国伦敦，第一届世界博览会称为万国工业博览会，在英国伦敦的海德公园举行，当时博览会的主要内容是世界文化与工业科技。

二、当代世界市场的构成与特征

（一）当代世界市场的构成

世界市场是由市场主体、市场客体、销售渠道、运输和通信及管理组织等多项因素构成。

1. 世界市场活动的主体

世界市场主体包括参与交换的地区性国际经济组织、各种类型的国家、企业（公司）、企业主联合会、国家机关和自然人等。参加世界市场活动的地区性国际经济组织有欧盟、北美自由贸易区、东盟自由贸易区等；国家可分为：发达国家、发展中国家、新兴经济体国家等；世界市场活动的最重要主体——订约人是企业和公司，它们是在工业、贸易、建筑、运输、农业和服务等方面，以谋求赢利为目的而进行经营活动的实体；企业主联合会是企业家集团的联合组织，它们与公司的区别是其活动目的不是直接获取利润，而是以协会、联盟、代表会议等形式参与政府的决策活动，以为企业扩大出口，开拓世界市场服务；国家机关和机构是世界市场上第三类订约人，他们只有在得到政府授权后才能进入世界市场，从事外贸业务活动；自然人包括民营企业、私人企业和个体企业等以赢利为目的的经济实体。

2. 世界市场活动的客体——标的对象

世界市场的标的是指世界市场上交易的各类商品，它包括货物、服务和要素等。按联合国《国际贸易标准分类》（United Nations

47

Standard International Trade Classification，SITC），将货物分为 10 大类、67 章、261 组、1032 个分组和 3188 个基本项目。服务性产品按世界贸易组织划分为 12 大项，即商业服务、通信服务、建筑服务、销售服务、教育服务、环境服务、金融服务、卫生服务、旅游服务、娱乐服务、运输服务和其他服务。

3. 世界市场交易活动的链体

世界市场的交易活动是由商品销售渠道、运输和通信网络、全球物流管理、参与世界市场管理的组织机构所链接起来。

（1）商品销售渠道。商品销售渠道是指商品从生产者到消费者手中所要经过的各个环节。世界市场上的销售渠道通常由三个部分构成：①出口国的销售渠道，包括生产企业或贸易公司的销售；②出口国与进口国之间的销售渠道，包括贸易双方的代理商或中间商；③进口国国内的销售渠道，包括经销商、批发商和零售商等。

（2）运输和通信网络。运输由铁路运输、公路运输、水路运输、航空运输和管道运输等组成。通信网络主要是指国际电话、电视、广播、报刊、通信卫星和计算机网络等。

（3）全球物流管理。随着跨国公司全球性的国际化经营，其产品支配着世界许多市场，产品日趋标准化。他们为了实现利润最大化，在全球范围内安排和协调其生产、物流活动，把采购、制造、流通等进行综合化，出现了所谓全球物流现象。在全球性产品的运输、保管、包装、装卸、流通、加工、信息、进出关境以及商品贸易的支付和保险等方面实现物流和资金流的一体化管理。

（4）参与世界市场管理的组织机构。管理世界市场的主要国际管理机构和组织包括世界贸易组织（World Trade Organization，WTO）、国际认证机构、国际标准化组织（International Organization for Standardization，ISO）等。这些机构和组织规定了许多参与世界市场活动主体都必须遵守的原则、制度和规定，并通过这些组织自身实施的监管和管理，在一定程度上能够保证世界市场有序、健康地运行。

（二）当代世界市场的主要特征

1. 世界市场总容量和规模在动荡中不断扩大

第二次世界大战后，伴随第三次科技革命的发生，世界生产力

第二章　国际分工与世界市场

巨大增长，国际商品进出口贸易总量空前扩大，从 1950 年的 619 亿美元增长到 2003 年的 152471 亿美元，增长了 245 倍。20 世纪末，随着经济全球化的发展，越来越多的国家和地区参与世界市场。今天，全球几乎所有国家或地区都已卷入了世界市场之中。同时国际贸易的内容也更加丰富，除了商品服务的交易外，还包括资本、技术、劳务人员和知识产权等的交换。不仅如此，世界贸易的增长速度还长期高于国内生产的增长速度。据世界贸易组织《2000 年度报告》，1900—2000 年间世界商品货物出口年均增长率为 6.8%，而同期世界国内生产总值年均增长率只有 2.3%。生产力的大发展，国际分工的不断深化，跨国公司的涌现与迅猛扩张，交通运输和通信工具的进步以及各种新贸易方式与经济贸易组织的出现，都极大地促进了世界市场的扩展。

但是，世界市场容量、规模的发展同时还受到国际政治经济形势变化和国际金融危机的巨大影响，经常是起伏不定、停滞不前，甚至发生倒退。比如，1973—1975 年世界性的经济危机，1997 年的亚洲金融危机，特别是 2008 年下半年由美国次贷危机所引发的国际金融危机等，无不都使当时世界市场的规模发生大幅度的缩水。

2. 服务贸易成为一朵持久绽放的美丽鲜花

在国际贸易发展的历史过程中，服务贸易起初一直是个配角，是被人们忽视的部分，在国际贸易的份额中，人们甚至可以不屑一顾。原始社会末期和奴隶社会，只有一些搬运、商业、储存等是属于服务贸易的内容，服务贸易在当时的国际贸易中比重极小；15 世纪末地理大发现和 17 世纪欧洲殖民主义的扩张，使服务贸易的内容扩大到了海上运输、劳务的输出输入领域。第一次产业革命之后，由于生产力的发展，国际分工的形成，真正的国际服务贸易得以形成。这时的国际服务贸易扩大到铁路运输、海上运输、金融、通信、电话、电报，加之更大的国际商业往来、更多的劳务和人员的交往，这些使得服务贸易成为了国际贸易中不可或缺的一部分。但是，这时的服务贸易也主要是集中在实物性要素方面。

有关服务贸易的内容，可阅读第六章的相关内容。

第二次世界大战以后，由于第三次科技革命的发生，劳动生产率进一步提高，国际分工也进一步深化，国际服务贸易因此也出现了前所未有的快速增长，服务贸易领域空前膨胀，非实物性要素方面的服务贸易内容迅速增加，服务贸易在整个国际贸易中的比重也得以大幅度的提升。

3. 区域市场在世界市场中的份额不断增大

有关区域经济一体化的组织形式请阅读第五章的相关内容。

随着经济全球化的不断加强以及国际贸易竞争的增加，区域经济一体化（Regional Economic Integration）也在同步地不断发展。据统计，目前各种类型的国际政府间区域经济组织就达到了200多个，并且区域经济一体化的形式还在增加，比如自由贸易区（Free Trade Area）、关税同盟（Customs Union）、共同市场（Common Market）、经济联盟（Economic Union）、完全经济一体化（Complete Economic Integration）以及近些年出现的自由贸易协定式的自由贸易区（Free Trade Agreement-style Free Trade Zone）等。区域经济一体化的市场占世界市场的比重因此在不断增大，如欧洲联盟的内部贸易额占其整体对外贸易额的70%左右，北美自由贸易区则占到了60%。

自由贸易协定式的自由贸易区是一种在空间地域上彼此不相毗连的区域，通过协定把彼此之间的经济、贸易优惠安排联系在一起，形成一种新的经济上的"区域"经济一体化组织。

三、企业进入世界市场的途径

企业进入世界市场的途径和方式多种多样，本节按参与世界市场程度大小的不同介绍一些企业进入世界市场的主要的途径和方式。

（一）间接出口

间接出口（Indirect Export）是指企业将自己的产品卖给国内出口商或委托出口代理商进行代理出口的一种进入世界市场的简单方式。

间接出口的形式又大致分以下几种。

请仔细体会这些间接出口形式间的细微差别。

1. 专业外贸公司

专业外贸公司（Specialized Foreign Trade Corporation）是我国外贸经济的一种特有形式，是计划经济遗留下来的产物。专业外贸公司一般既从事进口，也从事出口。就从事出口而言，它既扮演出口商的角色，也扮演出口代理商的角色。因为我国的出口代理一般是间接代理，专业外贸公司仅收取有限的佣金并且还要承担一定的风险，所以专业外贸公司对扮演出口代理商的角色往往缺乏积极性。

专业外贸公司由于拥有人才、资金、广泛的渠道联系、多年积累的信誉、灵敏的信息网络和一定的政策优惠等优势，是我国商品出口的主力军。但是，随着我国改革开放后对外经济联系的不断发展，越来越多的生产企业也逐步获得了出口的自主权，专业外贸公司的这种出口主力军地位正在被动摇。

2. 国际贸易公司

国际贸易公司（International Trading Company）的早期代表是英国成立的东印度公司，现代的典型则是日本的综合商社。日本的综合商社资金雄厚，人才济济，信息网络四通八达，甚至保持 24 小时运转。它们内外贸业务兼营，从事从营销调研到市场开拓；从营销、管理咨询到外汇信贷与套期保值（hedge）；从参与制造到负责分销等许多业务。在促进日本产品出口方面，日本的综合商社更是取得了非常大的成功。日本许多的中小型企业，乃至一些大型企业都将自身的产品通过综合商社而推入国际市场。日本的国际贸易公司——综合商社控制了日本近 60% 的对外贸易，是除汽车、电子产品之外几乎所有产品的主要出口者。

所谓套期保值就是买入（卖出）与现货市场数量相当、但交易方向相反的期货合约，以期在未来某一时间通过卖出（买入）期货合约补偿现货市场价格变动带来的实际价格风险。

3. 出口管理公司

出口管理公司（Export Management Company）是一种专门为生产企业从事出口贸易的公司，一般采取直接代理的方法。这种公司的优势在于，拥有外贸营销的人才以及外贸渠道和信息的联系；而弱点则在于，一般规模较小，熟悉的市场有限，往往只能代理几种产品，很少能包办生产企业在全球市场的出口业务。

4. 合作出口

合作出口（Export Cooperation）有以下两种形式：一是由若干小企业组成松散的合作组织，以合作组织的名义从事出口业务，包括营销调研、贸易洽谈、统一定价和联合运输等；二是一家生产企业或者为了发挥规模效益的优势，或者因为产品的互补性，利用自己的出口力量和海外渠道为另一家生产企业来出口产品。两个生产企业间既可以是买卖关系，也可以是委托代理关系。

5. 外国企业驻本国采购处（Procurement Service of Foreign Enterprises in Other Countries）

西方国家的一些大型批发商或零售商往往在其他国家设有采购处或采购中心，以主动寻求合适的商品销往本国或其他海外市场。

（二）直接出口

直接出口（Direct Export）是指企业不通过国内中间商（或机构），直接将产品销往国外客户。

直接出口有4种主要的形式和途径。

直接出口是市场化程度更高的外贸形式，是间接出口的发展与提高。

1. 设立国内出口部

该部门负责实际的对外销售工作。如业务量足够大，则它有可能演变成为独立的出口部门，负责企业所有出口相关的业务，甚至成为企业的销售子公司，实现盈利、亏损的单独核算。

2. 国外经销商和代理商

国外经销商直接购买企业产品，拥有产品所有权；而国外代理商是代表企业在国际市场上推销企业产品，而不占有产品，但从中要抽取佣金。在一个企业不了解国外市场，又想尽快打入国际市场时，可以把产品卖给国外经销商，或委托国外代理商进行代理销售。

3. 设立驻外办事处

设立办事处的实质是企业实现跨国化经营的前奏。办事处可以从事生产、销售和服务等一条龙服务。其优点一是可以更直接接触市场，信息的回馈准确迅速；二是可以避免代理商三心二意，从而集中力量攻占某一市场。当然其缺点是设立驻外办事处需要大量的投资。

4. 建立国外营销子公司

国外营销子公司的职能与驻外办事处相似，所不同的是，子公司是作为一个当地独立的公司（法人）而建立的，在法律上、赋税上和财务上都有自身的独立性。建立国外营销子公司意味着企业已深入地介入到国际性的营销活动当中。

国外生产是企业进入国际市场的一种重要选择，它意味着一个企业真正进入了跨国营销阶段。

（三）国外生产

国外生产（Foreign Production）也称作国外生产策略，是指企业将生产（营销）过程的一部分或全部转移到国外进行，然后将产品就地销售（或转售给其他国家）的一种较直接的进入世界市场的方式。

国外生产是企业进入国际市场的一种重要选择，它意味着企业真正进入了跨国经营阶段。事实上，国内外大多数跨国公司都经历了从间接出口到直接出口再到国外生产的发展过程。

企业到国外生产可以采取的方式很多，这里简单介绍以下3种。

1. 合资企业

合资企业（Joint Venture）是指企业与国外一家或多家厂商共同经营一个企业，双方按投资的比例大小来分配各自的管理权限、经营利润及风险损失。

2. 组装业务

组装业务（Box Assembly）是指企业在国内生产出某种产品的全部或大部分零部件，将其运到国外市场组装成成品，然后就地销售或转售给其他国家。中国企业采取这种方式进入国外市场的不多，但是，采取这种方式进入中国市场的外国企业，特别是外国的工业企业却很多。

这种方式的主要优点是：运费低，能够突破目标市场国家的关税和非关税壁垒（许多国家对某些成品产品的进口设置种种障碍，而对能够给国内带来就业机会的零部件进口则比较欢迎），以及较容易为当地政府接受（因为能带来就业机会）。

3. 合同制造

合同制造（Contract Manufacturing）是指企业与国外厂家签订合同，由对方代其生产产品，然后由本企业负责产品的销售。为了使产品质量达到企业的要求，企业通常要向对方提供技术和工艺服务。

第三节　国际市场价格

一、国际市场价格的含义和种类

国际市场价格（International Market Price）亦称国际价格或世界市场价格，是指商品国际价值的货币表现。它是一种商品在国际贸易中被广泛接受并具有代表性的成交价格。

商品国际市场价格按其形成原因、变化特征可以分为下列几种类型。

国际价值是在国别价值的基础上形成的国际性一般社会劳动的凝结，是商品在国际交换中体现生产的国际关系的经济范畴。

（一）世界"自由市场"价格

世界"自由市场"价格（The Price of "Free Market" in the World）是指在国际间不受垄断或国家垄断力量干扰的条件下，由独立经营的买者和卖者之间进行交易的价格。国际供求关系是这种价格形成的客观基础。"自由市场"是由较多的买主和卖主集中在某一固定的地点，按一定的规则，在规定的时间内进行的交易。尽管这种市场仍不可避免地会受到国际垄断或国家干预的影响，但是由于商品价格在这里是通过买卖双方公开竞争而形成的，所以，它还是能比较客观地反映出商品供求关系的变化。联合国贸易发展会议（United Nations Conference on Trade and Development，UNCTAD）所发表的统计中，把美国谷物交易所的小麦价格、玉米（阿根廷）的英国到岸价格，大米（泰国）的曼谷离岸价格、咖啡的纽约港交货价格等36种初级产品的价格列为世界"自由市场"价格。表2-4反映了2001—2007年间，世界"自由市场"上初级产品价格的某些变化趋势。

表2-4　2001—2007年间初级产品自由市场价格变化趋势

年份 产品分类	2001	2002	2003	2004	2005	2006	2007
所有初级产品	96.4	97.2	105.1	126.1	140.8	183.6	207.2
食物	99.6	102.5	106.8	120.8	128.4	149.4	169.2
热带作物	102.8	102.2	104.1	118.6	127.2	151.3	164.1
饮料	79.4	88.7	94.1	100.2	125.7	134.1	148.0
菜籽油和油脂	93.6	116.9	137.2	155.3	140.6	147.7	225.7
农业原料	96.1	93.8	112.4	127.4	132.3	152.2	169.3
矿物原料	89.2	86.8	97.6	137.3	173.2	277.7	313.2

资料来源：UNCTAD: handbook of statistics, 2008。

世界"自由市场"价格又包括以下几种。

1. 交易所价格

交易所价格（Exchange Price）是指在商品交易所交易商品时所形成的价格。交易所价格分期货价格和现货价格两种。期货价格是商品在期货交易中的成交价格。期货交易是预买、预卖、预期交割的一种交易形式。现货价格是指商品在现货交易中达成的成交价格。现货交易是一经成交立即交换的买卖行为，一般是买主即时付款，但也可以采取分期付款或延期交付的付款方式。由于付款方式的不同，同一现货在同一时期往往可能出现不同的价格水平。

商品交易所交易是世界市场常用的交易方式之一，许多初级产品的交易大都通过这一方式进行。由于交易所价格是经公开竞争形成的，因此交易所价格在国际贸易中具有很大的参考价值，是许多国家签订合同，确定价格的重要依据。

2. 拍卖价格

拍卖价格（Auction Pricing）是指通过拍卖方式出售商品而得到的价格。它是通过公开竞价而形成的实际成交价格，并且是现货成交价格，因此它能反映某些商品市场行情的变化及其水平。目前国际上较著名的拍卖市场主要有：伦敦的茶叶、猪鬃市场；加尔各答、科伦坡的茶叶市场以及悉尼的羊毛市场等。

3. 开标价格

开标价格（Tenders Price）是指通过招标、投标的形式而成交的价格。招标是国际贸易中一种主要的贸易方式。招标人为了购买货物或是工程发包，预先招徕一批供货人或承包人进行投标，然后招标人按照递价最低及各方面条件对其最有利的原则与投标人达成交易。采用招标方式购买货物，由于参加投标的人较多，竞争性较强，成交价格一般能比较低。

递价是指在国际贸易中，出口商按进口商的询价或为推销其产品主动向进口商提出愿意按照一定条件出售商品的行为。

（二）世界"封闭市场"价格

世界"封闭市场"价格（The Price of "Closed Market" in the World）和"自由市场"价格不同，它是买卖双方在一定特殊关系下所形成的价格。在这种情况下，商品在国际间的供求关系，一般对价格不会产生实质性的影响。

世界"封闭市场"价格主要有以下几种形式。

1. 调拨价格

调拨价格（Transfer Price）又称转移价格，是指跨国公司为了在国际经营业务中最大限度地减轻赋税，逃避东道国的外汇管制，以及为了扶植幼小的子公司等目的，在公司内部进行交易时采用的价格，该价格一般不受国际市场供求关系的影响，由公司上层管理者制定。

2. 垄断价格

垄断价格（Monopoly Price）是指国际垄断组织利用其经济实力

当代资本主义国际垄断组织的主要形式是国际卡特尔，其典型代表是"石油输出国组织"（Organization of Petroleum Exporting Countries，OPEC）。

和对市场的控制力所决定的价格，它又分买方垄断价格与卖方垄断价格两种。但是垄断组织在国际上采用垄断价格也是有条件的，这些条件主要有：某一部门竞争的公司数量、产品的价格需求弹性、替代弹性的大小以及国际政治经济的形势等。

3. 区域性经济贸易集团内价格（The Prices in the Regional Economic Trading Blocs）

第二次世界大战之后，特别是 20 世纪末，世界范围内成立了许多区域性的经济贸易集团。在这些经济贸易集团内部，形成了区域性经济贸易集团内价格。比如，西欧经济集团共同农业政策中的共同价格就是这种价格的代表。

4. 国际商品协定下的协定价格（Agreement Prices under the International Commodity Agreements）

商品协定通常采用最低价格和最高价格等办法来稳定商品价格。当有关商品价格降到最低价格以下时，就减少出口，或用缓冲基金收购商品；当市价超过最高价格时，则扩大出口或抛售缓冲存货。

二、影响国际市场价格的因素

1. 供求关系

商品国际市场价格是围绕着国际价值上下波动的，而具体的商品国际市场价格却是由国际市场上的供求关系所最终决定，即由国际市场上买主和卖主之间的竞争所决定。这种竞争包括 3 个方面：卖主之间的竞销；买主之间的竞买；买主和卖主之间的竞争。各方面竞争的结果，是使同一种类和品质的商品逐步取得同一的国际市场价格。

2. 垄断

垄断组织为了夺取最大限度的利润，会采取各种办法来控制世界市场价格。

（1）直接的方法：瓜分销售市场，规定国内市场的商品销售额，规定出口份额，减产；降低商品价格，使部分竞争者破产，然后夺取这些市场并规定这些商品的垄断价格；用夺取原料产地的方法垄断原料市场，开采原料并按垄断价格出售原料；获取国家订货，并按垄断价格出售这些订货；直接调整价格，即规定一定的价格，低于这一价格便不出售商品；跨国公司内采用划拨价格，公司内部相互约定出口、采购有关商品或劳务的价格。

(2) 间接的方法：限制商品的生产额或出口额；限制开采矿产或阻碍新工厂的建立；在市场上收买"过多"商品并出口"剩余"产品等。

3. 经济周期

经济危机是有周期性的。在危机期间，生产猛然下跌。危机过去后，生产逐渐上升，对各种产品的需求增加，价格又开始上涨。当然，对各种商品价格变化影响的大小并不一致，要视商品的具体情况来加以判断和分析。

4. 各国政府采取的政策措施

第二次世界大战后，各国逐渐开始采取许多政策措施来维持商品国际市场价格的稳定。如支持价格政策、出口补贴政策、进出口管制政策、外汇政策、战略物资收购和抛售政策等。这些政策措施在稳定价格的同时，对国际市场价格的变化也发挥了较大影响。

5. 商品的质量与包装

一般而言，商品在市场上都是按质论价，好质好价，次质次价，名牌优价。但是在国际市场上，商品的包装和商品的质量一样，同样很重要。如果一个商品没有良好的包装或装潢，即使是按质论价，商品的最终价格也会受到不小影响。

6. 商品销售中的各种因素

这些因素包括：付款条件的难易；运输条件的适时；销售季节的赶前与错后；是否名牌；使用的货币；成交数量的多少；客户的爱好；地理位置的远近；广告宣传的效果；服务质量等。

7. 自然灾害、政治动乱及投机等

自然灾害、政治动乱及投机等因素对国际市场价格的变化也有一定影响。

【阅读资料】

国际市场上的初级产品价格

初级产品主要包括农产品、燃料和金属三大类。国际上大部分初级产品价格是在商品交易所由供求关系决定的，如铜、铝、锡等金属的价格形成主要在伦敦金属交易所（LME），小麦在芝加哥商品交易所（CBOT），能源在纽约商品交易所，这些世界性商品交易

所的交易价格被公认为世界市场价格的主要参考。

美国商品研究局编制的"期货价格指数"(CRB)比较能够反映国际市场初级产品价格的变化趋势。CRB 由 21 种商品组成，其中每种商品所占的权重是 1/21，价格指数包括期货价格指数、现货价格指数和期货分类指数。21 类商品包括谷物（小麦、燕麦、玉米、黄豆、黄豆油、黄豆粉）、能源（轻原油、热燃油）、贵金属（黄金、白金、白银）、基本金属（铜）、软性商品（糖、可可豆、咖啡、棉花、冻橘汁）、牲畜类（活牛、活猪、猪腩）、其他（包括木材）。

表象上国际初级产品价格也受非市场因素的影响，但最终还是归结到供求关系，它们通过影响商品的供求关系，最后影响到价格。

以 2005 年价格为基期，1997—2007 年世界初级产品价格指数为 52、41、45、59、54、61、77、100、121、135。

（资料来源：张玮. 国际贸易原理. 北京：中国人民大学出版社，2009）

本章小结

1. 国际分工是指世界各国（地区）之间的劳动分工。它是社会生产力发展到一定阶段的产物，是社会分工超越国界的结果。国际分工是国际贸易和世界市场的基础。

2. 国际分工经历了萌芽、形成、发展和深化四个阶段，社会生产力、自然条件、资本流动和上层建筑是影响国际分工发展的主要因素。国际分工对各国的贸易、经济，乃至整个国际经济关系、世界经济格局都能产生根本性的影响。

3. 绝对成本论认为，每一个国家都拥有生产某些产品绝对有利的生产条件进行专业化生产，然后进行彼此交换，这样对所有交换国家来说都是有利的；比较成本论则认为每个国家应该集中生产其优势最大或劣势最小的产品，然后通过国际贸易，在资本、劳动力保持不变的情况下提高总的生产数量。

4. 赫克歇尔、俄林所创立的要素禀赋理论假定，各个国家在生产商品时所使用的生产技术是一样的，而把各国间要素禀赋的相对差异以及在生产各种商品时利用生产要素的强度差异，作为其解释国际贸易产生和不断发展的理论基础。

5. 第二次世界大战后，西方经济学家力图用新的学说来解释国际分工和国际贸易中存在的问题，其中的转折点被称之为"里昂惕夫之谜"。需求相似理论、产品生命周期理论和产业内贸易理论分

第二章 国际分工与世界市场

别对"里昂惕夫之谜"做出了解释,在一定程度上带来了第二次世界大战后西方国际分工和国际贸易理论的相应发展。

6．世界市场是指世界各国商品和服务进行交换的场所,是世界范围内国家间各种类型市场的组合。世界市场的形成和发展总是伴随着资本主义生产方式的产生与发展而不断进行着演变,其因第一次产业革命的发生而迅速发展,随着第二次产业革命的进展而最终形成。

7．世界市场由市场主体、市场客体、销售渠道、运输通信和管理组织等多项因素构成。世界市场的总容量和规模在动荡中不断扩大;服务贸易成为了世界市场中一朵持久绽放的美丽鲜花;区域市场在世界市场中的份额正不断增大。

8．企业进入世界市场的途径和方式多种多样,按参与世界市场程度大小的不同分为间接出口、直接出口和国外生产3大类。

9．国际市场价格是指商品国际价值的货币表现。它是一种商品在国际贸易中被广泛接受并具有代表性的成交价格。

10．商品国际市场价格按其形成原因、变化特征可以分为世界"自由市场"价格和世界"封闭市场"价格。

11．影响国际市场价格的因素主要有:①供求关系;②垄断;③经济周期;④各国政府采取的政策措施;⑤商品的质量与包装;⑥商品销售中的各种因素;⑦自然灾害、政治动乱及投机等。

练习题

一、填空题

1．_____是国民经济内部分工的延伸,它是社会分工发展到一定阶段时,国民经济内部分工超越国家界限而形成的结果。

2．_____的内部分工与外部分工构成了国际分工重要的组成部分。

3．每一个国家都有其适宜于生产的某些产品的绝对有利的生产条件,去进行专业化生产,然后进行彼此交换,这样对所有交换国家来说都是有利的。斯密的这个理论也被称之为_____。

4．赫克歇尔和俄林不仅认为不同国家不同的要素禀赋是国际贸易发生的原因,而且还进一步论述了国际贸易将会导致各国生产要素的相对价格和绝对价格趋于均等化,即所谓_____。

5．世界市场是由_____、市场客体、销售渠道、运输通信及管理组织等多项因素构成。

6．世界市场的标的是指世界市场上交易的各类商品，它包括货物、服务和_____等。

7．企业不通过国内中间商（或机构），而是直接将产品销往国外客户的一种进入世界市场的方式称为_____。

8．一种商品在国际贸易中被广泛接受的并具有代表性的成交价格就是这种商品的_____。

9．_____又称转移价格，是指跨国公司为了在国际经营业务中最大限度地减轻赋税，逃避东道国的外汇管制，以及为了扶植幼小的子公司等目的，在公司内部进行交易时采用的价格。

二、单项选择题

1．国际分工体系形成于（　　）。
　　A．第一次产业革命时期
　　B．第二次产业革命时期
　　C．第三次科技革命时期
　　D．第二次世界大战之后

2．亚当·斯密、大卫·李嘉图、赫克歇尔-俄林的学说都是主张（　　）。
　　A．公平贸易　　　　B．自由贸易
　　C．保护贸易　　　　D．管理贸易

3．中国生产一只手表要 8 个劳动日，生产一辆自行车需 9 个劳动日，泰国生产手表和自行车分别要 13 个和 11 个劳动日，根据比较成本说（　　）。
　　A．中国应集中生产和出口手表
　　B．中国应集中生产和出口自行车
　　C．泰国应集中生产和出口手表
　　D．泰国不宜参加社会分工

4．俄林认为（　　）是国际贸易的直接原因。
　　A．成本的国际绝对差
　　B．价格的国际绝对差
　　C．成本比例的国际绝对差
　　D．价格比例的国际绝对差

5．亚当·斯密和大卫·李嘉图认为国际贸易产生的原因和基础是（　　）。
　　A．各国间商品价格不同

B．各国生产要素禀赋不同

C．各国生产各种商品的劳动生产率不同

D．各国间要素价格不同

6．依照"两优取最优，两劣取次劣"的原则进行分工的思想是（　　）提出的。

A．亚当·斯密　　　B．大卫·李嘉图

C．赫克歇尔　　　　D．俄林

7．资本充裕的国家应集中生产和出口资本密集型产品，这种说法源于（　　）。

A．亚当·斯密绝对成本说

B．大卫·李嘉图比较成本说

C．赫克歇尔-俄林要素禀赋说

D．"里昂惕夫之谜"

8．能够反映商品供求关系变化的价格是（　　）。

A．世界封闭市场价格

B．世界自由市场价格

C．国际商品协定价格

D．政府贸易协定价格

9．跨国公司内部交易的价格称为（　　）。

A．垄断价格　　　　B．协定价格

C．调拨价格　　　　D．经济贸易集团内价格

10．商品交易所里形成的价格属于（　　）。

A．自由市场价格　　B．封闭市场价格

C．国际市场价格　　D．半封闭市场价格

11．没有固定组织形式的国际商品市场包括（　　）。

A．商品交易所　　　B．拍卖

C．网上交易市场　　D．博览会

12．在国际市场上，属于"自由市场"价格的是（　　）。

A．协定价格　　　　B．垄断价格

C．商品交易所价格　D．调拨价格

三、多项选择题

1．战后国际贸易商品结构的变化主要表现为（　　）。

A．工业制成品比重上升

B．工业制成品比重下降

C．初级产品比重下降

D．初级产品比重上升

E．商品结构未出现明显变化

2．影响国际分工形成与发展的因素包括（　　）。

A．社会生产力　　　　B．社会生产关系

C．自然条件　　　　　D．政府行为

E．资本流动

3．第二次世界大战后，国际分工深化表现为（　　）。

A．发达国家间的分工居于主导地位

B．发达国家间工业部门内部分工逐步增强

C．发展中国家被日益排除在国际分工体系之外

D．区域性经济集团内部的分工趋于加强

E．服务业国际分工逐渐形成

4．世界市场是由（　　）等因素构成。

A．市场主体　　　　　B．市场客体

C．销售渠道　　　　　D．运输通信

E．管理组织

5．影响商品国际市场价格的因素主要包括（　　）。

A．垄断

B．经济周期

C．各国政府采取的政策措施

D．商品的质量与包装

E．自然灾害、政治动乱及投机等

四、判断题

1．产业革命的完成使得英国等国建立了大机器工业和现代工厂制度，确立了资本主义生产体系，促进了社会分工和商品经济的发展，由此促进了国际分工的形成。（　　）

2．第二次世界大战前，工业制成品生产国之间的分工居于主导地位，其次才是工业国与初级产品生产国之间的分工。（　　）

3．古典学派认为国际贸易发生的原因是各个国家在生产各自商品时劳动生产率的差异，而且各国劳动生产率及其差异都假定不变。（　　）

4．需求相似理论又称作需求偏好相似说或收入贸易说，是由瑞典经济学家林德提出的，它用国家之间需求结构的相似性来解释

工业制成品的贸易发展。（　　）

5. 在产品生命周期的各个时期，由于要素密集性的不同，产品所属类型的不同，技术先进程度的不同以及产品价格的不同，从而使得各种不同类型的国家在产品不同时期时具有不同的比较利益。（　　）

6. 当两国之间人均收入水平趋于接近时，其需求结构也趋于接近，产业间的贸易发展倾向因此也就越强。（　　）

7. 世界市场的发展与世界货币的形成是紧密联系的，只有在世界货币黄金的职能充分展开之后，世界市场才能获得充分的发展。（　　）

8. 世界市场客体包括参与交换的地区性国际经济组织、各种类型的国家、企业（公司）、企业主联合会、国家机关和自然人等。（　　）

9. 在国际贸易发展的历史过程中，服务贸易一直是个配角，是被人们忽视的部分，在国际贸易的份额中，人们甚至可以不屑一顾。（　　）

10. 国外生产是企业进入国际市场的一种重要选择，它意味着企业真正进入了跨国经营阶段。（　　）

五、名词解释

1. 国际分工
2. 比较优势
3. 里昂惕夫之谜
4. 产业内贸易
5. 世界市场
6. 世界"自由市场"价格

六、问答题

1. 国际分工对国际贸易会产生哪些方面的根本性影响？
2. 当代世界市场具有哪些特征？
3. 什么是国际市场价格？影响国际市场价格的因素主要有哪些？

课堂讨论

通过本章的学习，请从历史发展的角度来分析一下国际分工、国际贸易、世界市场之间存在哪些相似的地方？它们之间具有怎样的关系？

第三章 国际贸易政策

学习要求

◆ **重点掌握**

对外贸易政策的概念
保护贸易政策的含义
新贸易保护主义的内涵
新老贸易保护主义的区别
第二次世界大战后的贸易自由化

◆ **掌握**

对外贸易政策的目的和内容
超保护贸易政策的含义及特点
战略性贸易政策的含义
管理贸易政策的含义

◆ **了解**

重商主义贸易保护政策
英国的自由贸易政策
美国、德国的贸易保护政策

第三章 国际贸易政策

第一节 国际贸易政策概述

一、对外贸易政策的目的和构成

（一）对外贸易政策的概念

对外贸易政策是国家在一定时期对进出口贸易所实行的各项政策的总称。它是国家的经济政策和对外政策的重要组成部分，也是维护国家对外政治经济关系和利益的重要手段。

从单个国家的角度看，国际贸易政策即是一国的对外贸易政策，因而关于国际贸易政策的分析即是对各国对外贸易政策的分析。

自对外贸易政策产生和发展以来，主要有两种类型的对外贸易政策：自由贸易政策和保护贸易政策。

有关自由贸易政策和保护贸易政策的内容将在本章第二节重点阐述。

（二）对外贸易政策的目的

一国或地区制定对外贸易政策的宗旨是保护本国市场和促进国内产业的发展，扩大本国产品的出口，维护本国的对外政治经济关系和利益。一般来说，各国制定对外贸易政策的目的主要有以下几个方面。

1. 扩大本国产品的出口

通过各种出口政策鼓励本国出口商多出口，提高本国产品的竞争能力，扩大本国产品的出口市场；通过关税和各种非关税措施来限制外国产品的进口，削弱外国产品的竞争能力。

2. 优化本国产业结构

通过对外贸易政策调整，优化国内资源配置，提高生产要素效能，调整和优化产业结构，提高企业的竞争力，实现本国经济协调发展。

3. 促进本国经济发展

通过对外贸易政策调整，一方面，增加国家财政收入，提高国家的经济福利；另一方面，达到外部均衡，即通过对外贸易政策的调整，维持国际收支平衡。此外，在经济全球化条件下，世界各国之间的相互影响加强，为使一国经济既能与外部经济实现互补，又能保持国内经济稳定，就必须依靠对外贸易政策进行调整。

（三）对外贸易政策的内容

对外贸易政策主要包括以下 4 个方面的内容。

（1）对外贸易总政策。就是国家根据本国经济发展需要，制定的在一个较长时期内实行的旨在指导对外贸易发展的总原则和总方针。

（2）对外贸易商品（服务）政策。是根据对外贸易总政策、经济结构和国内市场状况，分别制定的有关商品进出口和服务开放的原则和规定。

（3）对外贸易关税政策。是根据本国进出口贸易的需要，制定的对出入海关征收关税的政策。如为了限制外国商品的进口和公平贸易的需要，对他国进口的商品征收诸如进口关税、反补贴税、反倾销税等。

（4）对外贸易国别政策。就是根据对外贸易总政策，对外政治、经济关系的需要而制定的国别和地区政策。它是随着国际经济关系的变化而变化。

二、对外贸易政策的演变

历史上资本主义国家对外贸易政策的演变，大致经历了以下几个阶段。

1. 资本主义生产方式准备时期的贸易政策

16—18 世纪的西欧各国处于资本原始积累阶段，在这一时期，为了促进资本原始积累，西欧各国在重商主义的影响下，普遍实行重商主义的贸易保护政策。

重商主义的相关内容将在本章第二节重点阐述。

重商主义分为早期重商主义和晚期重商主义。早期重商主义者力图用禁止外国工业品进口来阻止金银的流出；晚期重商主义者主张国家实行贸易保护，鼓励出口，限制进口，抵制外国商品竞争，保护和扶植本国工业（或农业）的发展。

2. 资本主义自由竞争时期的贸易政策

18 世纪中叶至 19 世纪末为资本主义自由竞争时期，这一时期，工业资本替代商业资本占据了统治地位，重商主义逐渐衰落。欧美各国因其发展不平衡，实施了不同的贸易政策，最早完成工业革命的英国和航海业发达的荷兰实行自由贸易政策，而德国、美国等较为落后的国家在 19 世纪后期实行的是贸易保护政策。

3. 资本主义垄断竞争时期的贸易政策

19世纪末20世纪初，各主要资本主义国家先后完成了产业革命，垄断资本在经济生活中占据统治地位。随着经济的发展，一方面，各国国内市场逐渐不能满足垄断资本对市场的需要；另一方面，国际市场上竞争加剧，尤其是1929—1933年世界性的经济大萧条使市场问题更为突出。在这种情况下，为争夺市场，资本主义各国先后实行了维护本国垄断资本利益的贸易保护政策。

4. 第二次世界大战后的贸易政策

这一时期，发达国家的国际贸易政策先后出现了两种倾向，即20世纪50—70年代的贸易自由化倾向和20世纪70年代以后的新贸易保护主义。

三、对外贸易政策的制定和执行

（一）影响对外贸易政策制定的因素

对外贸易政策是一国经济政策和对外政策的重要组成部分。一国或地区究竟采用什么样的对外贸易政策，主要取决于以下几种因素。

1. 经济实力的强弱

经济实力较强、国际竞争力较强的国家，倾向于自由贸易政策，主张在世界范围内进行自由竞争与合作；反之则倾向于保护贸易政策，对对外贸易加以诸多限制。一国国际竞争力相对地位的变化，也会影响对外贸易政策的选择。

2. 经济发展战略的选择

采取外向型经济的发展战略，就会制定比较开放和自由的外贸政策。对外贸易对一个国家的经济越是重要，就越会主张在世界范围内进行竞争和合作。

3. 利益集团的影响

一国利益集团对外贸政策的走向有较大的影响。在发达国家甚至可以认为，外贸政策就是不同利益集团之间矛盾和斗争的产物。当某一利益集团在政治和经济方面占上风时，制定外贸政策的过程中就会充分考虑该集团的需要，以促进或阻碍某些特定商品的进出口来谋求最大的利益。

4. 国家的就业与失业状况

总体上说,国际分工的加深和国际贸易的发展,有利于增加世界的总产量,从而扩大生产规模。然而,在就业不足的条件下,国际贸易能使失业在国家之间转移。一般而言,当一国出口增加时,就业会增加;而进口增加,就业便会减少。因此,各国对外贸易政策的制订应着眼于本国的就业与失业的状况,尽可能保证本国劳动力的充分就业。

5. 国际收支、贸易差额状况

任何国家都有出现国际收支失调的可能性。各国政府往往制定各种政策,通过调整国际收支平衡表中贸易项目,改善一国国际收支状况。一般来说,当代各国都把重点放在鼓励出口方面,同时也对进口进行必要的限制。

6. 国际政治经济环境和一国的外交政策

外贸政策和外交政策关系密切,两者之间存在着互相服务、互相促进的关系。在某些场合,对外贸易要服从外交的需要,而在更多的场合,外交是为外贸打通道路、提供保护的。当今许多国家都奉行所谓经济外交战略,或把经济交往作为达到政治目标的一种手段。

(二) 对外贸易政策的制定

各国对外贸易政策的制定与修改是由国家立法机构进行的。最高立法机关所颁布的对外贸易政策,既包括较长时期内对外贸易政策的总方针和基本原则,又规定某些重要措施以及给予行政机构的特定权限。例如,美国宪法第一条第八款规定,国会拥有决定征税以及管理对外贸易的权力,因此,缔结自由贸易协定、实施并修订关税及有关贸易措施均需依据国会的具体立法或在国会的特别授权范围内实施。此外,在国会参议院和众议院还有 10 多个涉及对外贸易管理事务的专门委员会。美国贸易代表办公室(USTR)是贸易政策制定的主要机构。

(三) 对外贸易政策的执行

各国对外贸易政策主要是通过以下方式执行。

(1) 制定对外贸易法规。为落实对外贸易政策,世界各国都通过对外贸易立法把贸易政策具体化,成为国家法律的组成部分。内容通常包括:设立外贸法的目的,管理贸易的机构、权限,进出口

美国国会根据 1962 年的《贸易扩张法案》创建,USTR 既指代美国贸易代表,也指代它所负责的机构,它负责制定并管理美国全部贸易政策。

货物、服务和技术的许可，外贸经营条件和应遵守的规定等。

（2）通过海关对进出口贸易进行管理。海关是设置在对外开放口岸，对进出口实施监督管理的国家行政机关。海关除对进出境的商品、运输工具实行监管，稽征关税和代征法定的其他税费外，还承担着查禁走私的艰巨任务，一切进出口国境的货物和物品、运输工具，除国家特别规定的以外，都要在进出国境时，向海关申报，接受海关检查。

（3）国家设立各种机构，负责促进出口和监管出口。如美国早在1960年就成立了"扩大出口委员会"，经常向总统和商务部提供有关鼓励出口的各项意见和措施。1973年又成立了"出口委员会"和跨部门的"出口扩张委员会"，附属于"总统国际政策委员会"。

（4）国家政府出面参与各种国际贸易、关税等的国际机构与组织，进行国际贸易、关税方面的协调和谈判。

第二节 欧美各主要历史阶段的国际贸易政策

一、重商主义贸易保护政策

（一）重商主义的定义

重商主义（Mercantilism）是西欧封建制度向资本主义制度过渡时期（资本原始积累时期）受到普遍推崇的一种经济哲学，是保护贸易理论的早期学说。重商主义学说产生于15世纪，盛行于16世纪和17世纪上半叶。

重商主义是封建主义解体之后的16—17世纪西欧资本原始积累时期的一种经济理论或经济体系，反映资本原始积累时期商业资产阶级利益的经济理论和政策体系。

重商主义者认为贵金属（货币）是衡量财富的唯一标准。因此，要使国家变得富强，就应尽量使出口大于进口，因为贸易出超才会导致贵金属的净流入。他们认为，一国可以通过出口本国产品从国外获取货币从而使国家变富，但同时也会由于进口外国产品造成货币输出从而使国家丧失财富。因此，重商主义对贸易的研究主要集中在如何进行贸易，具体来说，怎样通过鼓励商品输出、限制商品进口以增加货币的流入从而增加社会财富。

重商主义的发展可分两个阶段：从15世纪到16世纪中叶为早期重商主义；16世纪下半期到17世纪上半叶为晚期重商主义。

1. 早期重商主义

早期重商主义主张绝对禁止贵重金属的外流，因而也被称为重金主义。为此，当时执行重商主义政策的国家禁止货币出口，由国家垄断全部贸易，外国人来本国进行贸易时，必须将其销售货物所得到的全部款项用于购买本国的货物。

早期重商主义的代表人物是英国的威廉·斯坦福特（W. Stafford，1554—1612）和法国的安·德·蒙克来田（Antoine de Montchrétien，1575—1622），他们认为货币即是财富，主张在对外贸易的每笔交易中都保持顺差，奉行绝对的"少买多卖"原则以增加货币的流进，因此被称为"货币差额论"。

早期重商主义的对外经济政策主要有：直接管制汇率和贵金属交易的方法实现国内贵金属的存量增加；禁止金银出口；禁止出口商接收外国非金银货币；汇率由官方直接控制，实行固定汇率，等等。

2. 晚期重商主义

晚期重商主义意识到只有将货币不断地投入到流通中去，才能使货币财富不断增加，他们主张全国的对外贸易顺差，所以又叫做贸易顺差论。代表人物是英国的托马斯·孟（Thomas Mun，1571—1641），其代表作是《英国得自对外贸易的财富》，该书集中反映了重商主义的基本理论，是重商主义国际贸易理论的核心内容。该理论认为，不论一国的对外贸易如何兴旺，若其出口值不能超过进口值，则该国的经济决不能繁荣。所以，欲增加国民财富必须促进出口，使输出大于输入，实行"奖出限入"的政策，以造成有利的贸易差额，即"顺差"。一国追求贸易顺差的办法应是保持本国对外贸易总额的顺差，而不必对每个国家每笔交易都要保持顺差。

马克思称《英国得自对外贸易的财富》一书为"重商主义的福音书"。

晚期重商主义的对外经济政策主要有：限制进口；奖励出口；管制短缺物资出口；实行独占性的殖民地贸易政策，等等。

（二）重商主义的作用和局限性

重商主义是对资本主义生产方式最早进行理论探讨的经济理论。重商主义的理论和政策在当时促进了资本主义的原始积累，推动了资本主义生产方式的发展。但它把货币和财富混为一谈，而且只局限于流通领域，认为财富和利润都是流通过程中产生的，对外贸易是财富和价值增值的源泉。这反映了商业资产阶级的历史局限性。

二、自由竞争时期的保护贸易政策

(一)保护贸易政策的含义

保护贸易政策(Protective Trade Policy)是国家广泛利用各种措施对进口和经营领域与范围进行限制,保护本国的产品和服务在本国市场上免受外国产品和服务的竞争,并对本国出口的产品和服务给予优待与补贴。国家对于贸易活动进行干预,限制外国商品、服务和有关要素参与本国市场竞争。

(二)美国、德国的贸易保护政策

18世纪中叶至19世纪末为资本主义自由竞争时期,这一时期,工业资本替代商业资本占据了统治地位,重商主义逐渐衰落。欧美各国因其发展不平衡,实施了不同的贸易政策。最早完成工业革命的英国和航海业发达的荷兰实行自由贸易政策,而美国、德国等后起资本主义国家却因自身经济实力不足、工业发展较为落后而实行贸易保护政策。

美国由于在18世纪70年代才摆脱殖民地的地位取得国家独立,其工业不仅远落后于英国,而且面临英国的强有力竞争。在这种情况下,为保护本国工业的发展,摆脱本国所遭受的经济控制,贸易保护理论与政策在美国产生并逐渐发展起来。这些理论认为,发展本国工业可以创造价值远高于农产品的工业品,同时还可以促进社会分工并为农业提供市场。在贸易保护政策的作用下,美国的工业获得了长足的发展。

在德国,由于资本主义工业尚处于萌芽状态或正在成长时期,迫切要求保护幼稚工业。就是在这样的社会背景下,与自由贸易理论相对立的"保护幼稚工业"理论形成了。"保护幼稚工业"理论的代表人物是德国的弗里德里希·李斯特(Friedrich List,1789—1846)。弗里德里希·李斯特在1841年出版的《政治经济学的国民体系》一书中,提出了保护贸易理论。弗里德里希·李斯特提出:各国经济发展必须经历五个阶段,即原始未开化时期、畜牧时期、农业时期、农工业时期、农工商业时期,不同时期应实行不同的对外贸易政策。他从德国当时所处的现状出发,认为德国正处于农工业时期。而想要过渡到农工商业时期,必须大力发展生产力,必须依靠国家实行高关税等保护贸易政策,进而建立强大的工商业基础。经过比较,他认为使用动力和大规模机器的制造工业的生产力远远大

幼稚工业指尚处于建立和发展时期,还不具备自由竞争能力的工业。

弗里德里希·李斯特被视为经济历史学派的先驱,他的思想亦被视为建立欧洲经济共同体的理论基础。

于农业，所以保护和发展工业生产力需要特别重视。而对于农业的保护，他认为，通过保护使工业发达以后，农业就会随之得到发展。

"保护幼稚工业"理论在德国工业资本主义的发展进程中曾起到过积极的作用。它使德国的大工业获得了巨大的发展，加强了资产阶级的力量。同时，对经济不发达国家，弗里德里希·李斯特的保护贸易理论也具有重要参考价值。该理论在对国际分工和自由贸易的利益也予以承认的基础上，提出保护对象应以将来有前途的幼稚工业为限，保护贸易只是过渡，自由贸易才是最终目标。

三、第二次世界大战期间的超保护贸易政策

19世纪末20世纪初，各主要资本主义国家先后完成了产业革命，垄断资本在经济生活中占据统治地位。随着经济的发展，一方面，各国国内市场逐渐不能满足垄断资本对市场的需要；另一方面，国际市场上竞争加剧，尤其是1929—1933年世界性的经济大萧条使市场问题更为突出。在这种情况下，各国经济学者提出了各种支持超保护贸易政策的理论根据，其中有重大影响的是凯恩斯及凯恩斯主义的超保护贸易理论。在这一时期，各主要资本主义国家都推行超保护贸易政策，由于在国际市场上遭到法国、德国等国商品的排挤，而且英国的国内市场还被外国商品不断占领，面对市场的激烈争夺，英国在1929年彻底放弃了自由贸易政策，转向超贸易保护政策。美国一直实行贸易保护政策，进入20世纪后又多次提高关税。在这种保护下，美国工业迅猛发展，最终使得美国在20世纪初取代英国成为世界头号经济强国。德国也在原先贸易保护政策的基础上实行了超贸易保护政策。

（一）超保护贸易政策的含义及特点

超保护贸易政策（Policy of Super-protection）又称侵略性保护贸易政策（Aggressive Protective Trade Policy），指为维持国内市场的垄断高价和夺取国外市场而采取的一种进攻性的对外贸易政策。主要内容有：对进出口贸易实行更严厉的许可证制度及外汇管制；对进出口商品规定进口限额，征收高额关税或禁止进口；对出口商品予以补贴或关税减免。

与第一次世界大战前贸易保护主义相比，超保护贸易政策有以下特点。

（1）保护的对象扩大了。它不但保护幼稚工业，而且更多地保

护国内高度发达的或正在衰落的垄断工业。

（2）保护的目的变了。它不是为了培养自由竞争的能力，而是巩固和加强对国内外市场的垄断。

（3）保护转入进攻性。它不是防御性地限制进口，而是在垄断国内市场的基础上向国外市场进攻。

（4）保护的措施多样化。它的保护措施不只限于关税和贸易条约，还广泛采用各种非关税壁垒和奖出限入的手段，成为攻击而不是防卫的武器。

（二）凯恩斯主义超保护贸易政策的理论依据

约翰·梅纳德·凯恩斯（John Maynard Keynes，1883—1946），英国经济学家，现代西方经济学最有影响的经济学家之一。约翰·梅纳德·凯恩斯认为，古典学派自由贸易理论过时了。这是因为：首先，20世纪30年代，大量失业存在，自由贸易理论"充分就业"的前提条件已不复存在。其次，古典学派自由贸易论者虽然以"国际收支自动调节说"说明贸易顺、逆差最终均衡的过程，但忽略了在调节过程中对一国国民收入和就业所产生的影响。约翰·梅纳德·凯恩斯认为，重商主义保护贸易的政策能够保证经济繁荣、扩大就业。政府应该仔细分析贸易顺差和逆差对国民收入和就业的影响，以解决当时社会存在的大量的失业问题。贸易顺差可以为一国带来黄金，可以扩大支付手段、压低利率、刺激物价上涨、扩大投资，有利于缓和与扩大就业量。而贸易逆差则会造成黄金外流，使物价下降，最终导致经济萧条和增加失业。因此，他赞成贸易顺差，反对贸易逆差。

> 约翰·梅纳德·凯恩斯创立的宏观经济学与弗洛伊德所创的精神分析法和爱因斯坦发现的相对论一起并称为20世纪人类知识界的三大……

为论证超保护贸易政策的必要性，约翰·梅纳德·凯恩斯的支持者进而提出对外贸易乘数理论。对外贸易乘数理论是凯恩斯投资乘数在对外贸易方面的运用。他们认为，一国的出口和国内投资一样，可以增加国民收入；一国的进口，则与国内储蓄一样，会减少国民收入。当商品和劳务出口时，从国外得到的货币收入会使出口产业部门收入增加，消费也增加，它必然引起其他产业部门生产增加，就业增多，收入增加。如此反复下去，收入增加量将为出口增加量的若干倍。当商品和劳务进口时，必然向国外支付货币，于是收入减少，消费随之下降，与储蓄一样，成为国民收入中的漏洞。因此，只有当贸易为顺差或国际收支为顺差时，对外贸易才能增加一国的就业量，提高国民的收入。此时，国民收入的增加量将

> 对外贸易乘数是指一国在既定的边际消费倾向作用下，由于对外贸易收入而增加的该部门消费会通过国民经济的产业链增加相关部门的收入和消费，最终对国民经济增长和国民收入产生倍加效果。

为贸易顺差的若干倍。约翰·梅纳德·凯恩斯的支持者们还提出许多计算对外贸易顺差对国内就业和收入影响的倍数公式进行论证。一国越是扩大出口,减少进口,贸易顺差越大,对本国经济发展的作用越大。由此,约翰·梅纳德·凯恩斯支持者的对外贸易乘数理论为超保护贸易政策提供了理论根据。

超保护贸易主义旨在垄断国内市场的基础上对国内外市场进行进攻性的扩张、解决国内日益严重的失业和摆脱不断产生的周期性经济危机。理论中提出的对外贸易乘数,在一定程度上反映了对外贸易与国民经济发展之间的内在规律性。

四、新贸易保护主义

20世纪70年代中期以后,资本主义各国的经济增长率开始下降,特别是1974—1975年出现战后最严重的世界性经济衰退,资本主义各国普遍出现了经济发展缓慢、通货膨胀和失业率上升并存的"滞胀"现象。此时,日本和欧洲经济共同体经济的发展,使其某些产品在世界市场上能与美国激烈竞争,美国失去以往独霸天下的优势。这些因素导致了新贸易保护主义思潮的形成。20世纪70年代中期发源于美国的新贸易保护主义,在80年代后半期几乎席卷全球,成为一种国际思潮,它是贸易保护主义在当代的新发展。

(一)新贸易保护主义的内涵

新贸易保护主义(New Trade Protectionism)也称"超贸易保护主义"或"新重商主义",是指20世纪70年代以后国际贸易领域中形成的以非关税壁垒为主,以关税壁垒为辅的新的贸易保护主义。

(二)新老贸易保护主义的区别

1. 保护的目的不同

传统贸易保护主义是经济较落后国家为了发展本国民族经济,实现工业化目标,通过对某部门或行业实行保护措施来促进这些部门或行业迅速成长,这种保护的最后趋向是走上自由贸易之路。而新贸易保护主义是经济发达国家为保住昔日的经济优势地位,通过广泛实行保护措施来维持其政治与经济利益。

2. 保护的对象不同

传统贸易保护主义保护的是幼稚工业或弱小的新兴工业。新贸易保护主义保护的主要是陷入结构性危机的产业部门。农业作为一

第三章 国际贸易政策

个特殊产业在大多数国家的任何时期都受保护。

3. 保护的范围不同

传统贸易保护主义主要在商品贸易与资本贸易领域实行保护；因为在20世纪70—80年代，服务与技术已成为发达国家国际贸易中的主要因素，因而新贸易保护主义的保护领域扩展到了服务贸易和技术贸易领域。传统保护主义奖出限入的重点在限制进口，而新贸易保护主义的重点在鼓励出口。

4. 保护的措施不同

传统贸易保护主义的保护措施主要采用关税壁垒，包括征收进口税、出口税、过境税、进口附加税、差价税、特惠税、普惠制等。而新贸易保护主义主要采用非关税壁垒，包括繁琐的海关程序和海关估价制度、条件苛刻的技术标准、复杂的健康与环境卫生检疫、内容和手续繁杂的商品包装和标签规定、进口许可证制、进口押金制度、最低限价和禁止进口、"自动"出口配额制、有秩序行销协定、歧视性政府采购政策、外汇管制、进口国家垄断、各种国内税、补贴和进口配额制，等等。

关税壁垒与非关税壁垒的具体内容可参看第四章相关内容。

5. 保护的区域不同

传统贸易保护主义以国家贸易壁垒为基础，而新贸易保护主义趋向区域性贸易壁垒，即由一国贸易保护演变为区域性贸易保护。在区域范围内，国家之间仍实行自由贸易，而对区域外国家则实行共同的关税壁垒。这方面最典型的例子是欧洲经济共同体的贸易政策。在当今世界上欧洲联盟（European Union，EU）、北美自由贸易区（North American Free Trade Area，NAFTA）、安第斯共同体（La Comunidad Andina）、东南亚国家联盟（Association of Southeast Asian Nations，ASEAN）、西非国家经济共同体（Economic Community of West African States，ECOWAS）等经贸集团遍布全球，它们几乎无一例外地在内部实行自由贸易而对外实行严格的保护，从而严重削弱了世界范围内的贸易自由化。

安第斯共同体是拉丁美洲安第斯山地国家的区域性经济合作组织，又称安第斯集团。1969年5月26日，智利、秘鲁、厄瓜多尔、玻利维亚、哥伦比亚五国签订《卡塔赫纳协定》后正式成立，总部设在秘鲁首都利马。该组织的宗旨是充分利用本地区资源，促进成员国间的平衡和协调发展，取消成员国之间的关税壁垒，加速经济一体化进程。

（三）20世纪90年代后新贸易保护主义的新特征

20世纪90年代以来，经济全球化步伐加快，各国经济依赖性空前加强，新贸易保护主义一味的单边保护措施不断遭到国际报复。特别是20世纪90年代中期，国际多边贸易体系建设取得实质性进展，世界贸易组织（WTO）作为正式法人取代关税及贸易总协定（GATT），新贸易保护主义的保护政策日益受到世界贸易组织规则的约束。与此相适应，新贸易保护主义不得不转变其贸易政策，其原有的特征也发生了一些变化。

1. 利用世界贸易组织规则，实行贸易保护

世界贸易组织成立后，传统的贸易保护做法如关税、配额、许可证等手段已受到世界贸易组织规则的限制，作用日益弱化，发达国家在单方面保护自身利益的同时，为了不丧失国际多边体系带来的利益，在政策手段上不得不考虑国际影响。从世界贸易组织规则中寻求保护措施成为新贸易保护主义的新策略，反倾销、反补贴和保障措施等世界贸易组织允许的贸易救济措施成为当今各国最主要的政策措施。

2. 国际贸易保护的技术化和绿色化特征日益突出

新贸易保护主义主要采用非关税壁垒，但明显性的非关税措施如进口许可证制、自动出口配额、出口补贴和进口配额等受到世界贸易组织规则的约束越来越严，隐蔽性的技术壁垒如技术标准、质量认证、检验程序、环境保护与国民健康标准等成为最佳选择。发达国家凭借其科技优势与竞争优势，利用世界贸易组织协议的某些例外规定，大肆提高各种技术壁垒，并由流通领域扩展到生产加工领域；不仅包括货物方面，还延伸到金融信息等产业，形成复杂庞大的技术壁垒体系。各国的技术壁垒都以世界贸易组织的《技术性贸易壁垒协议》（Agreement on Technical Barriers to Trade，简称 TBT 协议）、《实施动植物卫生检疫措施的协议》（The Agreement on the Sanitary and Phytosanitary Measures，简称 SPS 协议）等为依据，形式合法、名目繁多、范围广泛、手段灵活，特别是打着保护人类健康和生态环境的旗号，具有更大的隐蔽性，为新贸易保护主义找到了一条更加实用的途径，成为目前国际贸易中使用最多的非关税措施。

3. 新贸易保护主义又在向传统的进口保护措施回归

新贸易保护主义产生以后的很长时期内，其政策措施的重点是鼓励出口，但 20 世纪 90 年代以来，经济全球化进程加速，各国市场竞争加剧，剩余空间有限，尤其是遇到国内经济不景气时，新贸易保护主义又重新重视起对本国进口市场的保护。以美国为例，进入 21 世纪，美国经济增长率从 1999 年的 4.1% 降至 2001 年的 0.3%，于是美国政府加强了进口保护：一是借助世界贸易组织规则，滥

第三章 国际贸易政策

用反倾销、反补贴与保障条款。1995年世界贸易组织成立以来，美国的反倾销立案数直线上升，1998年37起；1999年和2000年各47起；2001年则高达74起；2002年共75起。二是恢复传统关税与配额手段。2002年3月美国单方面决定对部分进口钢铁加征30%的关税，11月又对从中国进口的三种纺织品实行配额限制。三是高筑技术壁垒，阻挡外国优势产品的进口。据世界贸易组织统计，2002年上半年，仅仅因为技术壁垒，美国和欧盟的进口分别下降了6%，而日本的进口下降幅度则超过10%。

4. 制定实施战略性贸易政策

所谓战略性贸易政策（Strategic Trade Policy）是指在"不完全竞争"市场中，政府积极运用补贴或出口鼓励等措施对那些被认为存在着规模经济、外部经济或大量"租"的产业予以扶持，扩大本国厂商在国际市场上所占的市场份额，把超额利润从外国厂商转移给本国厂商，以增加本国经济福利和加强在有外国竞争对手的国际市场上的战略地位。政府参与国际经济竞争显然会从根本上改变国际贸易的通行规则，因而被视为提升其国际竞争力的战略性的活动。

战略性贸易政策理论最早提出于20世纪80年代中期。自从该理论出现以来，对国际贸易理论体系以及许多国家对外贸易政策的制定都产生了重大影响。

美国经济学家保罗·克鲁格曼（Paul Krugman）认为，不论在促进本国具有竞争优势的企业开拓国际市场方面，还是在维护本国企业免受国外竞争对手的冲击方面，都需要国家的贸易政策发挥作用，从而为国家通过干预贸易，提高和维护本国产业的战略地位提供了强有力的理论支持，并由此形成了战略性贸易政策体系。这一政策体系强调了国际贸易中的国家利益，政府通过确立战略性产业（主要是高技术产业），并对这些产业实行适当的保护和促进，使其在较短时间内形成国际竞争力。随着国际竞争的加剧，特别是发达国家在高技术领域的较量不断升级，战略性贸易政策被越来越多的发达国家和新兴工业化国家的政府所接受，成为新贸易保护主义的核心政策。

【阅读资料】

材料1：2010年中国将成新贸易保护主义最大受害国

目前全球贸易保护主义暗流涌动，中国成为最大的受害国。截至 2008 年，中国已连续 14 年成为遭遇反倾销调查最多的成员，连续 3 年成为遭遇反补贴调查最多的成员。中国在这轮贸易保护主义风潮中也是最大的受害者。据伦敦经济中心的数据，目前各国政府正在计划或准备实施的贸易保护措施 134 项，其中 77 项针对中国。商务部的最新统计显示，2009 年 1—8 月共有 17 个国家和地区对中国发起 79 起贸易救济调查，涉案金额突破 100 亿美元，同比分别增长 16.2%和 121.2%。

中国作为贸易保护主义的最大受害者，今后可能面临更多的困难，遇到更多的贸易摩擦与争端。中国在面对贸易战的时候，要适当调整过去只依靠双边解决问题的传统做法，要敢于和善于在 WTO 法律框架下解决贸易争端。同时，要充分发挥中介组织在化解贸易摩擦中的作用，增强企业主动采取措施避免贸易摩擦的意识，进一步发挥企业应对贸易摩擦的主体作用。

（资料来源：王洛林，张宇燕.2010 年世界经济形势分析与预测.北京：社会科学文献出版社，2009：153-160）

材料 2：近年来遭遇的对华贸易纠纷

年份	产品	详情
2009	轮胎	9 月 11 日，美国政府决定，对从中国进口的相关轮胎种类实施三年的惩罚性关税
2009	禽肉	6 月 23 日，中国要求 WTO 审查美国禁止中国禽肉进口的问题
2008	玩具	美国对中国产玩具质量问题发难，中国为此取消了数百家企业的出口资格
2006—2007	纺织品	中美欧纺织品争议，结果中国对欧美出口的纺织品的增长速度进行了自限制
2003	纺织品	美商务部受理美纺织品制造商协会对中国针织布、内衣等实施保障措施的诉讼案
2002	钢材	3 月，美国总统布什引用 201 条款对进口各国(包括中国)钢材加征 8%～30%的关税
2002	半导体	美国向 WTO 申诉中国半导体生产的税收政策使美出口商"处于非公平竞争地位"

（资料来源：徐奇渊.轮胎特保案的警示：中国贸易政策到了反思和内省的时刻）

第三节 自由贸易政策

一、英国的自由贸易政策

（一）英国自由贸易政策的兴起

18世纪初，英国的纺织业、机械制造业、钢铁工业等都得到了迅速发展，科学技术也有了很大的进步。工业的发展要求有更大规模的对外贸易来满足对原料的需求和对产品销售市场的扩大。到19世纪上半叶，英国之所以一改此前延续已久的重商主义体制，转向自由贸易的新体制，主要原因是，经过工业革命后，英国已经显著拉开了与其他国家的生产力差距，形成了马克思所说的国际"垄断"优势。强大无比的英国当然希望拆除以前必要、如今却成累赘的保护主义藩篱，以让生产要素更为廉价地流入，同时向更大范围的市场销售日益积压的产品。因此当自己产业的国际竞争地位发生变化之后，贸易政策当然也得相应地跟着转变。在这种状况下，重商主义的保护贸易政策便成为英国经济发展和阻碍英国工业资产阶级对外扩张的一大障碍。经过长达38年的努力，自由贸易政策终于取得了胜利。主要表现在以下几个方面。

（1）废除《航海条约》。由于该法案对航运的限制影响了国际贸易运输，对殖民地航运、贸易的限制和垄断也影响了英国工业的发展，到1849年全部取消了对外国船舶的限制。

《航海条约》于1651年通过。《航海条例》为英国船只保留了大量的外贸业务，从而为维护18世纪英国舰队的霸主地位作出了巨大的贡献。

（2）废除谷物法（Corn Laws）。产业革命的发展，使本国粮食生产日益不足，而谷物法的实施又限制了粮食的进口。1833年，英国棉纺织业资产阶级组成"反谷物法同盟"，然后又成立了全国性反谷物法同盟，终于迫使国会在1846年通过废除谷物法的议案，并于1849年生效。马克思指出："英国谷物法的废除是19世纪自由贸易所取得的最伟大的胜利。"

（3）对殖民地政策的改变。解除了对殖民地贸易的特惠和管制，取消了对外贸易的垄断特权。

（4）关税税率逐渐降低，纳税商品数目减少。英国当时有关关税的法令达1000多件，课征进口税的商品达上千种，平均关税税率高达50%～60%。1825年英国开始简化税法，废止旧税率，建立新税率。进口纳税商品项目从1841年的1163种减少到1882年的20

多种。所征收的关税全部是财政关税,税率大大降低。禁止出口的法令被完全废除。

(二)自由贸易政策理论

自由贸易政策主张国家政府对国际贸易活动采取不干预或尽可能少干预的基本立场,力求消除各种贸易障碍,不对进出口商提供各种特权和优惠,不对对外贸易活动实行管制或干涉,使商品能够自由进出口,在国际市场上自由竞争。自由贸易政策有着雄厚的理论基础。在自由贸易理论中,亚当·斯密的"绝对利益理论"或"绝对优势理论"和大卫·李嘉图的比较成本贸易理论是具有相当影响的。

亚当·斯密的"绝对利益理论"和大卫·李嘉图的比较成本贸易理论的具体内容可参见第二章的相关内容。

(三)自由贸易政策对英国的作用

自由贸易政策促进了英国经济和对外贸易的迅速发展,使英国成为国际分工的中心国家,成为世界经济强国。1870年英国在世界工业生产中所占的比重为32%。在煤、铁产量和棉花消费量中,都各占世界总量的一半左右。英国在国际贸易总额中比重上升了近1/4,几乎相当于法、德、美各国的总和。它拥有的商船吨位占世界第一位,相当于荷、美、法、德、俄各国商船吨位的总和。于是伦敦成了国际金融中心。

二、第二次世界大战后的贸易自由化

第二次世界大战结束后,资本主义国家的经济不同程度上获得了恢复和迅速发展,国际分工的不断深化和创新,生产和资本的进一步国际化,这一切需要一个自由化的国际经济环境。尤其是原先一直奉行保护贸易政策的美国成为世界上最强大的经济和贸易国家,此时立刻转变为国际自由贸易的积极倡导者,它迫切要求扩大国外市场,实行贸易自由化。

(一)贸易自由化的含义

所谓贸易自由化,是指第二次世界大战后经济全球化和市场化趋势在国际贸易领域中的反映,它是各国通过单边、双边、区域和多边等途径,根据互惠和互利的安排,在国际贸易中消除歧视性待遇、大量降低关税和减少其他贸易壁垒的过程,其最终目标是在全球范围内实现资源的最佳配置,扩大商品和服务的生产和贸易。

贸易自由化出现于第二次世界大战后,标志是《关税及贸易总协定》(GATT)的生效。深化于20世纪90年代,标志是世界贸易组织（WTO）取代关税及贸易总协定。

（二）贸易自由化的表现

1. 大幅度降低关税

（1）在关税及贸易总协定缔约方范围内大幅度地降低关税。在这一时期，关税及贸易总协定共进行了 7 轮多边贸易谈判，各缔约方的平均进口关税税率从战争时期的 50%降到 5%左右。

（2）各区域经济贸易集团特别是欧洲经济共同体对内实行优惠关税或取消关税，对外通过谈判，达成关税减让的协议，导致关税大幅度下降。欧洲经济共同体通过《洛美协定》，对来自非洲、加勒比海和太平洋地区的 46 个发展中国家的绝大部分进口产品给予免税的优惠待遇。

（3）通过普遍优惠制的实施，发达国家对来自发展中国家和地区的制成品和半制成品的进口给予普遍的、非歧视和非互惠的关税优惠。

2. 削减或撤销非关税壁垒

一些西方发达国家在实行超保护贸易政策时期实行了各种各样的非关税壁垒，主要有进口配额、进口许可证制和外汇管制等。在贸易自由化时期，这些非关税壁垒得到了不同程度的削减或撤消。

（三）贸易自由化的趋势

贸易自由化是国际贸易发展的必然选择。社会生产力的不断发展，极大地促进了国际分工与交换的深化和扩展，进而要求货物及生产要素能在全球范围内自由流动，以求更有效、更合理的配置，而贸易自由化为世界贸易的发展创造了一个更加开放和自由的环境，注入了新的活力，对全球贸易和经济增长发挥了强大的引擎作用。随着贸易壁垒的减少和市场的开放，大大刺激了国际贸易的增长，各国都把越来越多的产品投入世界市场，也把世界市场作为促进本国经济发展的途径。随着世界贸易组织框架下的多边贸易体制的逐步完善和发展，世界上越来越多的国家和地区融入到贸易自由化的进程中。具体表现为以下几个方面。

（1）工业制成品的贸易自由化超过农产品的贸易自由化。

（2）机器设备的贸易自由化超过工业消费品的贸易自由化。

（3）区域性经济集团内部的贸易自由化超过集团对外的贸易自由化。

（4）发达国家之间的贸易自由化超过它们对发展中国家的贸易

自由化。

三、20世纪80年代中期以来的管理贸易

（一）管理贸易政策的含义

管理贸易政策（Managed Trade Policy）又称"协调贸易政策"，是指国家对内制定各种对外经济贸易法规和条例，加强对本国进出口贸易有秩序地发展的管理，对外通过协商，签订各种对外经济协定，对本国与他国之间的双边贸易关系进行协调和管理的一种对外贸易政策。

管理贸易实质上是介于自由贸易和保护贸易之间并兼有两者特点的贸易政策，也是一种对国际贸易进行协调管理的贸易政策。管理贸易政策与传统的保护贸易政策既有相同点又有不同点，它们都能达到"增出减入"的贸易保护作用，但管理贸易政策采取的是"协商"或"谈判"的做法，并且是制度化、"合理"化的贸易保护主义，更具有隐蔽性和合理性。管理贸易是"披自由贸易之皮，行保护贸易之实"的贸易政策。

管理贸易政策是 20 世纪 80 年代以来，在国际经济联系日益加强而新贸易保护主义重新抬头的双重背景下逐步形成的。在这种背景下，为了既保护本国市场，又不伤害国际贸易秩序，保证世界经济的正常发展，各国政府纷纷加强了对外贸易的管理和协调，从而逐步形成了管理贸易政策或者说协调贸易政策。进入 20 世纪 90 年代以来，越来越多的西方发达国家，甚至一些发展中国家也纷纷仿效，实行不同程度的管理贸易政策，作为世界贸易组织成员方的各国的管理贸易制度的反推力也随之加大。

（二）管理贸易政策的积极作用

1. 促进经济贸易的发展

管理贸易是在第二次世界大战后贸易自由化的大趋势中，在贸易保护主义的压力下而出现的一种贸易制度。其目标是在自由贸易原则基础上，协调各国之间的贸易关系，均分贸易利益，促进各国经济发展。随着世界贸易组织的成立，国际贸易协调机制将进一步完善和加强。各国间的贸易关系将在多种世界贸易组织协议或协定的约束基础上展开自由竞争。

2. 企业的贸易机会增加

管理贸易是以协调为重要内容的贸易制度。这种制度在一定意

义上也会抑制贸易保护主义的过度发展,从而促进贸易自由化。管理贸易为世界各国的企业提供了有协定或协议保护的贸易机会和市场,为这些企业竞争的合理性、合法性提供了保证。因此,那些资金雄厚、技术先进、销售渠道畅通、信息灵通、拥有全球战略的企业因竞争能力强而能很好地利用贸易机会,开拓市场。

（三）美国管理贸易简介

从管理贸易的发展历程来看,美国的贸易制度是管理贸易的典型范式。美国的管理贸易的做法主要有以下方面。

美国是奉行管理贸易最为突出的国家,是管理贸易的一个典型范式。

1. 管理贸易法律化、制度化

美国先后颁布了《1974 年贸易法》和《1988 年综合贸易与竞争法》。第一个法案的通过标志着美国管理贸易正式开始运转,第二个法案的通过标志着美国管理贸易已走上了成熟,另外,美国管理贸易的法律化与制度化体现在美国的反倾销法中。美国的这些法案一方面强化其贸易的立法作用,另一方面扩大了美国贸易立法的域外管辖范围。这充分显示了美国单边协调管理贸易的加强。

2. 管理贸易手段多样化

美国管理贸易的手段除采取单边协调管理的措施外,还积极采取多边及双边的形式。在多边协调管理方面,美国积极参加关税及贸易总协定的乌拉圭回合多边贸易谈判并尽可能地发挥其巨大的影响力；美国在北美自由贸易区的基础上,提出"泛美自由贸易区"的设想；在双边协调管理方面,美国加强具有针对性的双边贸易谈判,强调"对等"及"公平"贸易的互惠条件。并在此条件下,迫使日本、德国等对美国有大量贸易顺差的贸易伙伴作出了一些让步。比如有限度地开放市场、扩大内需及实行出口多元化乃至货币升值等来调整与美国的贸易关系。

3. 突出对服务贸易及知识产权的管理

美国管理贸易已突破商品贸易的范围,扩大到了服务贸易、知识产权、与贸易有关的投资措施甚至环境保护。美国是世界上最大的劳务贸易国,其以智力服务为主的劳务出口使美国的劳务贸易存在大量顺差。而其他国家也竭力发展其劳务出口。因此,服务贸易领域的摩擦与争端激增。另外,随着国际技术贸易的迅猛发展,知识产权成为当今国际贸易的重要方面。作为世界上最大的知识产权贸易国,美国更关心,也更加强其对知识产权的保护和管理。因此,美国的贸易政策中对服务贸易与知识产权的管理更为突出。

4．管理贸易措施以非关税为主

随着世界贸易组织的成立，各国间的贸易关系将在多种世界贸易组织协议或协定的约束基础上展开自由竞争。关税在国际贸易中限制进口的作用已明显降低，美国在限制进口方面已经转入隐蔽性较强的非关税壁垒。

5．政府加强对贸易的干预

美国的国际经济地位下降及其竞争力的削弱促使美国改变其贸易政策，更多的是运用政府干预的手段来实现。

本章小结

1．对外贸易政策是国家在一定时期对进出口贸易所实行的各项政策的总称。

2．各国制定对外贸易政策的目的主要有：①扩大本国产品的出口；②优化本国产业结构；③促进本国经济发展。

3．对外贸易政策主要有以下几方面内容：①对外贸易总政策；②对外贸易商品（服务）政策；③对外贸易关税政策；④对外贸易国别政策。

4．历史上资本主义国家对外贸易政策的演变，大致经历了如下几个阶段：①资本主义生产方式准备时期的贸易政策；②资本主义自由竞争时期的贸易政策；③资本主义垄断竞争时期的贸易政策；④第二次世界大战后的贸易政策。

5．一国或地区究竟采用什么样的对外贸易政策，主要取决于以下几种因素：①经济实力的强弱；②经济发展战略的选择；③利益集团的影响；④国家的就业与失业状况；⑤国际收支、贸易差额状况；⑥国际政治经济环境和一国的外交政策。

6．各国对外贸易政策主要是通过以下方式执行：①制定对外贸易法规；②通过海关对进出口贸易进行管理；③国家设立各种机构，负责促进出口和监管出口；④国家政府出面参与各种国际贸易、关税等的国际机构与组织，进行国际贸易、关税方面的协调和谈判。

7．重商主义是西欧封建制度向资本主义制度过渡时期（资本原始积累时期）受到普遍推崇的一种经济哲学，是保护贸易理论的早期学说。

8．保护贸易政策是国家广泛利用各种措施对进口和经营领域与范围进行限制，保护本国的产品和服务在本国市场上免受外国产品和服务的竞争，并对本国出口的产品和服务给予优待与补贴。

9．超保护贸易政策指为维持国内市场的垄断高价和夺取国外市场而采取的一种进攻性的对外贸易政策。超保护贸易政策有以下特点：①保护的对象扩大了；②保护的目的变了；③保护转入进攻性；④保护的措施多样化。

10．新贸易保护主义是指20世纪70年代以后国际贸易领域中形成的以非关税壁垒为主，以关税壁垒为辅的新的贸易保护主义。

11．新老贸易保护主义的区别：①保护的目的不同；②保护的对象不同；③保护的范围不同；④保护的措施不同；⑤保护的区域不同。

12．20世纪90年代后新贸易保护主义的新特征：①利用世界贸易组织规则，实行贸易保护；②国际贸易保护的技术化和绿色化特征日益突出；③新贸易保护主义又在向传统的进口保护措施回归；④制定实施战略性贸易政策。

13．贸易自由化出现于第二次世界大战后，标志是《关税及贸易总协定》的生效。深化于20世纪90年代，标志是世界贸易组织（WTO）取代关税及贸易总协定（GATT）。

14．第二次世界大战后贸易自由化的趋势：①工业制成品的贸易自由化超过农产品的贸易自由化；②机器设备的贸易自由化超过工业消费品的贸易自由化；③区域性经济集团内部的贸易自由化超过集团对外的贸易自由化；④发达国家之间的贸易自由化超过它们对发展中国家的贸易自由化。

15．管理贸易政策是指国家对内制定各种对外经济贸易法规和条例，加强对本国进出口贸易有秩序地发展的管理，对外通过协商，签订各种对外经济协定，对本国与他国之间的双边贸易关系进行协调和管理的一种对外贸易政策。

16．管理贸易政策的积极作用：①促进经济贸易的发展；②企业的贸易机会增加。

练习题

一、填空题

1．对外贸易政策主要有_____和_____两类。

2．对外贸易政策内容主要包括_____、_____、_____、

_____。

3．根据主张的差异，重商主义可以分为_____和_____。

4．早期重商主义奉行绝对的"少买多卖"原则以增加货币的流进，因此被称为_____。

5．新贸易保护主义是指20世纪70年代以后国际贸易领域中形成的以_____，以关税壁垒为辅的新的贸易保护主义。

6．保护贸易政策大致可分为两种类型：一种是以保护有前途的_____成长为特征的一般保护贸易政策；另一种是以保护垄断工业，扩大市场为特征的超保护贸易政策。

7．非关税壁垒主要有：_____、_____、_____。

8．贸易自由化出现于第二次世界大战后，标志是_____的生效。

二、单项选择题

1．晚期的重商主义主张全国的对外贸易顺差，所以称为（　　）。
　　A．贸易顺差论　　　　B．货币差额论
　　C．财富差额论　　　　D．贸易差额论

2．"保护幼稚工业"理论的代表人物是（　　）。
　　A．弗里德里希·李斯特　　B．亚历山大·汉密尔顿
　　C．托马斯·孟　　　　D．约翰·梅纳德·凯恩斯

3．超保护贸易政策的主要保护对象是（　　）。
　　A．重化工业　　　　B．幼稚工业
　　C．成长工业　　　　D．成熟工业

4．当今西方国家一种新的关于商品进口（　　）的认证制度。
　　A．工业标准　　　　B．环境标准
　　C．社会责任标准　　D．准绿色标准

5．各国对外贸易政策的制定与修改是由（　　）进行的。
　　A．国家立法机构　　B．主管机构
　　C．执行机构　　　　D．外贸机构

6．新贸易保护主义发源于20世纪70年代中期的（　　）。
　　A．英国　　　　　　B．法国
　　C．美国　　　　　　D．德国

7．传统贸易保护主义的保护措施主要采用（　　）。
　　A．关税壁垒　　　　B．绿色壁垒

C．非关税壁垒 D．技术壁垒
8．克鲁格曼等学者提出了（ ）。
A．自由贸易理论 B．战略贸易理论
C．管理贸易理论 D．"保护幼稚工业"理论

三、多项选择题
1．各国制定对外贸易政策的目的主要有（ ）。
A．扩大本国产品的出口 B．优化本国产业结构
C．扩大进口 D．促进本国经济发展
E．加强各国交往
2．对外贸易政策主要内容包括（ ）。
A．对外贸易总政策
B．对外贸易商品（服务）政策
C．对外贸易关税政策
D．对外贸易国别政策
E．对外贸易方针政策
3．影响对外贸易政策制定的因素有（ ）。
A．经济实力的强弱
B．经济发展战略的选择
C．利益集团的影响
D．国际收支、贸易差额状况
E．国家的就业与失业状况
4．各国对外贸易政策主要是通过（ ）方式执行。
A．制定对外贸易法规
B．通过海关对进出口贸易进行管理
C．国家设立各种机构
D．负责促进出口和监管出口
E．国家政府出面参与协调和谈判
5．晚期重商主义的对外经济政策主要有（ ）。
A．限制进口
B．奖励出口
C．管制短缺物资出口
D．实行独占性的殖民地贸易政策
E．控制原材料
6．大卫·李嘉图的比较成本理论是以亚当·斯密的（ ）为

基础。

  A．国际分工原则   B．自由贸易理论
  C．劳动价值论   D．绝对成本理论
  E．货币理论

四、判断题

1．从单个国家的角度看，有关国际贸易的政策即是一国的对外贸易政策。（ ）

2．16—18世纪的西欧各国普遍实行重商主义的自由贸易政策。（ ）

3．19世纪末20世纪初资本主义各国先后实行了维护本国垄断资本利益的贸易保护政策。（ ）

4．对外贸易要服从外交的需要，而在更多的场合，外交是为外贸打通道路、提供保护的。（ ）

5．各国对外贸易政策的制定与修改是由国家立法机构进行的。（ ）

6．超保护贸易政策的目的是保护垄断工业。（ ）

7．晚期重商主义主张在对外贸易的每笔交易中都保持顺差，奉行绝对的"少买多卖"原则以增加货币的流进，因此被称为"货币差额论"。（ ）

8．新贸易保护主义是以关税壁垒为主，以非关税壁垒为辅的新的贸易保护主义。（ ）

9．绿色壁垒属于非关税壁垒。（ ）

10．传统贸易保护主义以国家贸易壁垒为基础，而新贸易保护主义趋向区域性贸易壁垒。（ ）

11．管理贸易是"披自由贸易之皮，行保护贸易之实"的贸易政策。（ ）

五、名词解释

1．对外贸易政策
2．重商主义
3．保护贸易政策
4．超保护贸易政策
5．新贸易保护主义
6．战略性贸易政策
7．贸易自由化

8．管理贸易政策

六、问答题

1．对外贸易政策的目的和内容有哪些？
2．影响对外贸易政策制定的因素有哪些？
3．超保护贸易政策与以前的保护贸易政策有哪些不同？
4．新老贸易保护主义有什么区别？
5．贸易自由化表现在哪些方面？

课堂讨论

通过学习本章知识和阅读资料，思考如何调整中国的对外贸易政策。

第四章 国际贸易措施

学习要求

◆ 重点掌握

关税的概念和关税措施
关税的经济效应
非关税壁垒的含义和特点
非关税措施的经济效应
技术性贸易壁垒的概念和表现形式
鼓励出口和管制出口的措施

◆ 掌握

关税的种类
非关税壁垒的种类
鼓励出口的措施
出口管制的措施

◆ 了解

关税的征收方法和程序
关税税则的分类

第一节 关税方面的措施

一、关税的概念和特点

关税（Customs Duties，Tariff）是指海关依据国家制定的关税税法、税则对进出该国关境的货物和物品征收的一种税收。

海关是设立在关境的国家行政管理机构，它的基本任务是监督管理、征收关税和查缉走私。在第一章中已经阐述过，国境是指一个主权国家的领土范围界线，关境是指一国关税法规完全实施的领域。在一般情况下，关境和国境是一致的，但也有不一致的情况：当一个国家境内设置有自由港（Free Port）和自由贸易区（Free Trade Area / Free Trade Zone）时，由于这些地区可以免交关税，关境就小于国境；当几个国家结成关税同盟，组成一个共同关境，实施统一的关税法令和对外税则时，关境就大于国境。

自由港是指全部或绝大多数外国商品可以免税进出的港口，划在一国的关税国境（即"关境"）以外，又称自由口岸、对外贸易区等。自由港划在一国关境之外，外国商品进出港口时除免交关税外，还可在港内自由改装、加工、长期储存或销售。

关税与其他税收一样，具有强制性、固定性和无偿性的性质。同时关税还具有区别于其他税收的特点。

（1）关税是执行对外贸易政策的重要手段。征收关税的目的已从原来的取得财政收入转向贯彻国家的对外经济贸易政策。

（2）关税只对进出国境或关境的货物征税。

（3）关税由海关负责征收并同海关的各项任务密切相关。

二、关税的种类

关税种类繁多。按照不同的标准，关税主要可划分为以下几类。

（一）按照征收的对象或商品的流向分类

按照征收的对象或商品的流向分类，关税可划分为进口税、出口税和过境税 3 种类型。

1. 进口税

进口税（Import Duties）是进口国海关对从国外运入的商品所征收的一种关税。这种税一般在外国商品直接进入国境或者关境时征收，或者在货物从自由港、自由贸易区或者海关保税仓库中转出，进入国内市场时征收。

进口税是关税中最基本的一种。由于进口关税增加了进口商品的成本，提高了其市场价格，所以进口关税也是各国政府执行贸易

保护政策的一种手段。

2. 出口税

出口税（Export Duties）是出口国海关对由本国输往国外的商品征收的一种关税。按惯例，大多数国家对其出口的大部分商品不征收出口税。

3. 过境税

过境税（Transit Duties）也称通过税，是一国对于通过本国关境或者国境的外国商品和货物征收的关税。征收过境税的国家不是商品的起始地或者目的地，只是经过地。第二次世界大战以后，关税及贸易总协定和后来的世界贸易组织都规定了"自由过境"的原则。因此，目前大多数国家对过境货物不征收关税，只征收签证费、印花费、登记费和统计费等。

（二）按照差别待遇和特定的实施情况分类

按照差别待遇和特定的实施情况分类，关税可划分为进口附加税、差价税、特惠税和普遍优惠制4种类型。

1. 进口附加税

进口附加税（Import Surtaxes）是指进口国家对进口商品除征收一般关税外，出于某种原因再额外加征的关税。一般征收的关税称为正税，额外加征的部分称为进口附加税。进口附加税主要有反补贴税和反倾销税两种。

（1）反补贴税。反补贴税（Anti-subsidy Duties）是指为抵消进口商品在制造、生产或输出时直接或者间接接受的任何奖金或补贴而征收的一种进口附加税。其征收的目的是防止进口商品在进口国市场低价竞争，从而保护国内市场。反补贴税一般按照奖金或者补贴的数额征收，最高不得超过经查明的该产品接受补贴的净额，且征税期限不得超过5年。对于同一种产品，不能同时征收反补贴税和反倾销税。

【阅读资料】

加拿大对华反补贴案

2004年，加拿大先后对原产于或出口自中国的烧烤架、碳钢和不锈钢紧固件、复合地板同时发起反倾销和反补贴调查。这三起案件昭示着我国出口面临新的挑战，标志着国外对华贸易摩擦新热点的产生，其潜在的示范效应不容忽视。

2004年4月28日，加拿大边境服务署正式对我国出口加拿大的碳钢及不锈钢紧固件进行反补贴和反倾销调查。调查期为2003年1月1日至2004年3月31日。此次调查的涉案产品为螺钉、螺栓、螺母等紧固件，涉及我国20多家企业。

2004年6月28日，加拿大国际贸易法庭对产业损害调查作出肯定性初裁。2004年9月10日，加拿大边境服务署对本案倾销和补贴作出初裁，裁定原产于或出口自中国所有企业所获得的补贴额均为出口价格的32%。

2004年12月9日，加拿大边境服务署对原产于中国的碳钢和不锈钢紧固件作出反倾销和反补贴终裁，裁定原产于中国的紧固件产品存在倾销及补贴，倾销幅度为3.46%～170%，平均倾销幅度为71.95%，补贴额为1.25元人民币/千克。

2005年1月7日，加拿大国际贸易法庭就本案的损害部分作出终裁，裁定：

（1）原产于或出口自中国的不锈钢螺钉的倾销数量及补贴数量属于可忽略不计，终止对该进口产品的反倾销和反补贴调查。

（2）原产于或出口自中国的碳钢螺钉倾销及原产于或出口自中国的碳钢螺钉补贴对加国内产业造成损害。

（3）原产于或出口自中国的碳钢螺母和螺栓倾销及原产于或出口自中国的碳钢螺母和螺栓补贴没有对加拿大国内产业造成损害或损害威胁。

（4）原产于或出口自中国的不锈钢螺母和螺栓倾销及原产于或出口自中国的不锈钢螺母和螺栓补贴没有加大加国内产业造成损害或损害威胁。

（2）反倾销税。反倾销税（Anti-dumping Duties）是指对实行倾销的进口商品所征收的一种进口附加税。即在倾销商品进口时除征收进口关税外，再征收反倾销税。反倾销关税的目的是抵制商品倾销，保护国内市场。根据关税及贸易总协定的规定，反倾销税的征收必须同时符合以下两个条件：①一国产品以低于"正常价值"的办法挤入另一国市场；②该行为对该进口国国内已建立的某项工业造成实质性的威胁或者损害，或者对某一工业的新建造成严重的障碍。

正常价值一般依次采用国内价格法、第三国价格法和构成价格法来确定。

国际贸易概论

【阅读资料】

欧盟对中国反倾销——皮鞋倾销

2005年7月7日,欧盟对原产于中国的皮鞋进行反倾销立案调查。巴西被选择作为市场经济国家替代中国。中国涉案金额高达6.7亿美元,涉案企业达1200多家。2006年10月6日,欧盟对此案做出肯定性终裁:对中国企业征收9.7%~16.5%的反倾销税,为期2年。2008年10月3日,欧盟对原产于中国的皮鞋进行反倾销日落复审立案调查。2009年12月30日,欧盟委员会对原产于中国的皮鞋做出反倾销日落复审终裁,决定继续对中国企业征收16.5%的反倾销税,有效期为15个月。2011年,欧委会发布公告,宣布针对自中国进口的皮鞋的反倾销措施于2011年3月31日正式终止。在本案例中,欧盟并未承认中国的市场经济体制,在计算"正常价值"时拿巴西作为第三方的替代国,来推算出我国皮鞋的"正常价值"。但是,巴西与中国虽同为"金砖四国",但在劳动力成本、制鞋的工艺与技术以及制鞋企业的规模等方面有着巨大的差距,所以造成在巴西生产一双皮鞋的成本远远超过在中国制鞋的成本。如果欧盟能够承认中国的市场经济体制,那在计算"正常价值"时,我们在反倾销应诉中会获得更大的优势。根据WTO《反倾销协议》对正常价值的确定方法,我们可以知道,涉案产品成本应包括"生产成本"和"销售、管理和一般费用(SA&G)"。因此,企业正确核算产成品成本和涉案分摊的SA&G是个关键的问题。但是在本案例中,涉案企业高达1200多家,但是绝大多数的企业是民营企业,他们大多是小型企业,建账不全,成本核算过程混乱的现象很普遍,这也给反倾销应诉带来了很大的问题。自欧盟2006年起征收反倾销税以来,中国对欧盟的皮鞋出口额下滑了20%,直接导致2万名中国工人失业。

[资料来源:张嘉羚,王甜甜.中国遭遇反倾销中的会计成本核算问题研究——以欧盟对中国皮鞋反倾销案为例.企业导报,2012(7):113-114]

2. 差价税

差价税(Variable Levy)又称差额税,是指当某种进口货物的价格低于国内市场同类货物的价格时,按照价格差额来对这种进口

第四章 国际贸易措施

货物征收的关税。差价税按照征收的税收负担不同,可分为部分差价、全部差价和倍数差价等几种。

3. 特惠税

特惠税(Preferential Duties)是指一国对另外国家或地区进口的部分或全部商品实行特别优惠的低关税或免关税待遇。

4. 普遍优惠制

普遍优惠制(Generalized System of Preferences,GSP)简称普惠制,是发达国家对进口的原产于发展中国家的工业制成品、半成品和某些初级产品给予降低或者取消进口关税待遇的一种税收优惠。

普惠制具有以下3项基本原则。

(1)普遍的,即所有发达国家对所有发展中国家出口的制成品和半制成品给予普遍的优惠待遇。

(2)非歧视的,即应使所有发展中国家都无歧视、无例外地享受普惠制待遇。

(3)非互惠的,即发达国家应单方面给予发展中国家特别的关税减让,而不要求发展中国家给予同等优惠。普惠制的目的是帮助发展中国家增加出口,发展经济。

(三)按照保护的程度分类

按照保护的程度分类,关税可划分为名义关税和有效关税2种类型。

1. 名义关税

名义关税(Nominal Tariff)是指某种商品进入一国关境或国境时,进口国海关根据该国的海关税则对其征收的关税税率。名义关税税率即海关税则中的法定税率,是根据国内外的商品差价制订的;而保护关税税率是根据商品的国内外差价与进口价的百分比制定的,因此,名义关税税率与保护关税税率内涵是一致的,一般把商品的法定税率就看成是其名义保护税率。

2. 有效关税

有效关税(Effective Tariff)是名义关税的对称,亦称"实际关税",是指一国对其进口的某个产业按照每单位产品的"增值部分"的从价税率。有效关税税率代表着关税对本国同类产品的真正有效的保护程度。

名义关税税率只考虑关税对某种成品的价格影响,而不考虑对其投入材料的价格影响,有效关税税率同时考虑了这两点,它计算的是某项加工工业中受全部关税制度影响而产生的增值比。其计算公式为:

有效保护率(Z)＝[国内加工增值(W)－国外加工增值(V)]/国外加工增值(V)×100%

三、关税的征收方法

（一）从量税

从量税（Specific Duties）是以货物的计量单位（数量、重量、容积、面积、功率等）作为计算关税的依据,对每计量单位规定一个应缴税的金额计算出的关税。其计算公式为:

关税税额＝进（出）口商品计量单位数×每计量单位的关税税率

在现实中,多数以货物重量为单位来征收。重量又分为毛重、半毛重（去掉外包装）、净重（去掉内外包装）。

（二）从价税

比例税率为应纳税额占货物价格或者价值的一定百分比。

完税价格（Dutiable Value），是指经海关审定的作为计征关税依据的货物价格,货物按此价格照章征税。各国确定完税价格的方法不同,目前大致有以下三种：出口国离岸价（FOB）、进口国到岸价（CIF）和进口国的官方价格。

从价税（Advalorem Tax）是以进出口商品的价格作为依据,按照一定的比例税率计算的关税。其计算公式为:

关税税额＝商品完税价格×进（出）口比例税率

从价税是比较常见的关税税率形式。征收从价税的一个重要问题是确定进口商品的完税价格。

（三）混合税

混合税（Mixed or Compound Duties）又称复合关税,是指在计算关税时同时采用从量和从价两种计算方法,并且以两种计算的和作为缴纳关税税额的一种关税。

在实际应用中,混合税分为两种情况:一种是以从量税为主加征从价税;另一种是以从价税为主加征从量税。

复合关税的计算公式为:

关税税额＝进（出）口货物计量单位×从量税率
＋完税价格×从价税率

（四）选择税

选择税（Alternative Duties）是指在关税税则中,某一税则号列项下的商品同时定有从价和从量两种税率,征税时由海关根据规定,选择其中一种税率计征的关税。

使用选择税通常是为了克服从价税和从量税各自的缺点，根据需要选择其中一个有利的税率计征。各国一般都选择其中税额高的一种征税，但也有些国家为使税负不致过高或过低而选择适中的一种。

四、关税的征收依据

（一）海关税则

海关税则（Customs Tariff）又称关税税则，它是国家制定的海关计征关税的规章和对进出口应税及免税商品进行系统分类的一览表。海关税则一般由两部分构成：一是海关课征关税的规章条例及说明；二是商品分类及关税税率一览表，这一部分具体包括：税则号列（Tariff NO.）、货物分类目录（Description of Goods）、税率（Rate of Duty）。

（二）海关税则的分类

根据税率设置的方式，海关税则可以分为单式税则和复式税则。

（1）单式税则。单式税则（Single Tariff）是指一个税目只对应一个税率，这个税率适用于来自任何国家的该种商品，没有差别待遇，所以单式税则也成为一栏税则。目前只有少数国家采用单式税则。

（2）复式税则。复式税则（Complex Tariff）是指一个税目下设置两个或两个以上的税率，根据该进口商品进口国家的不同采用有区别的税率。复式税则具有一定的歧视性。目前大多数国家都实行复式税则，基本税率主要有普通税率、最惠国税率、普惠税率、特惠税率四种。

根据税则制定的方式和国家的权限不同，海关税则可以分为自主税则、协定税则和混合税则。

（1）自主税则。自主税则（Autonomous Tariff）是指一国立法机构根据关税自主原则单独制定、变更和修改的关税税则，该税则不受对外签订的贸易条约或协定约束。

（2）协定税则。协定税则（Conventional Tariff）是指一国与其他国家或地区通过贸易与关税谈判制定贸易条约或协定，并以此作为关税税则的形式。这种关税税则的制定不是完全自主性的。这种税则下的税率一般要低于自主税则下的税率。

（3）混合税则。混合税则（Mixed Tariff）亦称自主与协定税则，是指一国税则的确定同时采用自主税则和协定税则的税则方式。一国税则的制定以自主制定应税税目的税率为基础，结合与其他相关国家通过协定方式确定的应税税目的税率组合而成。混合税则兼容了自主税则和协定税则的长处，被越来越多的国家采用。

（三）海关税则的商品分类

各国海关税则的商品分类方法不完全相同，总体上看有以下几种常见的分类方法。

（1）按照商品的自然属性分类，如动物、植物、矿物等。

（2）按商品的加工程度或制造阶段分类，如原料、半制成品和制成品等。

（3）按商品的组成成分或按同一工业部门的产品分类，如钢铁制成品、化工制成品、塑料制成品等。

（4）按商品的用途分类，如食品、药品、仪器等。

（5）按商品的自然属性分成大类，再按照加工程度分成小类。

五、关税的征收程序

（一）申报

当进口商品运抵进口国的港口、车站或机场时，进口商应向海关提交有关单证，并填写由海关发出的表格，进行进口申报。需要提交的单证一般包括进口报关单、货运提单、商业发票或海关发票及有关证明材料（包括原产地证明书、进口许可证或进口配额证书、品质证书、卫生检验证书等）。

（二）查验

海关按照有关法令和规定，对进口商上报的材料进行审查核对，并对进口货物进行查验，审核货物和单证是否一致。

（三）征税放行

当海关确认各种单证符合规定，且货物和单证完全一致后，进口商就可以按照规定缴纳税款及其他费用，之后货物便被放行通关。

六、关税的经济效应

（一）关税的保护效应

保护效应又称生产效应，是指征收关税后，国内价格提高，从

而起到了保护本国产业的作用，扶植了国内幼稚产业的成长，保护了国内市场，增加了就业机会。

如图 4-1 所示，S_d 是小国的国内供给曲线，D_d 是小国的国内需求曲线，S_w 是国际供给曲线。在开放市场下，没有征收关税时，小国按照国际价格 P_w 来交易商品，需求为 Q_2，国内供给只有 Q_1，中间 Q_1Q_2 的量通过进口来满足。

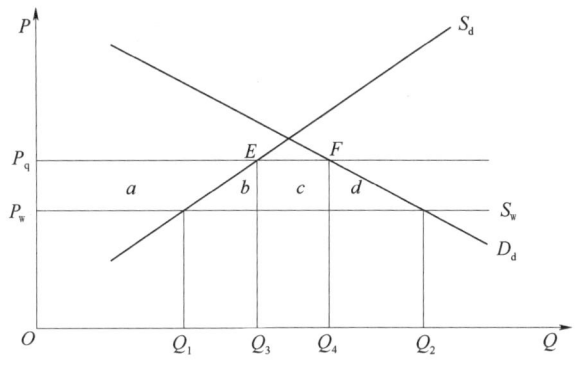

图 4-1　小国征收关税的情况

征收关税后，价格由原来的 P_w 上涨到 P_q，进口数量从原来的 Q_1Q_2 减少到 Q_3Q_4，国内供给量则由 Q_1 增加到 Q_3。国内生产厂商因价格的上升而增加了相当于 a 面积的生产者剩余。从而起到了提高价格、增加产量、保护国内市场的作用。

（二）关税的价格效应

价格效应（Price Effect）表现为征收关税引起的进口商品国际价格和国内价格的变化。对于小国和贸易大国而言，关税的价格效应会有不同。对于小国而言，由于其进口量小，他一般只能充当国际价格的接收者，无法影响国际价格。在征收关税的情况下，国际价格不会发生变化，而国内价格会上涨，如图 4-1 所示，价格从 P_w 上涨到 P_q，其上涨幅度（$P_q - P_w$）就是征收的关税。这说明，小国的关税税负全部转嫁给了消费者。

对于大国而言，征收关税之后对进口国造成压力，一方面使其成本增加，需要降低价格才能保持竞争力；另一方面，减少的进口转化成国际上过多的供给量，这两个因素都会导致国际价格的下降。而对于进口国而言，一般其国内产品价格也会上涨，但上涨幅度小于小国，其税收负担部分由消费者承担，部分由进口商承担。

（三）关税的税收效应

关税的税收效应（Tax Effect）是指由于征收关税给政府带来的财政收入的增加。如图 4-1 所示，c 的面积就是政府由于征收关税取得的财政收入的增加。

（四）关税的贸易条件效应

常用的贸易条件有三种不同的形式：价格贸易条件、收入贸易条件和要素贸易条件，它们从不同的角度衡量一国的贸易所得。

贸易条件（Terms of Trade）是一国出口价格与进口价格之比。关税会导致进出口价格发生变化，从而影响到贸易条件的变动。先看一下大国的情况。对一个进口大国而言，假定其出口商品的价格保持不变，因为征收了进口关税，引起了进口价格的降低，从而出口价格与进口价格之比上升，贸易条件得到改善。对于一个出口大国而言，假设其进口价格不变，出口价格由于进口国实施关税而降低，则出口价格与进口价格之比下降，贸易条件恶化。

然而，对于贸易小国而言，征收关税不会影响其进出口价格，所以也不影响其贸易条件的变化。

第二节 非关税壁垒措施

一、非关税壁垒的含义和特点

"非关税壁垒"是"关税壁垒"的对称。是除关税以外的一切限制进口的措施。

非关税壁垒（Non-tariff Barrier），全称非关税贸易壁垒，是指一国政府采取除关税以外的各种办法，对本国的对外贸易活动进行调节、管理和控制的一切政策与手段的总和，其目的就是试图在一定程度上限制进口，以保护国内市场和国内产业的发展。

与关税措施相比，非关税措施主要具有下列三个明显的特点。

1. 非关税措施比关税措施具有更大的灵活性和针对性

关税的制定，往往要通过一定的立法程序，要调整或更改税率，也需要一定的法律程序和手续。而非关税措施的制定与实施，则通常采用行政程序，制定起来比较迅速，程序也较简单，能随时针对某国和某种商品采取或更换相应的限制进口措施，从而较快地达到限制进口的目的。

2. 非关税措施的保护作用比关税措施的作用更为强烈和直接

关税措施保护的原理是通过征收关税提高商品成本和价格，进而削弱其竞争能力，达到保护目的。这种保护作用具有间接性。而一些非关税措施如进口配额，可以预先限定进口的数量和金额，超过限额就直接禁止进口，这样就能快速和直接地达到关税措施难以达到的目的。

3. 非关税措施比关税措施更具有隐蔽性和歧视性

关税措施，包括税率的确定和征收办法都是透明的，出口商可以比较容易地获得有关信息。另外，关税措施的歧视性也较低，它往往要受到双边关系和国际多边贸易协定的制约。但一些非关税措施则往往透明度差，隐蔽性强，而且有较强的针对性，容易对别的国家实施差别待遇。

二、非关税壁垒的种类

（一）数量限制

1. 进口配额制

进口配额制（Import Quotas System）也称进口限额制，是指一国政府在一定时期内对于某些商品的进口予以数量或金额的限制。在规定期限内，配额以内的商品允许进口，超过配额的商品则禁止进口，或者需要征收较高的关税或罚金才准许进口。进口配额有绝对配额和关税配额两种形式。

（1）绝对配额（Absolute Quotas）是指在一定时期内，进口国对某些商品的进口数量或金额规定一个最高数额，达到这个额度之后便不再允许进口。根据配额分配的范围可以分成全球配额和国别配额。

1）全球配额（Global Quotas）是指一国在一定期限内对某些进口商品规定一个总的最高限额，不作国别或地区的分配。来自于任何国家和地区的商品都可以申请进口，先申请者先被批准，直至限额用完。

2）国别配额（Country Quotas）是指一国确定了一定时期的总配额后，根据国别和地区分配这些配额，各个国家和地区在分配到的配额限度内进口，超过限额禁止进口。为了确定产品的来源，进口商一般需要提交原产地证明。国别配额又可以分为自主配额和协议配额。

a. 自主配额（Autonomous Quotas）也称单边配额，是指进口国完全自主地、单方面地强制规定一定时期内从某个国家或地区进口的某种商品的配额。自主配额虽然有利于进口国实行自己的区别性贸易政策，但是容易引起出口国不满甚至报复。

b．协议配额（Agreement Quotas）也称双边配额（Bilateral Quotas），是指由进口国与出口国政府或民间团体之间通过谈判协商确定的一定时期的进口配额。协议配额是由双方共同协议制定的，不易引起对方的反感与报复，更容易执行。

（2）关税配额（Tariff Quotas）是指一国在一定时期内对某种商品的进口绝对数量不作限制，但是对配额以内的进口商品给予低税、减税或免税的优惠待遇，对于超过限额的进口商品则征收较高的关税或附加税甚至罚款。

关税配额按照商品的进口来源可以分为全球关税配额、国别关税配额和进口商关税配额。按照征收关税的目的，关税配额可以分为优惠性关税配额和非优惠性关税配额。前者是指对关税配额内进口的商品给予幅度较大的关税减免优惠，对于超过配额的进口商品按照原有的最惠国税率征收关税。后者是指对关税配额以内的进口商品按照原有的进口税征收，对于超过配额的进口商品则要征收较高的附加税或罚金。

2．"自动"出口配额制

"自动"出口配额制（"Voluntary" Export Quotas）又称自动出口限制（Voluntary Restriction of Export），是指出口国家或地区迫于进口国的要求或压力，"自动"对本国某一时期某些商品的出口数量或金额作出最高额度规定，在限定的配额内出口国可以自行控制出口，达到配额后禁止出口。"自动"出口配额带有明显的强制性，是出口国迫不得已实施的。

目前，常见的"自动"出口配额主要有两种形式。

（1）非协定的"自动"出口配额，它是出口国迫于进口国方面的压力，自行单方面规定某些商品在一定时期内的出口限额，这种配额不受国际协定的约束。

（2）协定的"自动"出口配额，是指出口国与进口国通过谈判签订"自限协定"或"有秩序的销售协定"，在协定规定的有效期内规定某些商品的出口配额，出口国可以据此配额实行出口许可证或出口配额签证制，自行限制出口。

"自动"出口配额制是在第二次世界大战后出现的非关税壁垒措施。

3. 进口许可证制

进口许可证制（Import License System），是指进口国家规定某些商品进口必须领取许可证，否则禁止进口。进口许可证是政府有关部门颁发的批准某种商品进口的证书。进口许可证制和进口配额制一样，也是一种进口数量限制的手段。

按照许可证有无限制，可分为公开一般许可证和特种进口许可证。

（1）公开一般许可证（Open General License）。它对进口国别或地区没有限制，凡列明属于公开一般许可证的商品，进口商只要填写此证，即可获准进口。

（2）特种进口许可证（Specific License）。进口商必须向政府有关当局提出申请，经政府有关当局逐笔审查批准后才能进口。

按照许可证的作用和目的，可分为自动许可证和非自动许可证。

（1）自动许可证不限制商品进口，设立的目的也不是对付外来竞争，它的主要作用是进行进口统计。

（2）非自动许可证是须经主管行政当局个案审批才能取得的进口许可证，主要适用于需要严格数量质量控制的商品，其作用是：管制配额项下商品的进口；连接外汇管制的进口管制；连接技术或卫生检疫管制的进口管制。只有取得配额、取得外汇或者通过技术检查和卫生检疫，才能取得许可。

按照进口许可证是否有数量或金额的限制，可分为有定额的进口许可证和无定额的进口许可证。

（1）有定额的进口许可证是指先规定有关商品的配额，然后在配额的限度内根据商人申请发放许可证。

（2）无定额的进口许可证主要根据临时的政治的或经济的需要发放。

（二）价格限制

1. 最低限价

最低限价（Minimum Price）是指一国政府规定某种商品进口的最低价格，如果进口商品的价格低于规定的最低价格时，就征收进口附加税或禁止进口。

2. 海关估价制

海关估价制（Customs Value）是指一国的海关依照本国的有关

规定,对申报进口商品的价格进行审核或估定其完税价格的一种进口管理措施。有些国家根据某些特殊规定,提高某些进口商品的海关估价,从而增加进口货物的关税负担,以达到阻碍商品进口的目的,这就成为专断的海关估价。

【阅读资料】

专断的海关估价

用专断的海关估价来限制商品的进口,以美国最为突出。长期以来,美国海关是按照进口商品的外国价格(进口商品在出口国国内销售市场的批发价格)或出口价格(进口商品在来源国市场供出口用的售价)两者之中较高的一种进行征税,大大提高了进口商品的关税负担,引起其他国家的强烈不满。

"东京回合"中签订了《海关估价守则》,美国才不得不废除了这种海关估价制度。后来的"乌拉圭回合"修改了《海关估价守则》,达成了《关税实施关税与贸易总协定第七条的协议》,规定了主要以商品的成交价格为海关完税价格的新估价制度。其具体办法是:

(1)以进口商品的成交价格做依据。成交价格是指"商品销售出口运往进口国的实际已付的价格",即进口商以正常发标中标明的价格。

(2)以同时期出口到同一国的同类商品价格做依据。

(3)以类似商品的成交价依据。所谓类似商品是与应估商品虽不属一类,但有相同的特性,具备相同的功效,在商业上可以互换的货物。

(4)以进口商品在国内销售价减去税费后的价格为依据。以制造该种商品的原料费、生产费、运输费、保险费等费用加上销售该商品所发生的利润及费用为基础估算的价格为依据。

(5)推算价格。海关估价包括生产成本、额外费用例如利润及一般费用的总和。

(6)合理确定。如果上述方法都不能确定海关估价,应采用符合本协议原则或关贸总协定第7条的合理方法,并在进口国可得到信息的基础上进行估价。

(资料来源:李左东.国际商务.北京:高等教育出版社,2008)

（三）经营及采购限制

1. 国营贸易

国营贸易（State Trading）也称进出口的国家垄断，是指对于某些商品的进出口业务，由国家指定专门机构直接经营或者委托少数大企业垄断，从而控制进出口商品的国别、种类和数量。经营这些受国家专控或垄断的商品的企业，称为国营贸易企业。

进出口的国家垄断，是国家对国营贸易企业所特别授予的一种特权，具有排他性和垄断性。

各国实行国营贸易的商品主要有4大类。

（1）烟酒。这种垄断可以使该国获取丰厚的财政收入。

（2）农产品。这是发达国家国内农业政策的一部分，在欧美国家比较突出。

（3）石油。由于石油关系到一国的经济命脉，主要的石油出口国和进口国一般都设立国营石油公司，对石油进行垄断。

（4）武器。武器关系到国家安全，世界和平，多数国家由国家进行垄断。

2. 歧视性政府采购

歧视性政府采购（Discriminatory Government Procurement Policy）是指一国政府通过法令或其他手段和途径，规定本国政府机构在采购时优先购买本国产品的做法。

歧视性政府采购把外国商品置于不利的竞争地位，从而实现限制进口的目的。虽然"东京回合"签订了"政府采购协议"，即要求各国在政府采购时不能优待本国企业和歧视外国企业，但实际上各国都在不同程度上运用这个手段来限制进口，保护本国产业。

（四）金融及税收控制

1. 外汇管制

外汇管制（Foreign Exchange Control）是指一国政府通过法令对国际结算、外汇买卖和外汇分配实行限制，以平衡国际收支、维护本国货币汇价的一种制度。在外汇管制下，有外汇收入的单位和个人必须把取得的外汇所得按官方汇价卖给外汇管制机关或国家指定的金融机构，同时，有外汇支出的单位和个人也必须在外汇管理机构按照官方汇价申请购买外汇。这样，政府就可以通过外汇的集中使用和外汇的审批来控制进口商品的数量、种类和国别。

外汇管制的办法一般有以下3种。

（1）数量性外汇管制，即国家外汇管理机构对外汇买卖的数量直接进行限制和分配。

（2）成本性外汇管制，即国家外汇管理机构对外汇买卖实行复汇率制度（规定一国货币有两个以上的汇率），利用外汇买卖成本的差异，间接影响不同商品的进出口。

（3）混合性外汇管制，即同时采用数量性外汇管制和成本性外汇管制，对外汇实行更加严格的外汇管制，以影响和控制商品进出口。

2. 进口押金制

进口押金制（Advanced Deposit）也称进口存款制度，是指进口国政府要求进口商在进口时，必须预先按照进口商品金额的一定比例和规定时间，在指定的银行无息存放一笔现金的制度。进口押金制增加了进口商的资金负担，影响了资金周转，使其进口的意愿减少，从而达到控制进口的目的。

3. 利润汇出限制

部分国家对本国的外商投资企业的利润汇出实行限制，比如必须在金融管理机构的监控下进行，汇出金额不能超过一定的比例，否则需要缴纳一定的利润所得税等。

4. 国内税

国内税（Internal Tax）是指一国政府对进口商品征收了关税之后，对其在国内生产、销售、使用或消费等环节中征收的税收。

国内税是一种比较灵活、隐蔽的贸易政策手段，为广大国家，特别是西欧国家所采用。部分国家对本国商品和进口商品规定了不同税率，以增强限制进口的效果。

技术性贸易壁垒作为贸易保护主义的新形式，正以较快的速度在各国（尤其是发达国家）盛行。

（五）技术性贸易壁垒

技术性贸易壁垒（Technical Barriers to Trade，TBT）又称技术性贸易措施，是指进口国以维护生产、消费安全和消费者健康等为借口，规定复杂苛刻的技术标准、卫生检疫规定、安全规定、商品包装和标签规定等，限制外国产品进口的一种措施。《世界贸易组织贸易技术壁垒协议》（Agreement on Technical Barriers to Trade of The World Trade Organization，WTO/TBT）将技术性贸易壁垒分为技术法规、技术标准和合格评定程序。

技术性贸易壁垒涉及的内容广泛，规定复杂且灵活多变，是当前国际贸易中最为隐蔽、最难对付的非关税壁垒。世界各国（主要是发达国家）采用的技术性贸易壁垒措施有以下几种。

（1）技术标准和法规。这种通过技术条文本身直接制止进口的措施，是技术性贸易壁垒的主要形式，也是发达国家普遍采用的一种限制进口措施。

（2）产品合格评定和质量认证。措施主要包括检验和检查的法律、法规、加工和生产方法、最终产品标准、检测检疫程序等，是技术壁垒中的一种重要手段，发达国家常用此来对付发展中国家，限制了发展中国家商品出口。

（3）标签和包装。这是一种常见的技术性贸易壁垒措施，设置国利用它能有效地防止出口国的病虫传入，保证货物和使用者的安全，但过分苛刻的要求，便会成为贸易上的障碍。

（4）绿色壁垒（Green Barriers，GBs）。绿色壁垒的主要表现形式有绿色关税制度和市场准入制度、绿色技术标准制度、绿色环境标志制度、绿色包装制度、绿色卫生检疫制度及绿色补贴制度等，它是一种全新的非关税壁垒。

绿色壁垒是自20世纪90年代以来，发达国家使用最频繁的一种，也是当今国际贸易领域主要的贸易壁垒之一。

（5）社会壁垒（Social Barriers）。社会壁垒是指以劳动者劳动环境和生存权利为理由而采取的贸易限制措施。国际上对此问题的关注由来已久，相关的国际公约有100多个。目前，在社会壁垒方面引人注目的标准是SA 8000，该标准是从ISO 9000系统演绎而来，用以规范企业员工职业健康管理。

社会壁垒可能成为阻碍发展中国家劳动密集型产品的主要障碍。

（6）专利壁垒（Patent Barriers to Trade，PBT）。世界贸易组织将无形的知识产权与有形的贸易紧密联系起来，强化了专利所有者的权利，对以引进为主的发展中国家的专利使用者产生了不利影响。

知识产权直接成为技术壁垒的重要内容。

（7）检验程序和检验手续。有些国家为了推行贸易保护主义，当借用技术标准等措施达不到保护目的时，则在产品的试验、检验程序和检验手续上设置重重障碍。

（8）计量单位制。很多出口商品能否顺利销售，有时取决于所使用的计量单位制。最明显的例子就是仪器、工具、夹具、模具等。有些国家抵制进口与本国计量单位不一致的商品。

（9）条码。条码是一种可供电子设备识别的符号系统。使用这一系统，能使物品符合市场自动扫描结算的要求，为实现快速、有效的自动识别、采集、处理和交换信息提供保障，为商品进入超级市场提供先决条件。在一些发达国家，商品上没有条码，不能自动识别，就只能进入低档商店。因此，有无条码标志已成为事实上的贸易壁垒。

【阅读资料】

贸易保护主义和单边主义

贸易保护主义，通常简称保护主义（Protectionism），是一种为了保护本国产业免受国外竞争压力而对进口产品设定极高关税、限定进口配额或其他减少进口额的经济政策。它与自由贸易模式正好相反，后者使进口产品免除关税，让外国的产品可以与国内市场接轨，而不使它们负担国内制造厂商背负的重税。贸易保护主义经常被人们与重商主义和进口替代联系起来。重商主义认为保持一个可观的贸易顺差对一个国家是很有利的。根据是否征收关税，贸易保护主义有两个分支：传统贸易保护主义（有意征收关税）和现代贸易保护主义（无意征收关税）。

单边主义指的是国际社会中实力地位较强的某一个国家，为了落实对本国有利的外交政策而忽视多数国家的人民意愿，违反国际社会潮流，不顾他国利益，拒绝采取协商途径，凭借自己的力量我行我素的行为。单边主义往往被当作负面标签，直接往政治对手身上贴，以达到丑化该国政治形象的目的，并通常具有民粹主义及民族主义的色彩。

两者的区别主要表现在：

（1）领域不同。贸易保护主义是商业领域的自我保护政策，单边主义是政治与外交领域的行为。

（2）手段不同。贸易保护主义的主要手段是关税、进口配额与减少进口。

（3）目的不同。贸易保护主义是为了保护本国产业，单边主义是为了落实对本国有利的外交政策与丑化他国。

三、非关税措施的经济效应

（一）对国际贸易的一般影响

1. 非关税壁垒成为国际贸易的巨大障碍

非关税壁垒对国际贸易发展起着很大的阻碍作用。这一方面表现为非关税壁垒限制的商品范围在广度上不断扩大，已从对个别商品的限制发展为对诸多商品的限制。另一方面从实践经验看，若其他条件

第四章 国际贸易措施

不变,世界性的非关税壁垒加强的程度与国际贸易增长的速度成反比关系。例如,在第二次世界大战后的20世纪50年代到70年代初,关税有了大幅度的下降,同时,各发达国家还大幅度地放宽和取消进口数量限制等非关税措施,因而在一定程度上促进了国际贸易的发展,1950—1973年间,世界贸易量平均年增长率达到7.2%。相反,在20世纪70年代中期后,许多国家采取了形形色色的非关税壁垒措施,影响了国际贸易的发展,从1973—1979年,世界贸易量年均增长率为4.5%,1980—1985年,年均增长率降为3%左右。

2. 对商品结构和地理方向的影响

非关税壁垒还在一定程度上影响着国际贸易商品结构和地理方向的变比。第二次世界大战以后,受非关税壁垒影响的产品的总趋势是:农产品贸易受影响的程度超过工业品,劳动密集型产品贸易受影响的程度超过技术密集型产品,而受影响国家则是发展中国家和社会主义国家比发达国家要多,程度也更严重。这些现象,都严重影响着国际贸易商品结构与地理方向的变化,使发展中国家和社会主义国家对外贸易的发展受到重大损害。

(二)对进口国的影响

关税壁垒对进口国来说,可以限制进口,保护本国的市场和生产,但也会引起进口国国内市场价格上涨。例如,如果进口国采取直接的进口数量限制措施,则不论国外的价格上升或下降,也不论国内的需求多大,都不增加进口,这就会引起国内外之间的价格差异拉大,使进口国国内价格上涨,从而保护了进口国同类产品的生产,这在一定条件下可以起到保护和促进本国有关产品的生产和发展的作用。

但是,非关税壁垒的加强会使进口国消费者要付出巨大的代价,他们要付出更多的金钱去购买所需的商品,国内出口商品的成本与出口价格也会由于价格的上涨而提高,削弱出口商品的竞争能力。为了增加出口,政府只有采取出口补贴等措施,从而增加了国家预算支出和加重人民的税收负担。

(三)对出口国的影响

进口国加强非关税壁垒措施,特别是实行直接的进口数量限制,固定了进口数量,将使出口国的商品出口数量和价格受到严重影响,造成出口商品增长率或出口数量的减少和出口价格下跌。一般来说,如果出口国的出口商品的供给弹性较大,则这些商品的价格受进口国的非关税壁垒影响而引起的价格下跌将较小;反之,如果出口国的出口商品的供给弹性较小,则这些商品的价格受进口国的非关税壁垒影响而引起的价格下跌将较大。由于大部分的发展中国家的出口产品供给弹性较小,所以,世界性非关税壁垒的加强使发展中国家受到严重的损害。

(四)进口配额的经济效应

实施进口配额后,一国进口某种商品的数量会小于自由贸易情况下的进口数量,导致的结果是进口商品在国内市场的价格上涨。如果实施配额的是小国,则世界市场的价格不会因此发生变化,但是进口国国内的市场价格会随之上涨。如果实施进口配额的是大国,则不仅会使该商品在国内价格上涨,世界市场价格也会发生变化,一般是下跌。下面以小国为例分析在自由贸易情况下实施进口配额的经济效应(图4-2)。

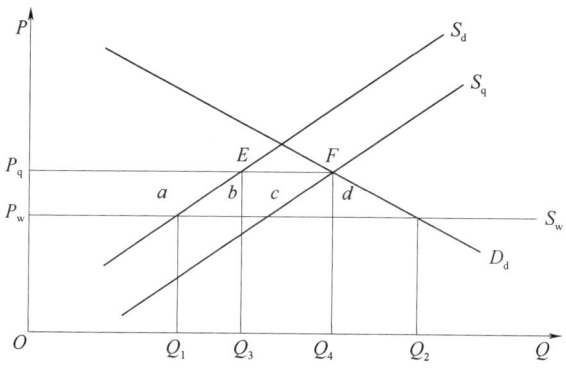

图4-2 进口配额的经济效应分析

在图4-2中,在开放的自由贸易状态下,该商品以价格 P_w 的价格进行交易,国内产量为 OQ_1,进口量为 Q_1Q_2。实施进口配额后,规定只允许进口 Q_3Q_4 数量的商品,其余由国内生产满足,在这种情况下,国内的供给曲线由 S_d 变为 S_q,供给 S_q 与需求曲线 D_d 的交点为 F。由图4-2可以得出,由于进口配额,该商品国内的价格由 P_w 上涨到 P_q,国内产量由 OQ_1 上升到 OQ_3,国内消费量由 OQ_2 下降到 OQ_4。比较实施进口配额前后的数据,可以发现进口配额有下面几个效应。

(1)价格效应。导致国内均衡价格由 P_w 上涨到 P_q。

(2)消费效应。由于供给变化导致国内价格上涨,消费受到抑制,消费者剩余减少了 $a+b+c+d$。

(3)生产效应。由于价格上涨,国内生产扩大,生产者剩余增加 a。

第三节 鼓励出口与出口管制措施

一、鼓励出口的措施

(一) 鼓励出口的经济措施

1. 出口信贷

出口信贷 (Export Credit) 是指一国政府为了支持和鼓励本国商品出口,增强本国出口商品的竞争力,通过银行对本国的出口厂商或外国的进口厂商提供的贷款。出口信贷一般是在出口商品金额较大、期限较长的情况下 (如成套设备、船舶、飞机等),由出口国银行提供贷款,促进交易达成,扩大本国商品出口。

出口信贷是一种国际信贷方式。

根据借贷关系,出口信贷可以划分为卖方信贷和买方信贷。

卖方信贷 (Supplier's Credit),是指出口方金融机构或银行向本国出口厂商 (卖方) 提供的贷款。这种贷款合同由出口商和银行签订。在商品价值大、交货期限长的情况下,进口厂商一般都要求长期的分期付款或延期付款,这样就在一定时间内占用了出口厂商的资金,影响其资金的正常运转甚至正常运营,这时就需要银行提供贷款。

买方信贷 (Buyer's Credit) 是指出口方银行直接向进口厂商 (买方) 或进口方的银行提供的贷款,以资助进口方购买本国的商品。买方信贷是一种约束性贷款,其条件是进口方必须用贷款购买贷款国的商品。

根据期限长短,出口信贷分为短期信贷 (一般是 180 天以内,也有一些国家把一年内的贷款当作短期)、中期信贷 (一般为 1～5 年)、长期信贷 (一般为 5～10 年)。不同的商品适用的信贷期限不同,如原材料、消费品一般适用于短期信贷,中型机器适用于中期信贷,大型成套设备或船舶适用于长期信贷。

2. 出口信贷国家担保制

出口信贷国家担保制 (Export Credit Guarantee System) 是指国家为了扩大出口,对于本国出口厂商或商业银行向外国进口厂商或银行提供的信贷,由国家设立的专门机构进行出面担保。当外国债务人拒绝付款时,由该国家机构按照承保的数额进行补偿的一种制度。

出口信贷国家担保承保的项目一般是私人商业保险公司不愿承保的项目，如承保金额较大或承保风险难以估量的项目。它的承保范围主要有两类：①政治风险，包括进口国发生政变、战争、暴乱以及由于政治原因实行禁运、冻结资金、限制对外支付等给出口国或出口银行带来的损失。这种风险的承保金额一般是合同金额的85%～90%，有的国家，如美国甚至高达100%。②经济风险，包括由于进口商或进口国银行破产倒闭，或无理拒付，或由于汇率变动异常及通货膨胀等给出口商或出口国银行造成的损失。经济风险赔偿率一般为合同金额的70%～85%。除上述两种之外，出口信贷保险还会包括一些专项保险险种。

3. 出口补贴

出口补贴（Export Subsidies）又称出口津贴或出口奖励，它是指一些国家的政府为了降低其国内出口商品的价格，增强在国外市场上的竞争力，给予出口厂商的现金补贴或财政税收上优惠等方面的措施。出口补贴的方式有两种：一种是直接补贴，即在出口某种商品时政府直接付给出口厂商的现金补贴；另一种为间接补贴，即政府对某些出口商品给予财政上的优惠。后者主要包括：退税或减免出口商品所缴纳的国内税；某些进口的原料或半成品经过加工再出口的，允许其暂时免税进口；进口的原料或半制成品加工成制成品后出口时将已缴纳的进口税退还；免征进口税，等等。

【阅读资料】

最大出口补贴使用者

欧盟是全球最大的出口补贴使用者。1995—1998年，欧盟年均出口补贴支出约60亿美元，占全球出口补贴支出的90%。瑞士是第二大出口补贴使用者，补贴份额约占5%。美国是第三大出口补贴国，补贴份额不到2%。欧盟、瑞士、美国和挪威四个OECD成员的出口补贴占到了全球的97%。

从产品上看，出口补贴最多的产品是粮食；从价值上看，出口补贴最多的产品是牛肉和奶产品。从实际补贴数量上看，单项最大补贴产品是小麦和面粉以及粗粮，年均实际补贴量都在1000万吨以上。以下实际补贴较多（100万吨以上）的产品依次为：水果和蔬菜、糖、其他奶产品、牛肉。从承诺完成情况看，较多依赖补贴（承诺完成率超过50%）出口的产品主要是奶产品和肉蛋产品，包括：其他奶产品、乳酪、脱脂奶粉、蛋、牛肉、禽肉。其中1998年蛋和猪肉的补贴超过了承诺水平。粮食的补贴水平则依国际市场状况波动较大。

4. 商品倾销

商品倾销（Dumping）是指以低于国内市场的价格，甚至低于商品生产成本的价格，集中或持续地大量向国外市场抛售商品，打击竞争者以占领市场。

按商品倾销的具体目的和倾销的程度的不同，商品倾销可分为偶然性倾销、间歇性或掠夺性倾销、长期性倾销等三种形式。

（1）偶然性倾销（Sporadic Dumping）：因为销售旺季已过，或公司改营其他业务，把"剩余产品"在外国抛售。

（2）间歇性倾销（Intermittent Dumping）：以低于市场价格甚至是成本价格，在外国市场倾销，垄断市场后再提价。

（3）长期性倾销（Long-run Dumping）：产品以低于国内价格出售，但出口价格高于生产成本，采用规模经济来扩大生产，降低成本。

商品倾销通常由企业进行，但有些国家设立专门机构直接对外倾销商品。

5. 外汇倾销

外汇倾销（Exchange Dumping）是指出口企业利用本国货币对外币贬值的机会，扩大出口，争夺国外市场的手段。当一国货币贬值后，出口商品以外国货币表示的价格降低了，提高了出口商品的竞争力，从而扩大了出口。不仅如此，在货币贬值后，货币贬值国家的进口商品的价格却上涨了，从而削弱了进口商品的竞争力。因此，货币贬值起到了促进出口和限制进口的双重作用。

当然，外汇倾销不能无限制和无条件地进行，只有具备以下两个条件时才能起到扩大出口的作用：货币贬值的程度大于国内物价上涨的程度；其他国家不同时实行同等程度的货币贬值和采取其他报复性措施。

（二）鼓励出口的组织措施

一些国家通过行政组织措施来鼓励和扩大出口，主要有以下

措施。

1. 设立专门的组织机构

一些国家和地区为了促进出口,成立了专门的组织机构来研究与制定出口战略。例如,美国设立了总统贸易委员会和贸易政策委员会等,英国、法国和日本也设立了类似的机构。

2. 设立专门的市场调研机构,建立商业情报网

掌握及时准确的国际市场信息对出口贸易至关重要。不少国家设立了官方或官方与民间混合的商业情报机构,在国外搜集处理信息并建立商业情报网,为国内出口企业提供国际市场信息。

3. 设立国际贸易中心、组织贸易展览会

设立国际贸易中心、组织贸易展览会是对外宣传本国产品、扩大出口的一个重要手段。贸易中心是固定的场所,可以长期提供陈列展览场所、办公地点和咨询服务等。贸易展览会可以流动性地展出产品,有些是集中在国内展出,同时吸引外商参加,有的是派代表团到国外宣传展览本国产品。如法国的巴黎博览会,我国的广州出口商品交易会。

4. 组织贸易代表团和接待来访

组织贸易代表团和接待来访,如英国海外贸易委员会设有接待处,专门接待官方代表团和协助公司、社会团体来访,从事贸易活动。

（三）鼓励出口的其他措施

1. 外汇分红

政府为了调动出口厂商的出口积极性,允许出口厂商从其所得的外汇收入中提取一定百分比的外汇自由支配使用。这部分外汇可以用于进口,也可以在外汇市场上按较高的汇率出售。

2. 出口奖励证制

政府对出口厂商出口某种商品后发给一种奖励证,持有该证可以进口一定数量的外国商品,或可以将该证在市场上自由转让或出售以获取收益。

3. 复汇率制

复汇率（Multiple Rate）又称多元汇率或多重汇率,是指一种货币（或一个国家）有两种或两种以上汇率,是"单一汇率"的对称。

复汇率是外汇管制的产物。

政府规定不同的出口商品适用不同的汇率，从而促进某些商品出口。

4. 进出口连锁制

进出口连锁制（Chain System of Import and Export）是由国家制订的鼓励进口原料和零配件加工装配为成品后再行出口的一系列政策和措施。政府规定进出口商必须履行一定的出口义务才可以获得一定的输入权利，或获得一定进口权利的进口商必须承担一定的出口义务。通过把进出口联系起来，达到有进有出、以进带出，或以出许进，扩大出口。

进出口连锁制是促进出口的外向型"加工贸易"制度。日本是世界上采用这种办法较早和较多的国家之一。

二、出口管制的措施

出口管制（Export Control）也称出口控制，是指一国政府为了达到一定的政治、军事和经济目的，通过各种经济和行政措施，对某些商品（特别是战略物资和先进技术产品）实行限制出口或禁止出口行为的总称。

（一）出口管制的目的

一国实行出口管制主要有以下几种目的。

1. 政治目的

这是实行出口管制的主要目的，也是各国实行国别政策的重要手段。为了干涉甚至控制进口国的政治经济局势，在外交活动中保持主动地位，或者为了遏制"敌国"或不友好国家的经济发展与军事实力，维护本国或国家集团的政治利益和安全等目标，通过出口管制手段，限制那些可能增加其他国家军事实力的物资，特别是战略物资和可用于军事的高技术产品的出口，或通过出口控制手段对进口国实施经济制裁等压力手段，迫使其政治上就范。

2. 经济目的

为了保护国内稀缺资源或不可再生资源，维护国内市场的正常供应，促进国内有关产业部门或加工工业的发展，防止国内出现严重通货膨胀，保证国际收支平衡，稳定国际市场商品价格，避免本国贸易条件恶化。

3. 其他目的

一些国家为了所谓的人权，禁止劳改产品的出口；或为了保护地球生态环境和濒危动植物，实行某些物资的全球禁运；或为了保护历史文物，对一些特殊商品实行出口管制。

（二）出口管制的商品

需要实行出口管制的商品一般有以下几类。

（1）战略物资和先进技术资料，如军事设备、武器、飞机、先进的电子计算机和通信设备、先进的机器设备及其技术资料等。

（2）国内生产和生活紧缺的物资。其目的是保证国内生产和生活需要，抑制国内该商品价格上涨，稳定国内市场。如西方各国往往对石油、煤炭等能源商品实行出口管制。

（3）需要"自动"限制出口的商品。这是为了缓和与进口国的贸易摩擦，在进口国的要求下或迫于对方的压力，不得不对某些具有很强国际竞争力的商品实行出口管制。

（4）历史文物和艺术珍品。这是出于保护本国文化艺术遗产和弘扬民族精神的需要而采取的出口管制措施。

（5）本国在国际市场上占主导地位的重要商品和出口额大的商品。控制这些商品出口，目的是保持该商品的垄断高价。比如，欧佩克（OPEC）对成员国的石油产量和出口量进行控制，以抬高石油价格。

（三）主要的出口管制措施

1. 出口税

政府根据管制产品的类型，根据相应的税率对其课征出口关税，从而达到控制的目的。

2. 出口工业的产业税

出口国不仅对出口的产品征税，而且对国内销售的该类产品也要征收相同的税收。由于该出口工业的实际成本提高，导致生产者愿意提供的产品数量减少。

3. 出口配额

通过对出口产品的数量或金额进行限制来达到出口管制目的。这也是一种有效的出口管制方法，在实施中往往和出口许可证结合起来使用。

4. 出口许可证制

政府通过对符合政策的出口商品发放出口许可证，有效控制出口商品输出的国别和地区、数量以及价格。这是目前各国比较常用的出口控制方法。

5. 出口禁运

出口禁运是出口控制措施中最严厉的手段,一般用于国内紧缺的原材料或初级产品。

(四)出口管制的形式

出口管制的形式有单方面出口管制和多边出口管制两种。

1. 单方面出口管制(Unilateral Export Control)

一国根据本国的出口管制法案,设立专门的机构,对本国某些商品的出口进行审批和颁发许可证,实行出口管制。单边出口管制完全由一国自主决定,不需要受其他国家约束。

2. 多边出口管制(Multilateral Exchange Control)

几个国家政府,通过组建国际性的多边出口管制机构,协商和制定多边出口管制货单、国别和办法,以协调彼此的出口管制政策和措施,达到共同的政治和经济目的。

本章小结

1. 关税是一个国家海关依据国家制定的关税税法、税则对进出该国关境的货物和物品征收的一种税收。关税是传统的贸易保护工具。关税种类繁多,根据不同标准,可以划分为不同的类型。

2. 关税的征收方法,有从量税、从价税、混合税、选择税等。

3. 海关税则是国家制定的海关计征关税的规章和对进出口应税及免税商品进行系统分类的一览表。海关税则一般由两部分构成:一是海关课征关税的规章条例及说明;二是商品分类及关税税率一览表。

4. 征收关税会产生一定的经济效应,主要有关税的保护效应、价格效应、税收效应和贸易条件效应。

5. 非关税壁垒,全称非关税贸易壁垒,是指一国政府采取除关税以外的各种办法,对本国的对外贸易活动进行调节、管理和控制的一切政策与手段的总和,其目的就是试图在一定程度上限制进口,以保护国内市场和国内产业的发展。非关税壁垒名目繁多,种类复杂。

6. 技术性贸易壁垒,是指进口国以维护生产、消费安全和消费者健康等为借口，规定复杂苛刻的技术标准、卫生检疫规定、安全规定、商品包装和标签规定等，限制外国产品进口的一种措施。《世界贸易组织贸易技术壁垒协议》将技术性贸易壁垒分为技术法规、技术标准和合格评定程序三种形式。各国采用的措施有技术标准和法规、产品合格评定和质量认证、标签和包装、绿色壁垒、社会壁垒、专利壁垒、检验程序和检验手续、计量单位制、条码。

7．非关税措施会产生一定的经济效应，主要表现为对国际贸易产生阻碍作用；影响商品结构和地理方向；对进口国而言，保护国内生产和产业，同时由于价格上涨而损害消费者利益，从长远看也会影响出口；对出口国而言，会导致出口数量减少和出口价格下跌。

8．鼓励出口的措施主要有出口信贷（包括买方信贷和卖方信贷）、出口信贷国家担保制、出口补贴、商品倾销、外汇倾销、外汇分红、出口奖励证制、复汇率制、进出口连锁制。一些国家也通过设立一些行政组织来鼓励和扩大出口，如设立专门的组织机构、设立专门的市场调研结构、设立国际贸易中心、组织贸易展览会、组织贸易代表团和接待来访等。

9．出口管制也称出口控制，是指一国政府为了达到一定的政治、军事和经济目的，通过各种经济和行政措施，对某些商品（特别是战略物资和先进技术产品）实行限制出口或禁止出口行为的总称。出口管制的措施有出口税、出口工业的产业税、出口配额、出口许可证制、出口禁运等。

练习题

一、填空题

1．普惠制的基本原则是：_____；非歧视原则；非互惠原则。

2．关税配额是指在关税配额内征收原来的进口税，而超过配额的进口商品，就征收极高的_____或罚款。

3．国别配额是在总配额内按国别或地区分配给固定的配额，超过规定的配额便不准进口，通常国别配额分为_____和协议配额。

4．按进口许可证与进口配额的关系划分，进口许可证可分为_____的进口许可证和无定额进口许可证。

5．发达国家的进出口国家垄断主要集中在四类商品：一是烟和酒，二是农产品，三是石油，四是_____。

6．出口信贷中若是出口方银行向出口厂商提供贷款，则这种出口信贷方式被称为_____。

7．以降低本国货币外汇汇率的方法来扩大商品出口，这种鼓励出口的措施叫做_____。

8．海关税则又称关税税则，一般包括两个部分：一部分是海关课征关税的规章条例及说明，另一部分是_____。

二、单项选择题

1．征收关税的机构是（　　）。
    A．海关　　　　　　B．工商管理部门
    C．税务机构　　　　D．公安部门

2．下列对于关境与国境的说法正确的是（　　）。
    A．关境等于国境
    B．关境大于国境
    C．关境小于国境
    D．关境有时大于国境，有时小于国境

3．进口附加税的主要形式有以下两种（　　）。
    A．反补贴税和反倾销税
    B．最惠国税和普通税
    C．从价税和从量税
    D．名义关税和有效关税

4．普遍优惠制简称普惠制，是指发达国家对从发展中国家或地区进口的商品，特别是（　　）普遍给予的关税优惠待遇。
    A．制成品和半制成品　B．农产品
    C．初级产品　　　　　D．高科技产品

5．欧盟内部对农产品进口征收差价税，差价税额是由（　　）与进口价格的差来确定的。
    A．指标价格　　B．入门价格
    C．国内价格　　D．海关估价

6．海关税则一般包括两个部分：一部分是（　　），另一部分是关税税率表。
    A．海关课征关税的规章条例及说明
    B．税则号（简称税号）

C．货物分类目录

D．税率

7．若进出口双方通过谈判签订"自限协定"或有秩序的销售协定，这种"自动"出口配额制通常叫做（　　）。

A．非协定的"自动"出口配额

B．"自愿"出口限制

C．协定的"自动"出口配额

D．非自愿出口限制

8．社会壁垒是指以劳动者劳动环境和生存权利为借口采取的贸易保护措施，国际贸易中发达国家引入的社会壁垒标准主要是（　　）。

A．ISO 14000　　　B．ISO 9000

C．SA 8000　　　　D．ISO 2010

9．一国根据本国的出口管制法案，设立专门的执行机构对本国某些商品出口进行审批或颁发出口许可证，这种出口管制方式叫做（　　）。

A．单边出口管制　　B．双边出口管制

C．多边出口管制　　D．协议出口管制

10．出口补贴是一国政府为了提高本国产品在国际市场上的竞争力，给予出口厂商一定的现金补贴或财政上的优惠待遇，其中出口退税是出口补贴的常用方式之一，它属于（　　）。

A．直接补贴　　　　B．间接补贴

C．反补贴税　　　　D．现金补贴

三、多项选择题

1．进口附加税的主要目的是（　　）。

A．应付国际收支危机

B．维持进出口平衡

C．扩大出口

D．防止外国商品低价倾销

E．对国外某个国家实行歧视和报复

2．一国征收出口税的目的是（　　）。

A．保证本国生产　　B．增加财政收入

C．应付国际收支危机　D．防止外国商品倾销

E．保证国内供应

3．下列能起到促进出口作用的措施是（ ）。
   A．出口配额   B．出口信贷
   C．出口补贴   D．出口退税
   E．外汇倾销

4．关税税率表包括（ ）。
   A．税号   B．货物分类目录
   C．税额   D．税率
   E．税则

5．下面哪些是非关税措施（ ）。
   A．从价税   B．从量税
   C．国内税   D．贸易配额
   E．海关估价

6．技术性贸易壁垒包括（ ）。
   A．国内税   B．包装要求
   C．进口押金   D．卫生标准
   E．技术标准

7．出口管制的措施主要有（ ）。
   A．出口禁运   B．国家专营
   C．实行出口许可证 D．实行出口配额制
   E．征收出口税

8．许可证是一种（ ）。
   A．为了统计目的而采取的措施
   B．非关税壁垒措施
   C．鼓励出口的措施
   D．关税壁垒措施
   E．管制进出口的措施

9．绝对配额主要有（ ）。
   A．国别配额   B．全球配额
   C．关税配额   D．自主配额
   E．协议配额

10．（ ）是在正税以外征收的、为特定目的而设置的一种临时性措施。
   A．报复关税   B．反倾销税
   C．反补贴税   D．关税
   E．差价税

四、判断题

1．关税的征收对象是进出关境的货物、物品和劳务。（   ）

2．普遍优惠制简称普惠制，是指发达国家对从发展中国家或地区进口的商品，特别是农产品普遍给予的关税优惠待遇。（   ）

3．选择税是指对同一种进口商品同时规定从量税和从价税两种税率，一般选择其中税额较高的一种征收的关税。（   ）

4．混合税是指对同一种进口商品同时规定从量税和从价税两种税率，选择其中税额较高的一种征收的关税。（   ）

5．"自动"出口配额制实际上很少是自愿的。（   ）

6．进口押金制又称进口存款制，即进口商要预先按照进口金额的一定比率，在规定时间到指定银行无息存入一笔现金，才能进口。该措施增加了进口商的资金负担，影响了资金的流转，从而起到了限制进口的作用。（   ）

7．当最终产品的名义关税税率一定时，对所需原材料所征收的名义关税税率越低，对最终产品的保护作用越大。（   ）

五、名词解释

1．反补贴关税

2．反倾销关税

3．普惠制

4．关税配额

5．商品倾销

6．技术性贸易壁垒

六、问答题

1．试分析进口关税的经济效应。

2．非关税壁垒有哪些？

3．非关税壁垒会产生哪些影响？

4．促进出口的措施有哪些？

5．出口管制的措施有哪些？

课堂讨论

通过本章的学习，讨论为什么我国出口产品近年来总是被国外起诉商品倾销。

第五章　国际投资与国际贸易

学习要求

◆ 重点掌握

国际投资的含义
国际直接投资发展趋势与特点
区域经济一体化的含义

◆ 掌握

国际投资的分类
国际直接投资的主要形式
区域经济一体化的主要形式

◆ 了解

当代主要区域经济一体化组织
区域经济一体化理论

第一节 国际投资概述

一、国际投资的含义

国际投资是资本的跨国界流动。

国际投资（International Investment）也可称为对外投资（Foreign Investment），或者海外投资（Overseas Investment），是指资本从一国或地区转移到另一个国家或地区，以实现资本增值的国际经济活动。

对国际投资含义的认识，重点理解以下3方面内容。

（1）参与国际投资活动的主体是多元的，包括官方和半官方的机构、跨国公司、跨国金融机构以及个人投资者。其中主要是跨国公司和跨国银行。跨国银行是国际投资最重要金融支柱。

（2）参与国际投资活动的资本形式是多样化的，主要包括实物资产、无形资产和金融资产。以实物资产表现的资本，主要有机器、设备、商品等；以无形资产形式表现的资本，主要有商标、专利、技术等；以金融资产形式表现的资本，主要有债券、股票、衍生证券等。

（3）国际投资蕴含着对资产的跨国营运过程。国际投资是对各种资本加以整合运营，具有经营性、获利性特点。

二、国际投资的分类

如果从不同角度、不同标准进行划分，国际投资可以分为多种类型。下面以投资时间、投资方式、投资主体3个方面来对国际投资进行分类。这些分类的角度不同，强调的重点也不同，实际上各种分类是彼此联系，相互交叉的。

（一）以投资时间为依据

以投资时间为依据，国际投资可分为长期投资和短期投资两类。

长期投资（Long-term Investment）是指不准备随时变现、持有时间超过一年的有价证券投资及超过一年的其他投资。长期投资可以利用现金、实物、无形资产、有价证券等形式进行，具有投资风险大、变现能力差、收益率高等特点。

短期投资（Short-term Investment）是指能够随时变现、持有时间不超过一年的有价证券投资及不超过一年的其他投资。短期投资主要利用债券和股票等有价证券进行投资，具有投资风险小、变现能力强、收益率低等特点。

长期投资与短期投资的划分并不完全取决于投资期限的长短，主要取决于投资的目的。在一年内不能随时变现的证券和其他资产通常用于长期投资，但可以随时变现的有价证券则可根据需要用于短期投资。

（二）以不同的投资方式为依据

以不同的投资方式为依据，国际投资可分为国际直接投资和国际间接投资。

国际直接投资（International Direct Investment）是指投资者以控制企业部分产权、直接参与经营管理为特征，以获取利润为主要目的的资本对外输出。从一国的角度看，国际直接投资可分为对外直接投资（Outward Direct Investment，ODI）（内对外）和外国直接投资（Foreign Direct Investment，FDI）（外对内）。ODI 和 FDI 涉及一国资本输出和资本输入两个方面。对外直接投资对一国来说是资本的流出。譬如对于我国而言，则指我国内投资者在国外及港澳台地区直接将资金投入投资项目的建设或购置并加以经营管理，或者通过投资购买有价证券以获取实质性经营控制权的投资活动。外国直接投资又称为外商直接投资，对一国来说，是资本的流入，我国通常称为引进外资。

请记住 ODI 和 FDI 这两个概念.

国际间接投资（Foreign Indirect Investment，FII）也称对外间接投资，是指一国的企业、个人或政府通过购买国外的股票、债券或向国外发放贷款等方式将资本投向海外，以获取更高的股息、利息或差价收益为主要目的的投资。这类投资仅存于资本市场，一般不流向具体的生产和服务部门，投资的标的商品为金融工具和衍生工具。投资的目的是获取投资收益。

国际间接投资的实现方式主要包括以下 3 种形式。

（1）购买外国公司的股票或其他证券。

（2）购买外国政府债券。

（3）发放贷款，包括政府贷款、国际金融机构贷款和商业贷款。

国际间接投资是传统的国际投资形式，早在自由资本主义时期就已出现。第二次世界大战后随着直接投资的迅速发展，间接投资在国际资本流动总额中所占比重相对下降，其对世界经济的作用与

 国际贸易概论

影响也相对减弱,但在国际投资中仍占有重要地位。

(三)以投资主体为依据

国际投资以投资主体为依据划分,可分为国际公共投资和国际私人投资。

国际公共投资(International Public Investment)通常是指由一国政府或国际组织用于社会公共利益而作出的投资,这种投资带有一定的国际经济援助的性质。如政府贷款兴建公共设施、修建道路和水利设施等,或由国际金融组织贷款进行上述项目的建设,都属于公共投资范围。

国际私人投资(International Private Investment)一般是指一国的个人或企业以盈利为目的而对东道国经济活动进行的投资。国际私人投资在国际投资活动中占主导地位,对一国的经济发展起着全面而深远的影响,因而对世界经济的发展也起着举足轻重的作用。

【阅读资料】

黄土高原水土保持世界银行贷款

黄土高原水土保持世界银行贷款项目是我国利用外资进行黄土高原水土流失治理的第一个大型项目。在国家发展改革委、财政部、水利部的组织协调下,黄委会与陕西、山西、甘肃、内蒙古4省(自治区)自1990年9月开始,经过三年的项目前期准备,编制完成了《项目建议书》和《项目可行性研究报告》等文件。1993年11月15日通过世界银行的评估,1994年4月15日在华盛顿与世界银行达成谈判纪要并草签了信贷协定和项目协议,随后得到世界银行董事会批准,6月7日我国政府与世行正式签署贷款协议,1994年10月3日项目正式生效实施。一期项目区涉及陕西、山西、甘肃、内蒙古4省(自治区)的7个地(盟、市)、22个县(旗)的9条流域(片),总面积15600平方公里,其中水土流失面积13992平方公里,占总面积的90%;项目实施期8年,利用世界银行贷款1.5亿美元,加上国内配套资金,总投资为20.74亿元;项目实施后,项目区计划新增治理面积4843平方公里,主要建设内容包括土地开发、植被建设、苗圃、水保工程及支持服务。

(资料来源:雷震宇,等.利用世行贷款,推动黄土高原水土保持工作.中国水土保持,1998)

第二节 国际直接投资的主要形式与发展趋势

一、国际直接投资的主要形式

（一）合办合资企业

合资企业是由两个或两个以上的、本来相互独立的企业共同拥有的企业。与投资所在国合办合资企业一直是打入国外市场的主要方法。最典型的合资企业是一半对一半的企业，各自向合资企业派出管理队伍，实现共同经营。也有些合资方取得多数股权，从而对合资企业有较强的控制权。

（二）开办独资子公司

所谓独资子公司（Wholly-Owned Subsidiary），是指一国投资者按照东道国法律，经政府批准，在其境内单独投资、独立经营、自负盈亏的一种国际直接投资方式。独资子公司具有独立法人资格。在国外市场上开办独资子公司有两种方法：一是在当地创建新的公司；二是收购现有企业，并利用收购企业来促进在当地的产品销售。

开办独资子公司，投资企业占有100%的股权。

（三）收买外国公司的股权

按照美国商务部的定义，拥有10%以上的股权即可视为直接投资。而根据国际货币基金组织（International Monetary Fund，IMF）定义，"一个紧密集合的集体，在所投资的企业内拥有25%或更多的投票权，可以视作控制所有权的合理标准。"

（四）BOT投资

BOT（Build-Operate-Transfer）投资即"建设—经营—移交"，指东道国政府或政府授权的公司与外资项目公司签约，由外资项目公司筹资建设基础设施项目，外资项目公司在协议期内拥有、运营和维护这项设施，并通过收取使用费、服务费，回收投资并获利。协议期满，该设施所有权无偿移交给东道国政府或政府授权的公司的投资方式。政府或政府授权的公司在此期间保留对该项目的监督调控权。BOT模式适用于现在不能盈利而未来却有较好或一定盈利潜力的项目。这是一种新兴的直接投资方式，1984年在土耳其首次出现。

二、国际直接投资发展趋势与特点

国际直接投资是第二次世界大战后迅速增长和发展起来的，也是国际分工不断深化、国际分工技术水平不断提升和国际分工政策环境不断改善的产物。进入21世纪，随着经济全球化和区域经济一体化趋势的加快，国际直接投资持续增长。近年来，受世界经济增速放缓、全球经济格局变化、新一轮科技革命兴起、投资保护主义抬头、新型冠状病毒肺炎疫情反复等多种因素的影响，国际直接投资呈现新的趋势。

1. 新型冠状病毒肺炎疫情让处于低迷的全球国际直接投资雪上加霜

新冠肺炎疫情在全球的蔓延对世界经济形成重大冲击，对外商直接投资也产生显著影响。2020年，全球国际直接投资流入量暴跌35%，仅为9990亿美元，低于国际金融危机后的谷底水平。未来几年，随着各国疫情防控常态化，世界经济形势将逐步好转，全球国际直接投资或将从新型冠状病毒肺炎疫情的阴影下逐渐复苏。不过，疫情完全结束的时间和经济复苏程度仍然存在不确定性，加上投资保护主义和地缘政治风险的影响，全球国际直接投资反弹的程度和速度也面临不确定性。

2. 全球经济增速放缓，投资回报率趋于下降

受人口增长放慢、老龄化加速和环境保护等多方面因素的约束，全球经济将进入低速增长期。根据国务院发展研究中心课题组的预测，2020—2035年，全球经济平均增速为2.6%，发达国家和发展中国家的平均增速分别为1.7%和4.9%。如果全球经济维持低速增长，国际直接投资回报率将难以大幅上升。

3. 新一轮科技革命正在兴起，国际直接投资趋于轻资产化

以数字技术和人工智能为代表的新一轮科技革命呈加速趋势，全球价值链的长度和分布将发生深刻变革。例如，工业机器人将进一步替代劳动力，降低制造业的劳动力需求，进而导致以寻求低成本劳动力为目的的国际直接投资显著下降；再如，供应链数字化可减少跨国公司和消费者之间的中间环节，缩短全球价值链的长度。国际生产将朝着价值链更短、附加值更集中的方向发展，全球国际直接投资将朝着轻资产（Asset-light）化的方向发展。

4. 新兴经济体对全球跨境直接投资的吸引力明显增强

与国际金融危机前的 2007 年相比，2021 年美国、欧元区、英国的外商直接投资降幅均超过 50%，而中国、印度尼西亚、越南等国增长幅度均超过 50%。2020 年，我国的国际直接投资流入量和流出量分别为 1490 亿美元、1330 亿美元，分别位列世界第二位、第一位。近 15 年来，全球经济总体发展相对同步，但是新兴经济体的增长速度显著高于发达经济体，商业机遇也显著多于成熟经济体，这是新兴经济体的全球跨境直接投资金额显著增长的主因。而我国具有较为完备的重大科技基础设施、发展潜力巨大的市场，中国政府高度重视吸引外资的政策环境，叠加经济基本面长期向好，自然吸引了大批境外投资机构来中国投资。正如党的二十大报告所指出的，推进高水平对外开放，依托我国超大规模市场优势，以国内大循环吸引全球资源要素，增强国内国际两个市场两种资源联动效应，提升贸易投资合作质量和水平。

5. 亚洲的份额有望进一步提高

全球国际直接投资的地域分布非常不均衡，主要集中于欧洲、北美、东亚和东南亚。2008 年以前，全球国际直接投资主要集中于欧洲和北美。2001—2007 年，欧洲和北美的流入量占比平均值分别为 47% 和 18%，流出量占比平均值分别为 59% 和 24%。国际金融危机以来，欧洲的比重大幅下降、北美的比重相对稳定、东亚和东南亚的比重快速上升。2008—2019 年，欧洲、北美、东亚和东南亚的流入量占比平均值分别为 33%、19%、23%，流出量占比平均值分别为 40%、22%、31%；其他区域流入量和流出量的占比平均值分别为 25%、7%。基于欧洲和北美大多数为发达国家，而东亚和东南亚则基本为发展中国家，因而这一变化也反映出发展中国家的比重在上升。2020 年，全球国际直接投资流入量和流出量中，欧洲占比分别为 7% 和 10%，北美占比分别为 18% 和 19%，东亚和东南亚占比分别为 43% 和 46%，其他区域占比分别为 32% 和 25%。

6. 产业结构将进一步向服务业倾斜

从全球国际直接投资流入的产业结构来看，服务业占据主导地位（图 5-1）。2012 年以来，服务业占比为 48%~56%，制造业占比为 41%~48%，初级产业占比大幅下降后已经不足 10%。2020 年，服务业占比 52%，制造业占比 45%，初级产业占比 3%。这从另一个侧面反映了全球国际直接投资的地域分布。非洲、西亚和中亚、拉丁美洲等地区具有充裕的自然资源，吸引的国际直接投资主要流向初级产业。东亚、东南亚和南亚劳动力资源丰富、市场规模广阔，吸引了大量低端制造业投资和服务业投资。流向欧洲和北美的国际直接投资则主要集中于技术密集型的制造业和服务业。

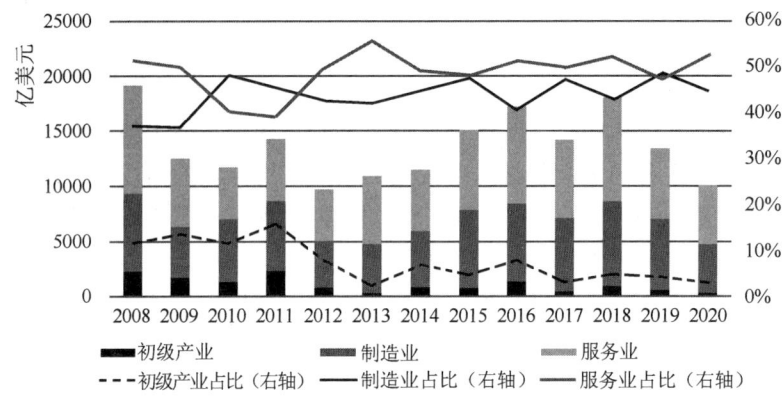

图 5-1　2008—2020 年全球国际直接投资的产业结构图
（数据来源：UNCTAD）

7. 投资保护主义有所抬头

2016 年以后，出于国家安全的考虑，很多国家对外资进入特定产业部门的限制和审查有所增加，限制/监管政策占比显著上升，这些限制和审查主要涉及国防工业、关键性基础设施、战略性行业等产业部门。在低迷的经济背景下，不少国家政府视就业为优先事项，对跨国并购导致的资本外流和可能带来的就业风险倍加防范。一些国家对正常的国际资本流动采取限制性措施，对国际直接投资采取针对性极强的歧视性限制。这些歧视性限制措施不单单体现在政策法律层面，也广泛体现在经济、社会、文化等多个层面。全球投资协定正由多边框架向区域和双边框架转变。

8. 跨国并购交易复苏，成为国际直接投资增长的主要驱动因素

跨国并购是国内企业并购的延伸，是企业间跨越国界的并购活动。

跨国并购（Cross-Border Merger and Acquisitions）是跨国兼并和跨国收购的总称，是指一国企业（又称并购企业）为了达到某种目标，通过一定的渠道和支付手段，将另一国企业（又称被并购企业）的所有资产或足以行使运营活动的股份收买下来，从而对另一国企业的经营管理实施实际的或完全的控制行为。

跨国并购作为国际直接投资的重要组成部分，刺激了国际

直接投资的增长,成为国际直接投资增长的主要驱动因素。如2006年上半年,发达国家完成的跨国并购交易金额达到4350亿美元,与2005年相比同比增加了48%,发展中国家的增速虽然相对低一些,但也达到了15%。

第三节 区域经济一体化

一、区域经济一体化的概念

目前在理论界,对区域经济一体化(Regional Economic Integration)的内涵争论较多,并且对概念的运用也不一致。

区域经济一体化中"区域"的概念可以理解为:一个能够进行多边经济合作的地理范围,这一范围往往大于一个主权国家的地理范围。根据经济地理的观点,世界可以分为许多地带,并由各个具有不同经济特色的地区组成。但这些经济地区同国家地区并非总是同一区域。为了调和两种地区之间的关系,主张同一地区同其他地区不同的特殊条件,消除国境造成的经济交往中的障碍,就出现了区域经济一体化的设想。所谓"经济一体化",是指单独的经济整合为较大的经济的一种状态或过程。也有人将经济一体化描述为一种多国经济区域的形成,在这个多国经济区域内,贸易壁垒被削弱或消除,生产要素趋于自由流动。

因此可对区域经济一体化作如下定义:在区域内或区域之间国家或政治实体通过达成经济合作的某种承诺或者组建一定形式的经济合作组织,谋求区域内商品流通或要素流动的自由化及生产分工最优化,并且在此基础上形成产品和要素市场、经济和社会政策或者体制等统一的过程。

区域经济一体化能消除地区之间的经济交流障碍,实现最佳的区际生产分工与合作。区域经济一体化最终能实现整个区域在经济和社会等各个方面的融合。区域经济一体化的实质在于降低交易成本,促进产品、要素等自由流动,实现资源的优化配置。

区域经济一体化的主要特点可以归纳为以下几点。

(1)具有地区性和集团性。

(2)有超国家的共同机构和调节措施。

(3)参加一体化的成员国局部主权有一定程度的让渡。

（4）政治色彩浓厚。

从 20 世纪 90 年代至今，区域经济一体化组织如雨后春笋般地在全球涌现，形成了一股强劲的新浪潮。这一经济一体化浪潮不仅反映了经济全球化深入发展的新特点，而且反映了世界多极化曲折发展的新趋势。

二、区域经济一体化的主要形式

区域经济一体化联合体以一定的组织形式存在着。经济一体化的组织形式根据不同标准可分为不同类别。美国著名经济学家巴拉萨（B. Balassa）把经济一体化的进程分为以下 4 个阶段。

（1）贸易一体化，即取消对商品流动的限制。
（2）要素一体化，即实行生产要素的自由流动。
（3）政策一体化，即在集团内达到国家经济政策的协调一致。
（4）完全一体化，即所有政策的全面统一。

与这 4 个阶段相对应，区域经济一体化组织形式可以根据市场融合的程度，分为以下 6 种形式。

（一）优惠贸易安排

目前也有一些学者不把优惠贸易安排列入区域经济一体化的组织形式之中。

优惠贸易安排（Preferential Trade Arrangement）也叫作特惠关税区，是指在实行优惠贸易安排的成员国间，通过协议或其他形式，对全部商品或部分商品规定特别的优惠关税。优惠贸易安排是经济一体化较低级和松散的一种形式。1932 年英国与其成员国建立的大英帝国特惠制，第二次世界大战后建立的"东南亚国家联盟""非洲木材组织"都属于此类。

【阅读资料】

东南亚国家联盟

东南亚国家联盟（Association of Southeast Asian Nations，ASEAN），简称东盟。前身是马来西亚、菲律宾和泰国于 1961 年 7 月 31 日在曼谷成立的东南亚联盟。1967 年 8 月 7—8 日，印度尼西亚、泰国、新加坡、菲律宾四国外长和马来西亚副总理在曼谷举行会议，发表了《曼谷宣言》，正式宣告东南亚国家联盟成立。目前成员国有 10 个（截至 2019 年年底）：文莱（1984 年）、柬埔寨（1999 年）、印度尼西亚、老挝（1997 年）、马来西亚、缅甸（1997 年）、菲律宾、新加坡、泰国、越南（1995 年）。

（二）自由贸易区

自由贸易区（Free Trade Area）是指签订有自由贸易协定的国家组成一个贸易区，在区内各成员国之间废除关税和其他贸易壁垒，实现区内商品的完全自由流动，但每个成员国仍保留对非成员国的原有壁垒。自由贸易区是一种松散的一体化，是区域经济一体化的初级形式。1960 年成立的欧洲自由贸易联盟和 1993 年成立的北美自由贸易区就是这样的组织。

（三）关税同盟

关税同盟（Customs Union）是指成员国之间完全取消关税或其他壁垒，同时协调其相互之间的贸易政策，建立对外的统一关税，即成员国之间规定对来自非成员国的进口商品采取统一的限制政策，关税同盟外的商品不论进入哪个同盟内的成员国都将被征收相同的关税。如早期的"欧洲经济共同体"和"东非共同体"。关税同盟使成员国在商品贸易方面彻底形成了一体化。关税同盟开始具有超国家性质，是实现全面经济一体化的基础。

【阅读资料】

欧洲共同体

欧洲共同体（European Community）旧称欧洲经济共同体，别名欧洲共同市场。欧洲国家为促进欧洲经济联合而建立的经济组织。欧洲经济共同体是在第二次世界大战后建立的，其宗旨是促进法国和德国之间的持久和解，发展各成员国的经济，使之形成一个大的共同市场，试图建立西欧国家的政治联盟，缓和它们彼此间发动战争的恐惧心理。自 20 世纪 50 年代起欧洲共同体所奉行的自由贸易政策在促进西欧贸易和经济繁荣方面取得很大的成功。共同体最初的成员国有法国、比利时、卢森堡、荷兰、意大利和西德。英国、丹麦和爱尔兰于 1973 年加入，希腊于 1981 年加入，葡萄牙和西班牙于 1986 年加入。以前的民主德国作为统一的德国的一部分于 1990 年被接纳加入。1995 年奥地利、芬兰和瑞典参加了欧洲联盟，于是也加入了欧洲共同体。

欧洲共同体成立于 1967 年 7 月 1 日，它是合并欧洲经济共同体、欧洲煤钢共同体和欧洲原子能共同体而组成的。以前这 3 个单独的组织各设自己的委员会（欧洲煤钢共同体的委员会称作"最高当局"）和自己的理事会。合并后设有单一的"欧洲共同体委员会"和单一的"欧洲共同体部长理事会"。其他行政、立法和司法机构也在欧洲共同体的名义下进行了合并。

欧洲共同体是建立欧洲联盟的基础。

（四）共同市场

共同市场（Common Market）是指成员国之间不仅在商品贸易方面废除了关税或其他壁垒，并对非成员国商品进口征收共同关税，另外还规定了技术、资本、劳动力等生产要素也可在成员国间自由流动。如欧洲共同体在1992年年底建成的欧洲统一市场。其主要内容就是实现商品、人员、劳务、资本在成员国之间的自由流动。

（五）经济联盟

经济联盟（Economic Union）是指成员国之间除了商品与生产要素可以进行自由流动及建立共同对外关税之外，还要求成员国实施更多的统一的经济政策和社会政策，逐步废除政策方面的差异，形成一个庞大的经济实体，如欧洲联盟就属于此类经济一体化组织。

完全经济一体化是欧洲联盟的终极目标。

（六）完全经济一体化

完全经济一体化（Complete Economic Integration）是经济一体化的最高阶段，具备完全的经济国家地位。成员国在经济、金融、财政等政策上完全统一，在国家经济决策中采取同一立场，区域内商品、资本、人员等完全自由流动，使用共同货币。目前欧洲联盟正在向此形式迈进。

区域经济一体化是关于成员间贸易壁垒的撤除和各种合作互助关系的建立。贸易壁垒的撤除被称为一体化中"消极"的一面，合作关系的建立则被称为"积极"的一面，因为合作的建立往往要求参加者改变现有的制度或机构，或建立新的制度和机构以使一体化地区的市场能适当而有效率地运转。在一体化的各种形式中，较初级的形式，如自由贸易区等主要是消极的一面，而较高级的形式，如经济联盟等则更充分地体现了积极的一面。对区域经济一体化的形式的划分只能是大体上的，实际上每个组织都不可能是标准的某种形式。

下面用表5-1来比较区域经济一体化各种形式的不同特征。

第五章　国际投资与国际贸易

表 5-1　区域经济一体化主要形式不同特征比较

项目	减少彼此间的贸易壁垒	取消彼此间的贸易壁垒	共同的对外关税	生产要素的自由流动	经济政策的协调	完全统一的经济政策
优惠贸易安排	有					
自由贸易区	有	有				
关税同盟	有	有	有			
共同市场	有	有	有	有		
经济同盟	有	有	有	有	有	
完全经济一体化	有	有	有	有	有	有

三、当代主要区域经济一体化组织

（一）欧洲联盟

欧洲联盟（European Union，EU）简称欧盟，是一个集政治实体和经济实体于一身、经济一体化程度最高的一个区域性集团。总部设在比利时首都布鲁塞尔，是由欧洲共同体（European Community，又称欧洲共同市场）发展而来。

1950 年 5 月 9 日，当时的法国外长罗贝尔·舒曼代表法国政府提出建立欧洲煤钢联营，这个倡议得到了法国、联邦德国、意大利、荷兰、比利时、卢森堡 6 国的响应。1951 年 4 月 18 日，法、德、意、荷、比和卢在巴黎签订了建立欧洲煤钢共同体条约（又称《巴黎条约》）。1952 年 7 月 25 日，欧洲煤钢共同体正式成立。1957 年 3 月 25 日，这 6 个国家在罗马签订了建立欧洲经济共同体条约和欧洲原子能共同体条约，统称《罗马条约》。1958 年 1 月 1 日，欧洲经济共同体和欧洲原子能共同体正式组建。1965 年 4 月 8 日，6 国签订的《布鲁塞尔条约》决定将 3 个共同体的机构合并，统称欧洲共同体。但 3 个组织仍各自存在，具有独立的法人资格。《布鲁塞尔条约》于 1967 年 7 月 1 日生效，欧洲共同体正式成立。

1991 年 12 月，欧洲共同体马斯特里赫特首脑会议通过《欧洲联盟条约》，通称《马斯特里赫特条约》（简称《马约》）。1993 年 11 月 1 日，《马约》正式生效，欧盟正式诞生。1995 年，奥地利、瑞典和芬兰加入，使欧盟成员国扩大到 15 个。

2002 年 11 月 18 日，欧盟 15 国外长会议决定邀请塞浦路斯、匈牙利、捷克、爱沙尼亚、拉脱维亚、立陶宛、马耳他、波兰、斯洛伐克和斯洛文尼亚10个中东欧国家入盟。2003年4月16日，在希腊首都雅典举行的欧盟首脑会议上，上述10国正式签署入盟协议。2004年5月1日，这10个国家正式成为欧盟的成员国。这是欧盟历史上的第五次扩大，也是规模最大的一次扩大。2007年1月，罗马尼亚和保加利亚两国加入欧盟，欧盟经历了6次扩大，成为一个涵盖27个国家总人口超过4.8亿的当今世界上经济实力最强、一体化程度最高的国家联合体。

2003年7月，欧盟制宪筹备委员会全体会议就欧盟的盟旗、盟歌、铭言与庆典日等问题达成了一致。

至2009年1月止，欧盟共有27个成员国：英国、法国、德国、意大利、荷兰、比利时、卢森堡、丹麦、爱尔兰、希腊、葡萄牙、西班牙、奥地利、瑞典、芬兰、马耳他、塞浦路斯、波兰、匈牙利、捷克、斯洛伐克、斯洛文尼亚、爱沙尼亚、拉脱维亚、立陶宛、罗马尼亚、保加利亚。2013年1月零时整，克罗地亚正式加入欧盟，成为第28个欧盟成员国。2020年1月，英国正式脱离欧盟。

欧元1999年1月1日起在奥地利、比利时、法国、德国、芬兰、荷兰、卢森堡、爱尔兰、意大利、葡萄牙和西班牙11个国家开始正式使用，并于2002年1月1日取代上述11国的货币。

欧盟的宗旨是"通过建立无内部边界的空间，加强经济、社会的协调发展和建立最终实行统一货币的经济货币联盟，促进成员国经济和社会的均衡发展"，"通过实行共同外交和安全政策，在国际舞台上弘扬联盟的个性"。

（二）北美自由贸易区

北美自由贸易区（North American Free Trade Area，NAFTA）是世界上第一个由发达国家和发展中国家组成的经济集团，由美国、加拿大和墨西哥三国组成。三国于1992年8月12日就《北美自由贸易协定》达成一致意见，并于同年12月17日由三国领导人分别在各自国家正式签署。1994年1月1日，协定正式生效，北美自由贸易区宣布成立。协定的宗旨是：取消贸易壁垒；创造公平的条件，增加投资机会；保护知识产权；建立执行协定和解决贸易争端的有效机制，促进三边和多边合作。

北美自由贸易区是典型的南北双方为共同发展与繁荣而组建的区域经济一体化组织，南北合作和大国主导是其最显著的特征。十多年来，北美自由贸易区取得的成果主要有：促进了地区贸易增长和增加了直接投资（FDI）、发达国家保持经济强势地位、发展中国家受益明显、合作范围不断扩大等。

（三）亚太经济合作组织

亚太经济合作组织（Asia-Pacific Economic Cooperation，APEC）简称亚太经合组织，是亚太地区最具影响的经济合作官方论坛，也是亚太地区最高级别的政府间经济合作机制，成立于1989年。1989年11月，澳大利亚、美国、加拿大、日本、韩国、新西兰和东南亚国家联盟6国在澳大利亚首都堪培拉举行亚太经济合作会议首届部长级会议，这标志着亚太经济合作会议的成立。1993年6月改名为亚太经济合作组织。

1991年11月，亚太经合组织第三届部长级会议在韩国首都汉城（现称首尔）举行，会议通过《汉城宣言》，正式确立了这一组织的宗旨和目标，即"为本地区人民的共同利益保持经济的增长与发展；促进成员间经济的相互依存；加强开放的多边贸易体制；减少区域贸易和投资壁垒"。

1991年11月，中国以主权国家身份，中国台北和中国香港以地区经济体名义正式加入亚太经合组织。截至2009年11月，亚太经合组织共有21个成员：澳大利亚、文莱、加拿大、智利、中国、印度尼西亚、日本、韩国、马来西亚、墨西哥、新西兰、巴布亚新几内亚、秘鲁、菲律宾、俄罗斯、新加坡、泰国、美国、越南以及中国香港、中国台湾。其中，澳大利亚、文莱、加拿大、印度尼西亚、日本、韩国、马来西亚、新西兰、菲律宾、新加坡、泰国、美国等12个成员是于1989年11月亚太经合组织成立时加入的；1993年11月，墨西哥、巴布亚新几内亚加入；1994年智利加入；1998年11月，秘鲁、俄罗斯、越南加入。东盟秘书处、太平洋经济合作理事会和太平洋岛国论坛为该组织观察员，可参加亚太经合组织部长级及其以下各层次的会议和活动。亚太经合组织接纳新成员需全部成员的协商一致。1997年温哥华领导人会议宣布亚太经合组织进入十年巩固期，暂不接纳新成员。

亚太经合组织采取自主自愿、协商一致的合作原则，所作决定必须经各成员一致同意认可。亚太经合组织的组织机构包括领导人非正式会议、部长级会议、高官会、委员会和专题工作组等。其中，领导人非正式会议是亚太经合组织最高级别的会议。

亚太经合组织自成立以来，亚太经合组织在推动区域和全球范

围的贸易投资自由化和便利化、开展经济技术合作方面不断取得进展，为加强区域经济合作、促进亚太地区经济发展和共同繁荣作出了突出贡献。

四、区域经济一体化理论

经济一体化理论集中于研究国际贸易变化所带来的福利效应，探讨贸易一体化所带来的经济后果。其中，关税同盟理论一直在经济一体化理论中居于主导地位，它主要分析由于对内取消关税和对外统一关税所引起的各种经济效应。

（一）关税同盟理论

关税同盟理论的创始人是美国经济学家雅各布·维纳（Jacob Viner）。1950年，维纳在其代表作《关税同盟理论》中系统地提出了关税同盟理论。传统理论认为，关税同盟一定可以增加成员国的福利。维纳指出这并不总是正确的，他将定量分析用于对关税同盟的经济效应的研究，提出了关税同盟的贸易创造效应和贸易转移效应，从而为区域经济一体化静态效应的后继研究奠定了基础。维纳之后，很多经济学家对关税同盟理论进行补充完善，使之成为一种较为成熟的经济理论。如从米德（Meade）开始，先后有维那克（Vanek）、利普赛（Lipsey）、科登（Corden）和瑞泽曼（Riezman）等提出"3×3"（3个国家，3种商品）模型，并由麦克米兰（Mcmillan）、麦克兰（Mclann）和劳埃德（Lloyd）加以总结归纳，这些学者分别提出了在"3×3"情况下可能出现的各种贸易模式，并对这些贸易模式中关税同盟的福利效应加以分析。关税同盟理论经过许多经济学家的补充，日益成为一种较为成熟的经济理论。

关税同盟的特征不仅在同盟内成员国之间相互取消关税，而且各成员国对非成员国实行的统一关税。它的理论的核心在于揭示关税同盟对成员国和非成员国带来的不同经济影响。

关税同盟的经济影响，通常被分为静态效应和动态效应两个方面。

1. 关税同盟的静态效应（Static Effects）

从静态角度看，关税同盟最突出的是其生产效应。关税同盟的建立一方面引起了成员国之间贸易创造的增加；另一方面引起了成员国与非成员国之间的贸易转向，从而产生了贸易创造效应和贸易转移效应。

所谓"贸易创造"(Trade Creation),是指由于关税同盟的建立,带来了他们相互之间贸易规模的扩大,从而提高了成员国的福利。例如,假设有三个国家,即甲国、乙国和丙国,在甲国和乙国组成关税同盟之前,甲国从卖价较低的丙国进口 A 商品,而不从乙国进口。现在甲国和乙国组建了关税同盟,由于乙国的 A 商品再出口到甲国去不向甲国缴进口关税,而丙国没有加入关税同盟,要缴关税,所以,乙国 A 商品在甲国市场上的卖价就要低于丙国,因而甲、乙两个成员国之间的贸易规模扩大了。与此同时,甲国的居民享受了较低价格进口商品所带来的好处即"福利"。

贸易创造效应(Trade Creation Effect)就是指关税同盟建立后,在比较优势基础上能使生产更加专门化,每一成员国由原来生产并消费本国的高成本、高价格产品,转向购买其他成员国的低成本、低价格产品,从而使消费者可以节省开支,提高福利水平;提高生产效率,降低生产成本。从一国看,以扩大的贸易取代了本国低效率生产;从同盟整体看,生产从高成本的地方转向低成本的地方,同盟内部的生产要素可以重新配置,可以提高资源的利用效率。

以图 5-2 来说明贸易创造效应。假设有 A、B、C 3 个国家,都生产某一相同产品,但三国的生产成本各不相同,现以 A 国为讨论对象。在图 5-2 中,纵轴 P 表示价格;横轴 Q 表示数量;S_A 和 D_A 分别表示 A 国国内的供应曲线和需求曲线。P_T 表示 A 国的价格;P_B 表示 A 国进口 B 国产品的价格;P_C 表示 A 国进口 C 国产品的价格;A 国与 B 国组成关税同盟前,A 国从 C 国进口商品,进口价格是 P_C,加上关税 $P_C P_T$,因而 A 国的国内价格是 P_T。A 国在 P_T 价格条件下,国内生产供应量为 S_0,国内需求量为 D_0,供需缺口为 $S_0 D_0$。A 国通过向 C 国进口 $S_0 D_0$ 数量的商品来达到国内的供求平衡。现在,A 国与 B 国组成关税同盟,两国间取消关税,实行自由贸易,并实施共同的对外关税。虽然 C 国的成本和价格比 B 国低,但是,如果共同对外关税能达到这样一种效果,即从 C 国进口的加上共同对外关税后的实际价格比从 B 国进口的价格高,显然,A 国的贸易商就会从 B 国进口商品,而不会从 C 国进口。A、B 两国组成关税同盟后,由于 A 国从 B 国进口的价格 P_B 比建立关税同盟前的进口价格 P_T 要低,导致国内价格下降至 P_B 水平。在 P_B 价格水平上,A 国国内生产供应量缩减至 S_1,国内需求增加至 D_1,A 国进口 $S_1 D_1$ 量的商品来满足国内需求。把 A 国参加关税同盟前的进口量与参加同盟后的进口量相比,我们可以看到 A 国增加进口量 $S_1 S_0$ 和 $D_0 D_1$。这部分增加的进口量就是贸易创造效应。

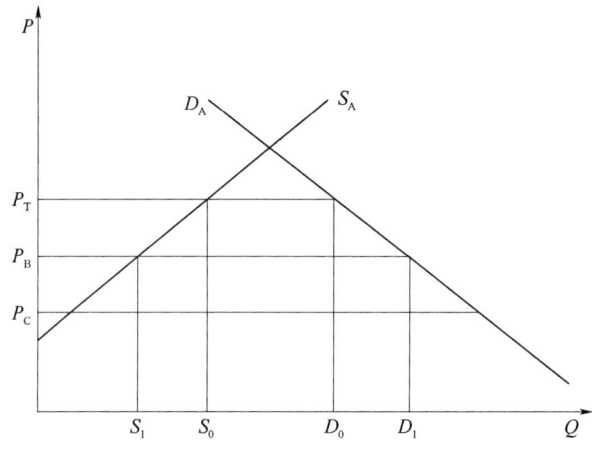

图 5-2　关税同盟的贸易创造效应

贸易转移效应（Trade Diversion Effect）是指由于关税同盟的建立，成员国之间的相互贸易代替了成员国与非成员国之间的贸易，从而造成贸易方向的转移。例如，假设有三个国家，即甲国、乙国和丙国，甲国与乙国组成关税同盟后，甲国就不再从丙国进口，而转向从乙国进口。商品原由甲国从丙国进口，关税同盟后改为甲国从乙国进口，这就是贸易转向效应。

贸易转向效应通常被视为一种负效应。因为，甲国从丙国进口的商品生产成本低于甲国从乙国进口的商品生产成本，贸易转向导致低成本的商品生产不得不放弃，而高成本的商品生产得以扩大。从世界范围来看，这种生产转换降低了资源配置效率。

总的来说，关税同盟的建立一方面引起了成员国之间贸易创造的增加；另一方面引起了成员国与非成员国之间的贸易转向。其最终福利取决于两者权衡的结果。

2. 关税同盟的动态效应

关税同盟除了上面所讨论的静态效应外，还会产生一些重要的动态效应（Dynamic Effects）。从动态角度看，关税同盟有利于形成推动成员国国民经济发展的规模经济效应、竞争促进效应、刺激投资效应和资源配置效应等。有时，这种动态效应比其静态效应更为重要，对成员国的经济增长有重要的影响。因此，获得关税同盟的动态利益，是成立关税同盟的重要原因。

（1）规模经济效应。规模经济效应是指关税同盟建立后由于成

> 研究表明，关税同盟的动态利益大约是其静态利益的 5～6 倍。

员国生产规模的扩大所产生的收益增加效应。组成关税同盟之后,在排斥第三国产品的同时,为成员国之间产品的相互出口创造了良好的条件。所有成员国的国内市场组成一个统一的区域性市场,这种市场范围的扩大促进了企业生产的发展,使生产者可以不断扩大生产规模,降低成本,享受到规模经济的利益,并且可进一步增强同盟内的企业对外,特别是对非成员国同类企业的竞争能力。因此关税同盟所创造的大市场效应引发了企业规模经济的实现。

(2)竞争促进效应。竞争促进效应是指关税同盟成员国之间取消关税后,迫使企业参与竞争而产生的效果。组成关税同盟之后,由于各国市场的相互开放,消除了成员国之间的贸易与投资壁垒,原有的一国范围内的垄断随之被打破,成员国之间企业自由竞争,从而能够更有效地配置资源,专业化程度加深,各企业不断降低生产成本,从而在同盟内营造一种浓烈的竞争气氛,提高经济效益,促进技术进步。

(3)投资刺激效应。投资刺激效应是指关税同盟的建立引起投资增长而产生的效应。关税同盟的建立意味着对来自非成员产品的排斥,同盟外的国家为了抵消这种不利影响,可能会将生产点转移到关税同盟内的一些国家,在当地直接生产并销售,以便绕过统一的关税和非关税壁垒。这样客观上便产生了一种伴随生产转移而生的资本流入,吸引了大量的外国直接投资。

(4)资源配置效应。资源配置效应是指关税同盟的建立引起资源在区域内部市场重新配置所产生的效应。成员国之间商品和要素壁垒的拆除,会引起资源在区域内部市场的重新配置,总体上能够提高资源配置和使用效率。虽然不同的研究所侧重的影响因素不尽完全相同,但总体来说,在假定其他条件不变时,当成员国经济竞争性越高,一体化组织成立前成员国实际生产成本差异越大;一体化组织的区域越大,成员国经济地理距离越近;一体化组织成立前相互关税税率越高,成员国之间相互交往越紧密,则区域经济一体化越有利于资源配置效率的提高。

(二)大市场理论

大市场理论(Theory of Big Market)是分析共同市场成立与效益的理论,它从动态角度来分析区域经济一体化所取得的经济效应。所谓"大市场"就是把那些被保护主义分割的小市场统一起来,结合而成的市场。当经济一体化演进到共同市场之后,区内不仅实现了贸易自由化，其要素可以在区内自由流动，从而形成一种超越国界的大市场。大市场的建立，一方面使生产在共同市场的范围内沿着生产可能线重新组合，从而提高了资源的配置效应；另一方面，区内生产量和贸易量的扩大使生产可能线向外扩张，促进了区内生产的增长和发展。

大市场理论的核心思想有两点：一是建立大市场可以获得规模经济，从而实现经济利益；二是市场扩大会使竞争激化，进而促成规模经济利益的实现。

大市场理论的代表人物是美国经济学家西托夫斯基（T. Scitovsky）和德纽（J. F. Deniau）。

德纽对大市场带来的规模化生产进行了描述，最终得出结论："这样一来，经济就会开始其滚雪球式的扩张。消费的扩大引起投资的增加，增加的投资又导致价格下降，工资提高，购买力的提高……只有市场规模迅速扩大，才能促进和刺激经济扩张。"

西托夫斯基在分析西欧国家高利润率的问题时，认为只有共同市场和贸易自由化条件下的激烈竞争才能够打破西欧国高利润率、高价格、狭窄的市场和低资本周转率的恶性循环。通过组建共同市场，竞争加剧，而且技术革新的速度加快，使企业转向大批量生产，从而获得规模经济的效益。另外，共同市场建立后，内部市场趋于统一，生产要素趋于自由流动。资本、劳动力等生产要素从边际生产力低的地区流向边际生产力高的地区，使生产要素配置更加合理，要素闲置的可能性降低了。除此之外，还促进了区域内新技术、新观念、新的管理方式的传递，减少成员国之间的歧视性政策和措施。

大市场理论的主要内容可以归纳为以下3点。

（1）通过建立共同市场，使国内市场向统一的大市场延伸。市场的扩大使得市场上的竞争更加激烈，而市场的优胜劣汰必将促进企业之间的分化，一些经营不善的小企业被淘汰，一些具有技术优势的企业则最终在竞争中获胜并且扩大了经营的规模，实现了规模经济和专业化生产。

（2）企业生产规模的扩大以及激烈的市场竞争必将降低商品生产的成本和销售价格，而价格的下降会导致市场购买力的扩大和居民实际生活水平的提高。

（3）市场购买力的扩大和居民实际生活水平的提高反过来又会进一步促进投资的增加和规模的扩大，最终会使经济开始滚雪球式的扩张。因而得出结论,大市场的形成会促进和刺激经济的良性循环,带动经济蓬勃发展。

大市场理论为经济一体化提供了有力的理论基础,但仍然存在一定的局限性,主要体现在以下几个方面。

(1)大市场理论无法解释国内市场存量相当大的国家也在同其他国家实行国际经济区域一体化。

(2)根据大市场理论,建立共同市场是为了克服企业家的保守态度,但从国内经济政策入手,克服国内的行业垄断弊端,不一定建立共同市场,照样可使市场更具竞争力。

(3)将竞争激化的规模经济作为共同市场产生的依据也有些勉强。

(三)综合发展战略理论

综合发展战略理论是研究发展中国家经济一体化的理论,代表人物是鲍里斯·塞泽尔基。鲍里斯·塞泽尔基在其著作《南南合作的挑战》中系统地提出了综合发展战略理论。

综合发展战略理论认为:经济一体化是发展中国家的一种发展战略,要求有强有力的共同机构和政治意志来保护较不发达国家的优势。所以,有效的政府干预对于经济一体化是很重要的,发展中国家的经济一体化是变革世界经济格局、建立国际经济新秩序的要素。

综合发展战略理论的原则如下。

(1)经济一体化是发展中国家的一种发展战略,它不限于市场的统一,也不必在一切情况下都寻求尽可能高的其他一体化形式。

(2)两极分化是伴随一体化出现的一种特征,只能通过强有力的共同机构和政治意志制订系统的政策来避免它。

(3)鉴于私营部门在发展中国家一体化进程中是导致其失败的重要原因之一,故有效的政府干预对于经济一体化的成功至关重要。

(4)发展中国家的经济一体化是集体自力更生的手段和按新秩序逐渐改变世界经济的要素。

综合发展战略理论的特点体现在以下方面。

(1)突破了以往经济一体化理论的研究方法,抛弃了用自由贸易和保护贸易理论来研究发展中国家的经济一体化进程,主张用与发展理论紧密相联系的跨学科的研究方法,把一体化作为发展中国家的发展战略,不限于市场的统一。

(2)充分考虑了发展中国家经济一体化过程中国内外的制约因

素，把一体化当作发展中国家集体自力更生的手段和按新秩序变革世界经济的要素。

（3）在制定经济一体化政策时，主张综合考虑政治、经济因素，强调经济一体化的基础时生产及基础设施领域，必须有有效的政府干预。

本章小结

1．国际投资是指资本从一国或地区转移到另一个国家或地区，以实现资本增值的国际经济活动。

2．如果从不同角度根据不同标准进行划分，国际投资则可以分为多种方式和类型：以投资时间为依据，国际投资可分为长期投资和短期投资两类；以不同的投资方式为依据，国际投资可分为国际直接投资和国际间接投资；国际投资以投资主体为依据划分，可分为国际公共投资和国际私人投资。

3．国际直接投资的形式主要有以下几种：合办合资企业、开办独资子公司、收买外国公司的股权、BOT 投资。

4．国际直接投资发展趋势与特点主要表现在：①发达国家仍是国际直接投资的主要输出国和输入国；②发展中国家所占份额显著提高；③跨国并购交易复苏，成为国际直接投资增长主要驱动因素；④在国际直接投资中，自然资源行业和服务业增长迅速。

5．区域经济一体化的主要形式有：优惠贸易安排、自由贸易区、关税同盟、共同市场、经济联盟、完全经济一体化。

6．当代主要区域经济一体化组织有：欧洲联盟、北美自由贸易区、亚太经济合作组织。

7．关税同盟理论一直在经济一体化理论中居于主导地位，它主要分析由于对内取消关税和对外统一关税所引起的各种经济效应。关税同盟理论的核心在于揭示关税同盟对成员和非成员国带来的不同经济影响。关税同盟的经济影响，通常被分为静态效应和动态效应两个方面。

8．从静态角度看，关税同盟最突出的是其生产效应。关税同盟的建立一方面引起了成员国之间贸易创造的增加，另一方面引起了成员国与非成员国之间的贸易转向，从而产生了贸易创造效应和贸易转移效应。从动态角度看，关税同盟有利于形成推动成员国国民经济发展的规模经济效应、竞争促进效应、刺激投资效应和资源配置效应等。

9．大市场理论是分析共同市场成立与效益的理论，它从动态角度来分析区域经济一体化所取得的经济效应。

10．综合发展战略理论是研究发展中国家经济一体化的理论，鲍里斯·塞泽尔基在其著作《南南合作的挑战》中系统地提出了综合发展战略理论。

练习题

一、填空题

1．以投资时间为依据，国际投资可分为_____和_____两类。

2．以不同的投资方式为依据，国际投资可分为_____和_____两类。

3．国际投资以投资主体为依据划分，可分为_____和_____两类。

4．从一国的角度看，国际直接投资可分为_____和_____两类。

5．_____是经济一体化的最高阶段。

6．_____是一个集政治实体和经济实体于一身、经济一体化程度最高的一个区域性集团。

7．世界上第一个由发达国家和发展中国家组成的经济集团称为_____。

8．亚太地区最具影响的经济合作官方论坛是_____。

9．关税同盟的经济影响，通常被分为_____效应和_____效应两个方面。

10．关税同盟的建立一方面引起了成员国之间贸易创造的增加，另一方面引起了成员国与非成员国之间的贸易转向，从而产生了_____效应和_____效应。

二、单项选择题

1．国际投资最重要的金融支柱是（　　）。
    A．各国政府　　　　B．国际金融机构
    C．跨国公司　　　　D．跨国银行

2．世界上第一个由发达国家和发展中国家组成的经济一体化组织是（　　）。
　　A．欧洲经济共同体　　B．洛美协定
　　C．北美自由贸易区　　D．环太平洋经济合作

3．成员国之间生产要素不能自由流动的经济一体化形式是（　　）。
　　A．关税同盟　　　　　B．共同市场
　　C．经济联盟　　　　　D．完全经济一体化

4．在区域经济一体化形式中，成员国之间完全取消关税与数量限制，建立对非成员国的统一关税，在实现商品自由流动的同时，还实现生产要素的自由转移。这种地区经济一体化的形式叫做（　　）。
　　A．优惠贸易安排　　　B．自由贸易区
　　C．关税同盟　　　　　D．共同市场

5．在区域经济一体化的形式中，成员国在经济、金融、财政等政策上完全统一，在国家经济决策中采取同一立场，区域内商品、资本、人员等完全自由流动，使用共同货币。这种区域经济一体化的形式叫做（　　）。
　　A．自由贸易区　　　　B．关税同盟
　　C．共同市场　　　　　D．完全经济一体化

6．在地区经济一体化的形式中，欧洲联盟处于（　　）。
　　A．自由贸易区　　　　B．关税同盟
　　C．共同市场　　　　　D．经济同盟

7．（　　）是经济一体化较低级和松散的一种形式。
　　A．优惠贸易安排　　　B．共同市场
　　C．关税同盟　　　　　D．完全的经济一体化

8．关税同盟各成员国对非成员国实行（　　）。
　　A．各自独立的对外关税
　　B．共同的统一的对外关税
　　C．共同的统一的对外关税，但农产品除外
　　D．共同的统一的对外关税，但工业品关税除外

9．区域经济一体化最高阶段的组织形式是（　　）。
　　A．关税同盟　　　　　B．共同市场
　　C．完全的经济一体化　D．经济同盟

10．共同市场与完全经济一体化相比，前者未实现（　　）。
　　A．生产要素在成员之间的自由流动

B．货物在成员国之间的流动

C．统一的对外经济社会政策

D．统一的对外关税政策

11．关税同盟的重要特点是（　　）。

　　A．对内自由，对外保护

　　B．对外自由，对内保护

　　C．对内外均自由

　　D．对内外均保护

12．当关税同盟中一个国家的一些国内产品被来自同盟中另一个国家的较低生产成本的进口产品所替代时，就产生了（　　）。

　　A．投资扩大效应　　　　B．规模经济效益

　　C．贸易转移效应　　　　D．贸易创造效应

13．在下列投资方式中，属国际直接投资的是（　　）。

　　A．购买外国政府债券

　　B．购买外国企业债券

　　C．向外国企业提供商业贷款

　　D．在国外开设合资企业

三、多项选择题

1．下面论述中，哪些是发达国家相互投资的原因？（　　）。

　　A．国际区域经济一体化的推动

　　B．发达国家东道国投资环境的吸引

　　C．跨国公司全球战略的影响

　　D．发达国家资本供给减少

　　E．发展中国家资本需求增加

2．在下列区域经济一体化形式中，允许生产要素在成员间自由流动的有（　　）。

　　A．自由贸易区　　　　　B．优惠贸易安排

　　C．关税同盟　　　　　　D．经济同盟

　　E．共同市场

3．下列哪些区域经济一体化形式中，成员国实行的是统一的关税税率（　　）。

　　A．自由贸易区　　　　　B．关税同盟

　　C．共同市场　　　　　　D．经济同盟

　　E．完全经济一体化

4．北美自由贸易区的成员国有（　　）。
　　A．加拿大　　　　　　　B．巴西
　　C．墨西哥　　　　　　　D．智利
　　E．美国
5．关税同盟的特点包括（　　）。
　　A．成员国之间完全取消关税或其他贸易壁垒
　　B．对外征收共同的、统一的关税税率
　　C．允许成员国之间生产要素自由流动
　　D．实施共同的货币政策、财政政策和社会福利政策
　　E．全面经济一体化
6．比经济联盟低的国际经济一体化形式有（　　）。
　　A．优惠贸易安排　　　　B．自由贸易区
　　C．关税同盟　　　　　　D．共同市场
　　E．支付协定

四、判断题

1．国际直接投资发展的重要产物之一才是跨国公司。（　　）
2．关税同盟的建立有助于吸引外部投资。（　　）
3．关税同盟与自由贸易区的共同之处在于建立对外统一关税。（　　）
4．共同市场的特征是生产要素在各成员国之间自由流动。（　　）
5．经济一体化的规律是由低级的组织形式向高级组织形式逐渐演进。（　　）
6．贸易创造效应使得关税同盟国的社会福利水平下降。（　　）
7．北美自由贸易区（NAFTA）和亚太经济合作组织（APEC）都是区域经济一体化组织。（　　）
8．关税同盟的动态效应包括贸易创造和贸易转移。（　　）

五、名词解释

1．国际投资
2．国际直接投资
3．国际间接投资
4．国际公共投资
5．国际私人投资
6．跨国并购

7．区域经济一体化
8．关税同盟
9．贸易创造效应
10．贸易转移效应

六、问答题

1．国际直接投资发展趋势与特点是什么？
2．什么是关税同盟，关税同盟的静态效应是什么？
3．关税同盟的动态效应有哪些？
4．当代主要区域经济一体化组织有哪些？

课堂讨论

区域经济一体化的主要形式有哪些，各有什么不同特征？

第六章 国际服务贸易与国际技术贸易

学习要求

◆ **重点掌握**

国际服务贸易的概念
国际服务贸易的特点
国际服务贸易的提供方式
当代国际服务贸易迅速发展的原因
国际技术贸易的概念
国际技术贸易的特点

◆ **掌握**

服务和服务业的含义
服务的特点
现代服务业的时代特征
国际技术贸易的方式

◆ **了解**

国际服务贸易的分类
国际服务贸易壁垒
国际服务贸易自由化
国际技术贸易合同

第六章 国际服务贸易与国际技术贸易

第一节 国际服务贸易

第二次世界大战以后，随着经济全球化与经济一体化进程的加快，世界经济持续增长，各国服务业得到长足的发展，在出口贸易中所占的比重呈现明显上升的趋势。特别是 20 世纪 70 年代以来，国际服务贸易发展尤为迅速。到 80 年代，国际服务贸易增长速度超过了国际货物贸易增长速度。90 年代，发展国际服务贸易已经成为各国的共识，并且服务业与服务贸易水平已成为衡量一国现代化水平的重要标志。

一、国际服务贸易的概念与分类

（一）服务和服务业

"服务"（Service）一词，在日常生活中经常使用，但服务在不同的行业中，体现不同的含义，不同学者对服务的概念也有不同的理解，但其核心意思相同。这里把服务的概念定义为：为他人所提供的一种非实物形式的特殊劳动产品，具有一定的使用价值或效用。

作为一种非实物形式的劳动产品，服务与其他商品相比有其自身的特殊性，具体来讲，表现为以下一些特点。

（1）非实物性。服务的非实物性也称为无形性，这是服务的最主要特征。非实物性包括两次层含义：一是服务作为一种特殊的商品，存在的形式是非实物的，不能单凭肉眼看见；二是服务是一个过程，需要通过一个提供过程才能感知到服务的存在。

（2）时空的不可分割性。服务的时空不可分割性是指服务的提供与消费在时空上具有高度的一致性，服务提供的同时，必然有服务消费发生，否则就不可能有服务的存在。

（3）不可存储性。有形商品通常情况都可以进行存储，这主要是因为有形商品的生产与消费在时空上可以分离，有形商品在生产出来后必然有一段时间处于存储状态。但服务这一商品则不同，一旦被生产，就必须进行消费，否则就不复存在。

（4）差异性。服务的生产存在着差异性，即提供服务的质量有高低，换句话说，在服务的消费过程中，效用也存在着差异。服务质量的差异性与服务提供的技能水平与消费者的心理感觉有密切关系。

注意：服务业属于但不等于第三产业。

服务业是指专门提供服务产品的行业或部门，是满足社会生产生活需要而存在的。人们通常提到的三大产业，即农业、工业和第三产业，其中，服务业是构成第三产业的重要部门。根据服务满足的对象不同，一般可把服务业分为以下3大类。

（1）生产服务业。生产服务业是从生产的角度出发，满足企业生产经营活动的需求而提供的一种服务，如金融、保险、会计、法律、咨询、通信、物流配送等。

（2）消费服务业。消费服务业是从消费的角度出发，满足个人生活消费需求而提供的服务，如教育、医疗保健、住宿、餐饮、文化娱乐、旅游、房地产、商品零售等，这是涉及面最广的服务业。

（3）公共服务业。公共服务业是指由政府提供的一些公共服务产品，如公共管理服务、基础教育、公共卫生、医疗以及公益性信息服务等。

现代服务业一词至今还没有对应的英译词，有的将之直译成 Modern Service，或 High Density Service。

随着社会经济的发展，现代服务业开始出现。我国现代服务业的提出最早出现在1997年9月党的十五大报告中，在2000年中央经济工作会议上又提出："既要改造和提高传统服务业，又要发展旅游、信息、会计、咨询、法律服务等新兴服务业。"关于现代服务业的定义有很多，但使用较多的是，现代服务业是信息技术与知识经济发展的产物，是采用现代化的新知识、新技术与新服务方式改造传统服务业，向社会提供高附加值、高层次和知识型的生产与生活的服务行业。

党的二十大报告提出：要构建优质高效的服务业新体系，推动现代服务业同先进制造业、现代农业深度融合。

现代服务业大体相当于现代第三产业，主要包括有信息、物流、金融、会计、咨询、法律服务等行业。

现代服务业具有一定的时代特征。

（1）服务领域的拓展。现代服务业适应了现代产业发展的需求，打破了传统消费性服务业领域，形成了新的生产性服务业、知识型服务业和技术型服务业等新领域。

（2）服务模式的创新。现代服务业不仅在服务领域上进行拓展，而且通过服务功能换代与服务模式的创新，新的服务业态开始出现，并呈现多样化趋势。

（3）高知识、高技术与高增值服务。现代服务业与传统服务业的本质区别在于它具有高知识、高技术与高增值服务，通过高知识、高技术与高增值服务，提高服务质量，满足消费者的高情感、高精神的体验与享受。

第六章　国际服务贸易与国际技术贸易

（二）国际服务贸易的概念

服务贸易又称劳务贸易，是指通过提供服务劳动以换取报酬的一种活动方式。服务贸易从空间上可划分为国际服务贸易和国内服务贸易，在这里主要对国际服务贸易进行阐述。

国际服务贸易（International Service Trade）是指国际间服务的输入和输出的一种贸易方式。

国际服务贸易具有以下特征。

（1）标的无形性。国际服务贸易的标的物与国际货物贸易不同，一般都是以无形性贸易形式存在，在国际贸易谈判中，无形贸易标的物的谈判通常比较艰难，此外对其进行监督也很困难。

标的无形性是服务贸易的最主要特征。

（2）时空一致性。由于国际服务产品的特殊性，在生产与消费的过程中，两者不可分割，即服务贸易产品生产的时间，也是消费服务的时刻，两者具有高度同一性。

（3）不可存储性。国际服务贸易产品与国内服务贸易产品一样，都具有不可存储性。

（4）贸易壁垒隐蔽性。贸易壁垒是阻碍各国正常贸易的一个有形或无形的障碍，贸易标的物不同，所出现的贸易壁垒程度也不一样。又因国际服务贸易标的物的特殊性，各国难以采用统一标准或关税进行限制，为了保护本国的利益，各国普遍采用一些法令法规、行政命令、政策等进行限制，具有很强的隐蔽性。

（5）国际服务贸易市场垄断性。国际服务贸易市场发展很不平衡，这主要是因为各国的历史特点、文化背景与经济发展水平不同，少数发达国家因其自身的优势，在国际服务贸易市场中占据垄断地位，其服务贸易总额和服务贸易产品的种类都具有绝对优势。

相反大多数发展中国家则处于相对劣势的一种状态，且服务贸易总额和服务产品种类都很少。

1994 年，根据关税及贸易总协定（General Agreement on Tariffs and Trade，GATT）"乌拉圭回合"谈判达成的《服务贸易总协定》规定，国际服务贸易的提供方式主要有以下 4 种。

1986 年 9 月在乌拉圭的埃斯特角城举行了关税及贸易总协定部长级会议，决定进行一场旨在全面改革多边贸易体制的新一轮谈判，故命名为"乌拉圭回合"谈判，这是迄今为止最大的一次贸易谈判。

（1）跨境交付。跨境交付（Cross-border Supply）是指一个国家或地区向另一国家或地区提供服务，但不涉及人员、物质和资金的流动，而是通过电信、邮政、计算机网络来实现，如金融、信息和视听等。

（2）境外消费。境外消费（Consumption Abroad）是指一个国家或地区向另一个国家或地区的消费者提供服务，需跨越国境，如

接到外国游客、本国病人到国外就医、接收外国留学生等。

（3）商业存在。商业存在（Commercial Presence）是指允许外国的企业和经济实体到本国开办企业，并提供相应服务。这是国际服务贸易提供的最主要形式，如到国外开办银行、商店、饭店、律师事务所、会计事务所等。

（4）自然人流动。自然人流动（Movement of Personel）是指允许以自然人的身份到另一国家或地区提供服务，如一国的医生、教授、工程师、医生等到另一国提供服务，其中跨国劳务输出是最传统、最典型的形式。

（三）国际服务贸易的分类

国际服务贸易的分类众多，有不同的划分标准，有民间的分类，有国际货币基金组织（International Monetary Fund，IMF）的分类，还有世界贸易组织的分类。根据不同的划分标准，有不同的内容。在这里主要采用世界贸易组织的分类方法，将国际服务贸易以部门为中心分成12大类，具体如下。

1. 商业性服务

商业性服务主要指在商业活动中所涉及的服务交换活动。主要包括以下6类服务。

（1）专业性（包括咨询）服务。涉及法律服务；工程设计服务；旅游机构提供服务；城市规划与环保服务；公共关系服务等。专业性服务还包括涉及与上述服务项目有关的咨询服务活动；安装及装配工程服务（不包括建筑工程服务）等。

（2）计算机及相关服务。这类服务包括计算机硬件安装的咨询服务、软件开发与执行服务、数据处理服务、数据库服务及其他。

（3）研发服务。这类服务主要包括自然科学、社会科学及人类学中的研究与开发服务、在纪律约束下的研究与开发服务。

（4）不动产服务。指不动产范围内的服务贸易，但是不包括土地的租赁服务。

不动产是指不能移动或者如果移动就会改变性质、损害其价值的有形财产，包括土地及其定着物，包括物质实体及其相关权益。如建筑物及土地上生长的植物。

（5）设备租赁服务。主要包括交通运输设备（如汽车、卡车、飞机、船舶等）和非交通运输设备（如计算机、娱乐设备等的租赁服务）。但不包括其中有可能涉及操作人员的雇佣或所需人员的培训服务。

生物工艺学（Biotechnology）是生物、生物系统或生物过程在生产或服务性行业中的应用。有时也把基因工程和医学生物工程包括在内。

（6）其他服务。包括生物工艺学服务；翻译服务；展览管理服务；广告服务；市场研究及公众观点调查服务；管理咨询服务；与

第六章 国际服务贸易与国际技术贸易

人类相关的咨询服务；技术检测及分析服务；与农、林、牧、采掘业、制造业相关的服务；与能源分销相关的服务；人员的安置与提供服务；调查与保安服务；与科技相关的服务；建筑物清洁服务；摄影服务；包装服务；印刷、出版服务；会议服务；其他服务等。

2. 通信服务

通信服务指提供有关信息产品、操作、储存设备和软件功能等的服务。主要包括：邮电服务；信使服务；电信服务；视听服务；其他电信服务。

3. 建筑服务

建筑服务是指提供与工程建筑有关的设计、选址、施工等的服务。具体包括：选址服务；国内工程建筑项目；建筑物的安装及装配工程；工程项目施工建筑；固定建筑物的维修服务；其他服务等。

4. 销售服务

销售服务是指产品销售过程中所提供的服务。主要包括：商业销售；零售服务；代理费用及佣金；特许经营服务；其他销售服务等。

5. 教育服务

教育服务是指各国间在各种教育过程中的服务交往。如访问学者、互派留学生等。

6. 环境服务

环境服务是指提供与环境污染和环境卫生有关的服务项目。如污染治理、"三废"治理等。

7. 金融服务

金融服务主要指银行和保险及相关的金融服务活动。主要包括以下两类服务。

（1）银行及相关服务：银行存款、贷款服务；与债券市场有关的服务；与金融市场运行管理有关的服务；附属于金融中介的其他服务等。

（2）保险及相关服务：货物运输保险；非货物运输保险，如人寿保险、养老金或年金保险、伤残及医疗费用保险、财产保险服务、债务保险服务；附属于保险的服务。如保险经纪、保险类别咨询等。

保险经纪是基于投保人或被保险人的利益，为其提供保险中介的服务。

8. 健康及社会服务

健康及社会服务是指主要与人类健康相关服务的医疗服务及社会服务等。

9. 旅游服务

旅游服务是指以一定的旅游物质为资料凭借,为满足游客在旅游活动过程中各种需求而提供的服务。包括:住宿、餐饮服务、旅行社及导游服务等。

10. 文体服务

文体服务指不包括广播、电影、电视在内的一切文化、娱乐、新闻、图书馆、体育服务,如文化交流、文艺演出等。

11. 交通运输服务

交通运输服务主要包括:货物运输服务;客运服务;船舶服务;附属于交通运输的服务,如报关行、货物装卸、仓储、港口服务、起航前查验服务等。

12. 其他服务

其他服务指除上述以外的服务。

二、当代国际服务贸易的发展

(一)当代国际服务贸易发展的特点

1. 发展速度快,涉及面广

从国际服务贸易总额上看,1970 年国际服务贸易额为 710 亿美元,1980 年增加到 6500 亿美元,1990 年为 7804 亿美元,2001 年为 14580 亿美元。据联合国贸易和发展会议(UNCTAD)发布的《全球贸易更新》,2022 年全球服务贸易总额为 7 万亿美元,比 2021 年增长约 15%。从国家类型上看,国际服务贸易主要集中在欧洲、北美和东亚三大地区。根据世界贸易组织公布的全球服务贸易进出口总额数据名单,美国以 13189.85 亿美元的服务贸易进出口排名第一,中国以 6956.79 亿美元排名第二,其后依次为德国、英国、法国、荷兰、爱尔兰、日本、印度、新加坡等国家。

从国际服务贸易涉及的范围上看,早期的国际服务贸易仅限于运输、贸易结算及劳工输出等少数几项。由于科技的进步,国际服务贸易的范围进一步拓展，已扩大到软件处理服务，多媒体技术服务，卫星通信服务，卫星影视服务，金融、运输、旅游、世界信息网络的服务，视听产品与知识产权服务等众多新领域。

2. 以高新技术为发展动力

当代国际服务贸易快速发展中，一个重要的特点就是以高新技术带动，即以高新技术为基本手段，以服务产品为载体，促进了国际服务贸易的快速发展。一些新兴的、以高新技术为主体的服务业，逐渐成为国民经济中的主要部门，尤其以技术、信息、知识密集型服务业发展最快，金融、运输、咨询等服务业在借助高新技术的过程中，实现了全球化经营。

3. 国际服务贸易在国际间发展不平衡

世界范围内服务贸易的发展状况极不平衡，发达国家在国际服务贸易中占有绝对优势。据统计资料显示，世界前 20 位服务出口大国中，发达国家占了绝大多数，它们是服务贸易的顺差国。不过，发达国家之间在国际服务市场上的相互竞争也十分激烈。发展中国家是国际服务贸易的主要进口国和接受国，除旅游业、劳动汇回款等个别项目（即基于劳务输出之上的项目）之外，它们在服务贸易上基本上都是逆差。另外，为在竞争日益激烈的市场上寻找出口商品机会，发展中国家不得不从发达国家进口服务，以取得进入该国商品市场进行销售的机会，很多这类国家的国际收支赤字，特别是在生产者服务领域的赤字，显示出持续的、不断上升的趋势。

4. 国际服务贸易的发展受到保护主义的阻碍

当前国际服务贸易发展的一个基本事实是，大多数发达国家的服务贸易已发展到了较高的水平，而发展中国家的服务贸易水平普遍较低。在国际服务贸易的市场竞争中，发达国家试图服务贸易自由化，扩张服务贸易市场，而发展中国家鉴于较低的服务贸易水平和较低的服务贸易竞争力，为了保护本国利益不得不对本国的服务贸易市场实行保护主义。此外，在发达国家之间，服务贸易市场的竞争也很激烈，出于自身利益保护的需要，发达国家也会对某些服务行业实行保护主义。因此国际服务贸易市场同货物贸易市场一样，在不同程度上都存在着保护主义的干扰和阻碍。

(二) 当代国际服务贸易迅速发展的原因

1. 国际分工深化是国际服务贸易产生与发展的前提和基础

第二次世界大战以后，随着世界各国社会生产力的发展，国际分工日益深入，各国根据自身经济发展的特点以及资源和技术的不同优势，在不同的产业和行业内进行分工与合作，如在工业内部发展起产品专业化、零部件专业化和工艺专业化的分工。这极大地增加了对各种商品贸易服务的需求，促进了货物运输、金融保险、通信信息、法律服务等服务业的发展，构成国际服务贸易产生与发展的前提因素。

第三次科技革命是以原子能、电子计算机、空间技术和生物工程的发明和应用为主要标志，涉及信息技术、新能源技术、新材料技术、生物技术、空间技术和海洋技术等诸多领域的一场信息控制技术革命。

2. 第三次科技革命的迅速发展扩大了国际服务贸易的规模

科技进步，特别是第三次科技革命的迅速发展，极大地提高了交通、通信和信息处理能力，为信息、咨询和以技术服务为核心的各类专业服务领域提供了新的服务手段。如在计算机和通信技术基础上发展起来的情报信息业，以信息资料的搜集、储存、整理、交换为主要服务内容，其规模和应用范围越来越大。同时，新技术的广泛应用，使金融、保险、运输、通信等传统服务部门的服务范围越来越大。这些部门可以超越时间和空间的限制，开展全球服务，为全世界顾客提供服务，增加了新的服务内容和范围。

3. 跨国公司与对外直接投资的快速增长带动国际服务贸易的迅速发展

跨国公司国际化经营活动的开展，带来了资本、技术、人才的国际流动，促进了与其相关或为其服务的国际服务贸易的发展。具体体现在以下几个方面。

（1）跨国公司在世界范围扩张过程中，带进了大量伴随性服务，如在设立为本公司服务的专业性公司同时，也向东道国的消费者提供服务。

（2）在国际服务市场上，为跨国公司提供服务的银行、保险、会计、法律、咨询等专业性服务机构，随着跨国公司的进入及在东道国市场上发展而不断渗透。

"企业移民"也属于服务跨国流动的一种形式。

（3）跨国公司在海外的直接投资，带来了相关技术人员和管理人员的流动，产生了直接性的劳务输出，这种劳务输出被称为"企业移民"。

第六章 国际服务贸易与国际技术贸易

4. 世界经济的发展与国民收入的提高推动国际服务贸易的发展

随着世界经济的发展，国民收入的提高，各国人民生活水平得到明显的改善，对各种服务的需求增长迅速。人们已不满足于低层次与物质产品有关的生理需求，开始产生其他和服务有关的安全、社会尊重和自我实现等更高层次需求，更加注重精神层面的一种享受与服务需求，从而促进国际服务贸易的发展。

5. 各国政府对外贸易政策的支持是国际服务贸易发展的催化剂

各国政府为了发展经济，增加外汇收入，促进对外贸易的发展，实现本国经济现代化，普遍采取了开放型经济政策，积极参与国际服务贸易。随着外贸政策不断趋向自由化，以及本国经济实力的增强，国际服务贸易范围也不断扩大。各国除积极参与国际物流、劳务输出外，还大力发展旅游业，千方百计吸引外国游客，并且积极扩大其他服务出口，成为推动国际服务贸易发展的重要催化剂。

三、国际服务贸易壁垒

（一）国际服务贸易壁垒的概念

国际服务贸易壁垒是指一国政府或地区为了本国的服务贸易利益，保护国内服务贸易市场，对国外的服务提供或销售所设置的有障碍作用的政策措施。这些措施既包括政策措施，也包括法律措施。

（二）国际服务贸易壁垒产生的原因

1. 削弱国外服务产品的竞争力，保护国内服务贸易市场

国际服务贸易壁垒的产生是由各国服务贸易发展的不平衡性所致，为了保护国内服务利益，通过一定的政策措施，削弱进口服务产品的竞争力，以保护国内服务市场，这是国际服务贸易壁垒产生的根本原因。

2. 保持本国经济独立性

在一国国民经济中，有众多的服务业部门，有些服务部门属于一国国民经济的关键部门，如交通运输、通信、电力、金融等，一

旦这些部门为外国控制，经济的独立性将受到极大威胁。因此，出于经济独立性的考虑，一些政府往往对这些要害部门的服务业采取限制措施，设置障碍，实行保护。

3. 防止意识形态等领域的渗透

国际服务贸易壁垒不同于国际货物贸易壁垒，它的实行，在很大层面上是国外对本国意识形态领域的侵入，如教育、新闻、娱乐、影视、音像制品等服务部门，虽然这些部门并非一国国民经济主要部门，但各国政府都希望保持本国在政治、文化上的独立性，反对外国政治文化服务产品的大量渗透，因此对这些部门进行保护。

（三）国际服务贸易壁垒的特点

因国际服务贸易本身所具有的特点，决定了国际服务贸易壁垒也有以下方面的相应特点。

（1）以国内立法与政策措施为主。通常采用国内立法或制定政策措施的形式，限制国外服务产品的进入。

（2）针对"人"的资格与活动进行限制。这里的人主要指自然人、法人及其他经济组织。政府通过一些措施，限制这些"人"的活动，在某种程度上，起到限制与这些"人"有关的服务活动。

（3）国际贸易壁垒制定的繁杂性，缺乏有效统一。国际服务贸易壁垒的制定由国内各个不同部门掌握，里面内容庞杂繁复，缺乏统一协调。

（4）国际服务贸易壁垒具有隐蔽性、灵活性和针对性强的特点。

（5）除了商业贸易的利益外，还强调国家的安全与主权利益等作为政策目标。

（四）国际服务贸易壁垒的形式

国际服务贸易壁垒形式较多，具体可以划分为产品移动壁垒、资本移动壁垒、人员移动壁垒和商业存在壁垒四种形式。

1. 产品移动壁垒

产品移动壁垒包括数量限制、当地成分或本地要求、补贴、政府采购、歧视性技术标准和税收制度，以及落后的知识产权保护体系等。

2. 资本移动壁垒

主要形式有外汇管制、浮动汇率和投资收益汇出的限制等。

3. 人员移动壁垒

主要有移民限制、出入境繁琐手续、工作许可证制度、劳工制度、机场启程税等。

4. 商业存在壁垒

主要是开业权壁垒，或称为生产者创业壁垒。

四、国际服务贸易自由化

伴随经济全球化趋势，国际服务贸易呈现出更强的开放性和外向性，并相应提出自由化的要求。尽管服务贸易自由化可追溯到20世纪50年代，但是1994年服务贸易总协定的问世才真正奠定了服务贸易多边自由化的制度与规则框架。

（一）国际服务贸易自由化的概念

国际服务贸易的自由化是指国家或地区在对外服务贸易中，减少政府对与服务贸易有关的人、资本、信息等要素在国际间的提供或流动的行政干预，放松对服务贸易的管制，建立并维护服务贸易自由、公平的市场竞争规则的过程。它是在经济全球化的基础上发展起来的，是贸易自由化在服务领域的具体表现。

（二）国际服务贸易自由化的特点

1. 服务贸易的迅速发展是国际服务贸易自由化发展的前提与基础

服务贸易的发展是世界各国经济结构调整和优化的具体表现，也是世界各国在服务业各个部门国际分工和协作深化的标志。20世纪70年代以来，由于国际分工的深化，各国产业结构的调整，科学技术的进步，跨国公司的崛起，服务贸易发展的速度异常迅速，大大高于货物贸易增长速度发展。20世纪90年代后，经济全球化日趋明显，服务贸易自由化已成为经济全球化的一个重要组成部分。因此，国际服务贸易自由化的发展必然依托于整个世界服务贸易的发展这一前提与基础。

2. 国际多边贸易体制是国际服务贸易自由化发展的助推器

第二次世界大战以后，服务贸易自由化的努力一直没有纳入国际多边贸易体制，只在个别国家和地区酝酿。随着服务贸易的发展，国际服务贸易壁垒盛行。在20世纪80年代中后期，关税及贸易总

协定主持的"乌拉圭回合"就服务贸易展开谈判,特别是《服务贸易总协定》(GATS)的签署,标志着全球服务贸易自由化的兴起。在国际多边贸易体制的主持下,以国际多边谈判和双边谈判为手段,形成了各国共同认可和遵循的服务贸易国际准则,各国相互承诺开放某些服务部门,降低服务贸易的保护程度,使服务贸易自由化在全球兴起。"乌拉圭回合"谈判结束后,世界贸易组织主持了基础电信服务、海运服务、金融服务、自然人移动等谈判,建立各服务部门的必要规则和纪律。同时世界贸易组织还建立有关的机构,审查和制定必要的服务贸易规则,确保服务部门和分部门的标准和规定不会成为不必要的贸易障碍,推进了全球服务贸易自由化的进程。

3. 国际服务贸易的自由化是有条件的自由化

国际服务贸易是一种有条件的自由化,主要表现在:第一,各国以对等原则作为开放市场的标准,根据其他国家给予本国服务及服务提供者的待遇来决定本国给予该国服务和服务提供者的待遇;第二,各国的开价和承诺是有条件的。在服务贸易多边谈判中,各国只有提出开价单才有资格向其他国家提出要价,同时,各国的开价也是有条件的,承诺是否有效取决于他国的承诺和谈判的结果;第三,一些规则的真正实施也是有条件的,在乌拉圭回合服务贸易谈判中,大多数国家都不愿在服务贸易方面提供无条件最惠国待遇,而要求在对等原则的基础上,相互给予优惠的签约国才能享有最惠国待遇。

4. 国际服务贸易自由化进展受制于不同成员之间利益的博弈

由于各国服务贸易发展的水平不同,对贸易谈判存在着不同的利益诉求,在服务贸易自由化的谈判过程中,存在着众多意见的分歧和对立,矛盾错综复杂。发达国家服务贸易水平较高,倾向于服务贸易自由化,发展中国家服务贸易自由化水平较低,担忧服务市场的开放带来的巨大的冲击,对许多议题的谈判持有抵触情绪,更倾向于保护。在发达国家内部,它们之间服务贸易发展也不平衡,谈判中矛盾也重重,各方让步的空间和余地非常狭小。因此,各方利益的博弈致使国际服务贸易自由化的进展艰难。

(三)服务贸易总协定

关税及贸易总协定自 1947 年成立以来,总共进行了八轮贸易谈判,每轮贸易谈判,所涉及的主要内容与侧重点不同。在这八轮贸易谈判中,其中参与国家和地区最多、最有影响力的是最后一轮贸易谈判,即"乌拉圭回合"(Uruguay Round)谈判,这轮贸易谈判是从 1986 年开始,到 1994 年正式结束,并最终签署了《乌拉圭回合多边贸易谈判最后文件》,而《服务贸易总协定》就是《乌拉圭回合多边贸易谈判最后文件》的一个组成部分。在"乌拉圭回合"谈判中最终决定终止关税及贸易总协定的责权,取而代之的是世界贸易组织,因此《服务贸易总协定》也被称为世界贸易组织的《服务贸易总协定》。

关税及贸易总协定是一个政府间缔结的有关关税和贸易规则的多边国际协定,简称关贸总协定。具体内容可参见第八章相关内容。

"乌拉圭回合"谈判是在全球范围内第一次就服务贸易问题展开多边谈判,具有历史性的意义,谈判中涉及的关键问题是关于服务贸易的市场开放、服务贸易的市场准入以及各谈判参与国提交的服务贸易减让表等。

1994 年 4 月 15 日在摩洛哥的马拉喀什市举行的关贸总协定乌拉圭回合部长会议决定成立更具全球性的世界贸易组织(简称"世贸组织"),以取代成立于 1947 年的关贸总协定(GATT)。具体内容可参见第八章相关内容。

《服务贸易总协定》的宗旨是通过建立服务贸易多边规则,在透明和逐步自由化的条件下扩大全球服务贸易,同时兼顾各成员间服务贸易发展的不平衡性,允许各成员对服务贸易进行必要的管理,并鼓励发展中成员国提高国内服务部门的效率与竞争力。

《服务贸易总协定》主要包括 6 个部分,29 个条款,8 个附件。其中第一部分为管辖范围的界定,包括跨境交付、境外消费、商业存在和自然人流动等四个方面;第二部分为一般义务和纪律规定;第三部分为具体承诺问题;第四部分为服务贸易逐步自由化;第五部分为组织结构;第六部分为最后条款。8 个附件分别为《关于第 2 条例外的附件》《关于本协定中提供服务的自然人流动的附件》《关于空运服务的附件》《关于金融服务的附件》《关于金融服务的第二附件》《关于电信服务的附件》《关于基础电信谈判的附件》《关于海运服务谈判的附件》等。

《服务贸易总协定》虽然只是个框架性的协议,但是它的达成具有重要的历史意义,不仅促进各国服务贸易的发展,而且对于服务贸易自由化的实行,起到重要的推动作用。

(四)金融服务贸易

金融服务(Financial Service)是指由一成员方的金融服务提供者所提供的金融方面的服务。这里所讲的金融服务提供者,主要包括以下类型机构:保险及其相关服务;所有银行和其他金融服务(保险除外)。

金融服务的具体内容主要包括：①保险和与保险有关的服务；②银行及其他金融服务；③以上各项活动方面的咨询、中介和其他辅助性金融服务。

金融服务贸易是服务贸易的一种。

金融服务贸易是指发生在国家或地区间金融服务产品的交易行为和交易过程。它的交易对象是金融服务产品。金融服务贸易是国际服务贸易的重要组成部分，也是世界贸易组织在服务贸易领域谈判中所取得的巨大成就之一。

1997年12月13日，70个国家签署了以56份金融开放承诺为基础的《全球金融服务贸易协议》。《全球金融服务贸易协议》是第一个规范国际金融服务贸易的多边协议，主要涉及金融、保险业市场准入（Market Access）的规定。该协议的主要内容包括：①允许外国公司在国内建立金融服务机构并按市场竞争原则运行；②外国公司享受同国内公司同等的进入市场的权利；③取消对跨国服务贸易的限制；④允许外国资本在本国投资项目中所占比例超过50%。

市场准入是指一国允许外国的货物、劳务与资本参与国内市场的程度。

《全球金融服务贸易协议》于1999年3月1日正式生效，这标志着国家间开放银行、保险、证券等在一定范围内得到正式认可，它的达成表明各国在将来某一时刻所应达到的开放程度，但至于以何种方式以及以何种速度达到这一程度，则取决于各国不同的承诺安排。《全球金融服务贸易协议》的达成是全球金融开放的一个阶段性成果，标志着全球金融一体化迈出了可喜的一步，对全球金融服务业的开放必将起到极大的推动作用。

【阅读资料】

《全球金融服务贸易协议》的达成

金融服务贸易是"乌拉圭回合"谈判中服务贸易谈判的一个主要议题。但针对金融服务贸易的谈判从一开始进展就不很顺利，一直存在分歧，到1993年底，金融服务贸易都没有达成最终共识。世界贸易组织成立之后，便立即着手筹备金融服务贸易谈判的有关事宜。1997年初，全球金融服务贸易谈判重新在日内瓦拉开序幕，参加谈判的共有世界贸易组织的70个成员。此前的所谓第一轮谈判因为美国最后退出，而令其成果具有局限性。这轮谈判则不同，参加者代表了全球95%的金融服务贸易市场。在谈判中，一开始主要以美国为一方，其他成员国为一方，在金融市场开放程度上讨价还价。美国凭借其经济实力作出了对本国的金融市场积极开放的姿态，并

第六章 国际服务贸易与国际技术贸易

以此为由要求其他成员作出响应。在这种情况下，包括欧洲联盟、日本等发达国家在内的许多国家都先后修改了早先作出的承诺。在谈判正式开始后，亚洲爆发了金融危机，并涉及经济发达的日本，甚至对全世界的股市也产生了很大的冲击，因此，与会的一些发展中国家成员对自己的金融市场采取了某种保护性措施。比较典型的是马来西亚，马来西亚在其最后一份出价中提出今后进入本国金融市场的外国银行或保险公司所拥有的股份最多不超过31%，美国对此表现出的态度十分强硬，双方争持不下。世界贸易组织出面干预，提出美国与马来西亚之间的问题排除在多边谈判之外，作为双边问题处理，到12月13日凌晨，美国表示同意，这样，全球金融服务贸易谈判终于以达成妥协而降下帷幕。

这项协议于1999年3月1日生效。

（资料来源：陶士贵. 全球金融服务贸易协议的达成及其影响. 中国金融，1998，2: 28-29）

（五）基础电信协议

基础电信指电信传输网络和服务，它与增值电信共同构成完整意义上的电信服务。

1997年4月15日世界贸易组织谈判达成了《基础电信协议》（Agreement on Basic Tele-communications），这个协议也称为《服务贸易总协定》第四议定书，并于1998年2月15日生效。

《基础电信协议》内容比较简短，只规定了生效时间等程序性事项，并附有世界贸易组织成员关于基础电信的具体承诺减让表和《服务贸易总协定》第2条豁免清单。协议的主要目的在于客观公正，非歧视地向世界贸易组织成员承诺部分或全部开放国内的基础电信服务市场，而不设置障碍。但该协议达成后，给各缔约方带来一定的挑战，即各缔约方如何在执行协议和承诺过程中平衡本国或本地区境内电信服务市场的有效管理，及如何使基础电信市场更具有竞争性。这也是未来电信服务自由化考虑和追求的重要目标之一。

（六）与贸易有关的知识产权协议

知识产权是指权利所有者在一定期限内有效地对其所创作的智力劳动成果所享有的专有权利。当前，含有知识产权的产品在国际贸易中所占的比重越来越大。

20世纪80年代以来，随着世界经济、科技一体化和世界贸易

自由化进程的加快，使贸易问题与知识产权保护问题之间的关系日益密切。对于知识产权的保护，在《与贸易有关的知识产权协议》（Agreement on Trade-Related Aspects of Intellectual Property Rights，TRIPS）签订之前，就已有一些对知识产权保护的国际公约，例如《保护工业产权巴黎公约》（1967年）、《保护文学和艺术作品伯尔尼公约》（1971年）、《保护表演者、音像制品制作者和广播组织罗马公约》（1961年）和《关于集成电路的知识产权条约》（1989年）等。在1947的关税及贸易总协定中也涉及了知识产权问题，但主要是针对假冒商品贸易。1986年"乌拉圭回合"谈判中，知识产权问题成为谈判最困难的议题之一。1989年初，《与贸易有关的知识产权协议》被列入"乌拉圭回合"谈判的议题，1993年12月25日达成了包括TRIPS在内的各项协议。

《与贸易有关的知识产权协议》内容涉及知识产权的各个领域，在知识产权保护水平的很多方面都超出了现有的国际条约的标准。

TRIPS把关税及贸易总协定关于有形商品贸易的基本原则和一些具体规定引入知识产权保护领域，并且强化了执行措施和争端解决机制，对过渡阶段的安排也作出了严格的规定，通过设置不准保留条款来达到强制执行的目的，并通过成立TRIPS理事会这一常设机构来管理有关规定的执行。TRIPS的规定加强了对知识产权侵权行为的管理和处置力度，强化了执行措施，包括海关扣留等边境措施和实行交叉报复，即跨行业报复。这意味着在知识产权方面由企业或个人造成的侵权可能会嫁祸给政府。

TRIPS对知识产权保护水平要求很高，它规定，各成员应遵守它们已参加的关于知识产权的多边条约，如现有的国际条约与TRIPS的规定不同，则要求执行TRIPS规定的更高标准。也就是说TRIPS要求各成员国的知识产权保护水平都提高到发达国家的水平。

第二节　国际技术贸易

一、国际技术贸易概述

随着科技革命的不断发展，技术贸易在国际贸易中呈现越来越重要的地位，特别是与技术有关的知识产权保护问题，已成为各国普遍关注的焦点，这对于我国如何遵循世界贸易组织有关知识产权的安排，积极发展对外技术贸易具有积极的现实意义。

（一）国际技术贸易的概念

技术是人们在实践活动中，改造客观世界的知识。技术贸易是把技术作为一种商品进行有偿转让的一种活动。根据技术贸易发生空间的不同，可以把技术贸易分为国内技术贸易和国际技术贸易。国际技术贸易（International Technical Trade）是指一个国家或地区将其技术转让给其他国家或地区的一种有偿转让活动。这里应注意，国际技术贸易与国际技术转让（International Transfer of Technology）是两个不同的概念，国际技术转让是指技术在不同国家或地区间位置的变动，它包括两种形式：一种是商业性的国际技术转让，是一种有偿的技术转让；另一种是非商业性的国际技术转让，是无偿性的，主要是技术上的一种交流、援助等，但这种转让一般是有限度的。有偿的国际技术转让就是国际技术贸易。

（二）国际技术贸易的特点

国际技术贸易与国际服务贸易一样，都属于无形贸易，有其自身的特点。

1. 无形性

国际技术贸易的标的物是知识，不是普通的商品，具有无形性特征。

2. 多次交易性

国际技术贸易的标的物可以多次交易，因为技术贸易通常转让的是标的物的使用权、制造权和销售权，并不丧失对标的物的所有权，因此可以多次进行贸易。

3. 复杂性

国际技术贸易比国内技术贸易所涉及的问题更复杂，具体表现在：一是技术贸易的交易条件比较复杂，不仅涉及商务条件，还涉及技术条件，而且技术贸易还与多种贸易方式相结合，如合资经营、合作经营、补偿贸易、加工贸易等；二是技术贸易的售后问题更为复杂，技术贸易不仅有较长时间的履行期，而且技术贸易还涉及知识产权的保护、商业技术密码、技术风险等；三是技术贸易受干预程度更为复杂，技术贸易通常与一国的政治、政策相联系。发展中国家普遍欢迎一些重要技术的引进，而发达国家对高新技术的外流进行控制，甚至禁止。

4. 技术增值性

技术的价值不并会因为消费而丧失，相反，技术经过多次使用后，可以对其进行改进，甚至发展为新的技术，从而实现技术的增值。

（三）国际技术贸易的内容

> 技术贸易既包括技术知识的买卖，也包括与技术转让密切相关的机器设备等货物的买卖。

国际技术贸易的内容有：各种工业产权；各种专有技术；提供工程设计，工厂的设备安装、操作和使用；与技术转让有关的机器、设备和原料的交易，等等。其中工业产权和专有技术是国际技术贸易的主要内容。

1. 工业产权

所谓工业产权（Industrial Property）又称"工业所有权"，是指人们依法对应用于商品生产和流通中的创造发明和显著标记等智力成果，在一定地区和期限内享有的专有权。按照《保护工业产权的巴黎公约》（Paris Convention for the Protection of Industrial Property，简称《巴黎公约》）的规定，工业产权包括发明、实用新型、外观设计、商标、服务标记、厂商名称、货源标记、原产地名称以及制止不正当竞争的权利。在我国，工业产权主要是指专利权和商标专用权。

（1）专利。专利（Patent）是专利权的简称，它是由一国专利机构依据发明人申请，认定其发明符合法律规定的条件，在一定时期内授予发明人的一种专利权，并予以法律保护。

各国专利法中所指的专利主要包括：发明专利、实用新型专利、外观设计发明三种。发明专利是发明人运用自然规律而提出解决某一特定问题的技术方案所取得的专利。实用新型专利是指对产品的形状、构造或两者结合所做出的革新方案所取得的专利。这种类型的发明保护期较短，一般在十年以内。外观设计发明是对产品的形状、图案、色彩或者其结合所做出的富有美感并适于工业上应用的新设计。

专利是一种无形的财产，具有与其他财产不同的特点。

1）独占性。独占性也称排他性或专有性。它是指同一发明在一定的区域范围内，只有专利权人才能在一定期限内享有其制造权、使用权和销售权，其他任何人未经许可都不能对其进行制造、使用和销售，否则属于侵权行为。

2)区域性。区域性是指专利权受一定区域范围限制的权利,它只有在法律管辖区域内有效,超过这一区域范围,则专利保护失效。依据知识产权保护的国际公约,技术发明在哪个国家申请专利,就由哪个国家授予专利权,而且该专利只在授予国的范围内有效,对其他国家则不具有法律的约束力,其他国家不承担任何保护义务。但是同一发明可以同时在两个或两个以上的国家申请专利,获得批准后其发明便可以在所有申请国获得法律保护。

3)时间性。时间性是指专利只有在法律规定的期限内才有效,当专利有效保护期限结束后,专利权人受法律保护的权利便自动丧失,而此时其他人便可以自由地使用该发明。专利保护期限的长短主要受各国的专利法或有关国际公约所规定,有的国家对专利保护期限较长,有的国家专利保护期限较短。

4)实施性。实施性是指所申请的专利必须在一定期限内实施,以制造产品或进行专利转让。但各国要求不同,绝大多数国家都要求专利权人在规定期限内对该专利予以实施。

(2)商标。商标(Trade Mark)是指商品的生产经营者或者服务的提供者,在进行生产或提供的服务时,采用有色泽的文字、图形、记号或其相结合而构成的标明在商品上面的一种特定标志,以区别于其他商品或服务来源。

商标是承载着企业的无形资产的一种标志,也是传递企业综合信息一种媒介。

商标权是商标专用权的简称,是商标主管机关依法授予商标所有人对其注册商标受国家法律保护的专有权利。商标权也是一种工业产权,他人未经许可不得在同种或同类商品上使用与注册商标相同或近似的商标,否则就构成侵权行为。商标权具有独占性、时间性、地域性的特点。独占性是指商标所有人对其享有排他的使用权,并受到法律保护,其他人不得使用。时间性是指商标的保护是有时间限制,一般为7年,我国为10年。但与专利不同的是,商标保护期满以后,可以申请续展,而且续展次数不限。地域性是指商标权只有在授予该商标的国家境内受到保护,超过这个地域界限,权利将无法实现。

根据各国商标法的规定,商标注册首先是商标使用人提出书面申请,并交纳一定的申请费,然后由经商标主管部门批准,才予以登记注册,取得商标权。在商标注册中有以下几个原则:使用在先原则,即商标的所有权归属于首先使用的申请人;注册在先原则,即商标权属于先注册的申请人;混合原则,又称在法定期限内对已注册无人提出异议的原则,这一原则实际上是上述两种原则结合,超过规定的期限无人提出异议,则商标权属于先注册人。如在规定的期限内,先使用人提出异议,并且异议成立,已经授予先注册人的商标权即被撤销,而授予先使用人;自愿注册原则,是指商标使用人是否申请商标注册取决于自己的意愿。在自愿注册原则下,商标注册人对其注册商标享有专用权,受法律保护。

目前大多数国家采用的是注册在先原则,我国的商标法也采用这一原则。

2. 专有技术

专有技术(Know-How)也称为技术秘密、技术诀窍等,是指从事生产活动未向社会公开的秘密技术知识、工艺流程、设计方案和实践经验等。它不属知识产权,不受法律保护。

专有技术的特点表现在以下方面。

(1)实用性。专有技术具有商品的属性,具有价值和使用价值。人们经常把专有技术用于生产实践中,以此获得经济效益。在国际贸易中专有技术通常可以有偿转让或许可使用。

(2)秘密性。专有技术是不公开的、未经法律授权的秘密技术,它的保护只能依靠技术所有者自身的保护,一旦为世人所知,便成为公开的技术,从而丧失其商业价值。

(3)可传授性。专有技术能够以言传身教或以图纸、配方、数据等形式传授给他人。

(4)非专有性。同一项专有技术可能有两个或两个以上的所有人,法律并不排斥他人对自己开发出来的相同技术的所有权。

(5)无时效性。专有技术无法律限定的有效期限,只有其所有人愿意并实施保密,他便可长期的拥有该项专有技术。

(6)无地域性。专有技术无法定的地域限制。

二、国际技术贸易的方式

国际技术贸易的标的物是知识产权,在国际技术贸易中,主要涉及的是技术使用权上的转让,对于技术所有权通常不随着使用权的转让而转移。目前国际技术贸易中,最常见的技术贸易方式有许可贸易、技术服务、国际合作生产、国际工程承包等。

(一)许可贸易

许可贸易(Licensing Trade)是指技术许可方与技术接受方签

订许可合同或协议,将某项技术的使用权、制造权、销售权进行有偿转让的一种贸易方式。通常转让的是技术的使用权,而不转让技术的所有权。许可贸易是国际技术贸易中最常见、使用最广的交易方式。

许可贸易有三种基本类型:专利许可、商标许可和专有技术许可。在许可贸易中,根据许可授权的范围的大小,又可以分为独占许可、普通许可、排他性许可、从属许可和互换许可。

许可证贸易作为一种独立的贸易形式,具有如下法律特征。

(1)买卖对象不是有形货物,而是无形商品,即技术知识与经验。

(2)买方(接受方)只是在一定时间内取得专利、商标或专有技术的使用权,并不能取得所有权,所有权仍属于卖方(许可人)。

(3)是一种长期交易,通常许可证协议的有效期都在5年以上,有的长达15年,甚至20年。

(二)特许专营

特许专营(Franchising)通常是由一家已经取得成功经验的企业,将其商标、商号名称、服务标志、专利、专有技术以及经营管理的方法或经验转让给另一家企业的一项技术转让合同,后者有权使用前者的商标、商号名称、专利、服务标志、专有技术及经营管理经验,但须向前者支付一定金额的特许费。

特许专营是最近二三十年迅速发展起来的一种新型商业技术转让合同。

特许专营的一个重要特点是,各个使用同一商号名称的特许专营企业是各个独立企业,并不是授权人的分支机构或子公司,它们都是独立经营、自负盈亏的企业实体。授予人不保证被授企业获利与否,也不对其盈亏负责。它是一种长期合同,可以适用于商业和服务行业,也可以适用于工业。

(三)技术服务

技术服务也称技术协助,是由服务方以自己的技术知识为另一方提供有偿服务,以解决生产中的技术问题。技术服务是现代工业经营管理的一个重要环节。

技术服务包括以下7个方面的内容:①信息服务;②安装调试服务;③维修服务;④供应服务;⑤检测服务;⑥技术文献服务;⑦培训服务。

(四)国际合作生产

国际合作生产是指分属不同国家的企业根据他们签订的合同,由一方提供有关生产技术,共同生产某种合同产品,并在生产过程中实现国际技术转让的一种经济合作方式。这种方式多用于机器制造业,特别是在制造某些复杂的机器时,引进方为了逐步掌握所引进的技术,且能尽快地生产出产品,需要和许可方在一定时期内建立合作生产关系,按照许可方提供的统一技术标准和设计进行生产,引进方在合作过程中达到掌握先进技术的目的。有时合作双方可以共同研究、共同设计、共同确定零部件的规格型号,取长补短。因此,利用国际合作生产来引进国外的先进技术,已成为各国普遍的一种做法。

国际合作生产作为一种国际技术贸易方式,它并不是一种独立的基本的技术贸易方式,实际上它只不过是建立在各方合作生产目的之上的许可贸易和技术服务咨询而已。

(五)含有技术、专利的补偿贸易

补偿贸易(Compensation Trade)又称产品返销,指买方在信贷的基础上,从卖方进口设备技术,然后以该设备技术所生产的产品,分期抵付进口设备技术的价款及利息。通过补偿贸易引进设备技术,对买方来说可以解决其缺少资金进行设备更新和技术改造的难题,从而使产品得以升级换代增强市场竞争能力。对卖方而言,通过补偿贸易方式可将产业转移至发展中国家,既获得了转让设备和技术的价款,又从返销商品的销售中获取利润,可谓是一举两得。

(六)国际工程承包

交钥匙工程指跨国公司为东道国建造工厂或其他工程项目,一旦设计与建造工程完成,包括设备安装、试车及初步操作顺利运转后,即将该工厂或项目所有权和管理权的"钥匙"依合同完整地"交"给对方,由对方开始经营。因而,交钥匙工程也可以看成是一种特殊形式的管理合同。

国际工程承包(International Contracting for Construction)是一项综合性商务活动和国际经济交往活动,通过国际间的招标、投标、议标、评标、定标等程序或其他协商途径,具有法人地位的国际承包商以提供自己技术、资本、劳务、管理、设备材料、许可权等方式,按国外工程业主的要求,为其营造工程项目或从事其他有关经济活动,并按事先商定的合同条件收取费用的国际经济技术合作方式。工程承包项目多是大型建设项目,一般都伴随着技术转让。在施工过程中,承包商将使用最新的工艺和技术,并采购一些国家的先进设备,有些项目还涉及操作人员的技术培训、技术指导以及专利和专有技术的转让。目前,国际上流行交钥匙工程和 BOT

第六章　国际服务贸易与国际技术贸易

（Build-Operate-Transfer）建设方式进行技术转让。许多国家也希望通过国际工程承包来改善本国基础设施条件，推动本国企业技术改造。

三、国际技术贸易合同的签订与履行

国际技术贸易合同是不同国家的当事人，在技术贸易过程中所达成的一种规范各自的权利义务关系的法律文件。根据国际技术贸易方式的种类，相对应的合同有：许可合同、技术服务合同、合作生产合同、国际工程承包合同等。其中，许可合同是国际技术贸易合同中最基本、最典型、最普遍的一种合同形式，其他合同大致与它相似，但又各具有自身的特点。

在签订国际技术贸易合同时，需要注意以下问题。

BOT 建设方式的有关内容可参见第五章的内容。

1. 坚持自愿、平等互利和重合同、守信用的原则

在签订国际技术贸易合同时，合同双方当事人地位完全平等，不允许任何一方以欺诈、胁迫的形式与对方签订不对等的合同。在合同履行过程中，以合同为依据，诚实守信。

2. 合同内容完整，条款具体明确，文字描述准确

国际技术贸易合同的签订，首先应做到合同内容全面，明确具体，特别对双方的权利、义务和违约责任等的描述，应详尽清楚，避免使用一些模糊不清的字眼，引起合同的歧义与争端。此外，在合同条款用语上，无论是用本国语言还是其他国家语言，语言文字使用应规范化，用词应准确达意，措辞应严谨。

3. 合同条款前后应一致，内容应连贯

在国际技术贸易合同中，涉及的内容复杂，条款繁多，不仅有定义条款，还有附件条款等，因此在签订合同时，特别要注意合同条款前后的一致性，主件与附件、附件与附件的一致性，决不能出现前后矛盾、相互抵触的情况。

4. 合同签约的法人资格

在签订国际技术贸易合同时，签约人一般是合同双方的法定代表人，或是其代理人，如果是代理人，必须具备法人委托的正式书面授权证明。如果任何一方签约人既不是法人，也不是正式书面授权证明的代理人，则所签订的合同无效。

173

本章小结

1．国际服务贸易是指国际间服务的输入和输出的一种贸易方式。

2．国际服务贸易具有标的无形性、时空一致性、不可存储性、贸易壁垒隐蔽性和国际服务贸易市场垄断性等特征。

3．当代国际服务贸易发展的特点：①发展速度快，涉及面广；②以高新技术为发展动力；③国际服务贸易在国际间发展不平衡；④国际服务贸易的发展受到保护主义的阻碍。

4．当代国际服务贸易迅速发展的原因表现在：①国际分工深化是国际服务贸易产生与发展的前提和基础；②第三次科技革命的迅速发展扩大了国际服务贸易的规模；③跨国公司与对外直接投资的快速增长带动国际服务贸易的迅速发展；④世界经济的发展与国民收入的提高推动国际服务贸易的发展；⑤各国政府对外贸易政策的支持是国际服务贸易发展的催化剂。

5．21世纪以来国际服务贸易发展的格局：①世界服务贸易规模持续扩大，服务贸易与货物贸易出口增速大体保持同步；②在地区分布中，地区发展不平衡继续存在；③在国别与国家类型看，发达国家是主体，发展中国家处于劣势地位；④在服务贸易结构方面，发达国家与发展中国家差别显著。

6．国际服务贸易壁垒是指一国政府或地区为了本国的服务贸易利益，保护国内服务贸易市场，对国外的服务提供或销售所设置的有障碍作用的政策措施。

7．国际服务贸易壁垒产生的原因：①削弱国外服务产品的竞争力，保护国内服务贸易市场；②保持本国经济独立性；③防止意识形态等领域的渗透。

8．国际服务贸易壁垒的特点：①以国内立法与政策措施为主，通常采用国内立法或制定政策措施的形式，限制国外服务产品的进入；②针对"人"的资格与活动进行限制；③国际贸易壁垒制定的繁杂性，缺乏有效统一；④国际服务贸易壁垒具有隐蔽性、灵活性和针对性强的特点；⑤除了商业贸易的利益外，还强调国家的安全与主权利益等作为政策目标。

9．国际服务贸易的自由化是指国家或地区在对外服务贸易中，减少政府对与服务贸易有关的人、资本、信息等要素在国际间的提供或流动的行政干预,放松对服务贸易的管制,建立并维护服务贸易自由、公平的市场竞争规则的过程。

10．国际服务贸易自由化的特点：①服务贸易的迅速发展是国际服务贸易自由化发展的前提与基础；②国际多边贸易体制是国际服务贸易自由化发展的助推器；③国服务贸易自由化进展受制于不同成员之间利益的博弈；④国际服务贸易的自由化是有条件的自由化。

11．国际技术贸易是指一个国家或地区,将其技术转让给其他国家或地区的一种有偿转让活动。具有无形性、多次交易性、复杂性和技术增值性等特点。

练习题

一、填空题

1．发展国际服务贸易已经成为各国的共识,服务业及_____已成为衡量一国现代化水平的重要标志。

2．在自然人流动中,_____是最传统、最典型的形式。

3．伴随经济全球化趋势,国际服务贸易呈现出更强的开放性和_____。

4．服务贸易又称劳务贸易,是指通过提供_____劳动以换取报酬的一种活动方式。

5．_____是最近二三十年迅速发展起来的一种新型商业技术转让合同。

6．_____是国际技术贸易合同中最基本、最典型、最普遍的一种合同形式。

二、单项选择题

1．服务的最主要的特征是（　　）。
　A．非实物性　　　　　B．时空的不可分割性
　C．不可存储性　　　　D．差异性

2．一个国家或地区向另一国家或地区提供服务,但不涉及人员、物质和资金的流动,而是通过电信、邮政、计算机网络来实现,这是指（　　）。

A．自然人流动 B．商业存在
C．境外消费 D．跨境交付

3．从国家类型看，（ ）是国际服务贸易的主体。

A．资本主义国家 B．社会主义国家
C．发达国家 D．发展中国家

4．目前大多数国家采用的是（ ）原则，我国的商标法也采用这一原则。

A．使用在先 B．注册在先
C．使用在后 D．注册在后

5．（ ）是国际技术贸易中最常见、使用最广的交易方式。

A．许可贸易 B．特许专营
C．技术服务 D．国际合作生产

6．"乌拉圭回合"谈判在全球范围内第一次就（ ）问题展开多边谈判，具有历史性的意义。

A．货物贸易 B．知识产权
C．服务贸易 D．金融贸易

7．下列不属知识产权，不受法律保护是（ ）。

A．专有技术 B．商标
C．版权 D．专利

8．商标的保护是有时间限制的，在我国商标的保护期限是（ ）。

A．7年 B．8年
C．9年 D．10年

三、多项选择题

1．国际服务贸易的特征有（ ）。

A．标的无形性 B．时空一致性
C．不可存储性 D．贸易壁垒隐蔽性
E．国际服务贸易市场垄断性

2．国际服务贸易的提供方式主要有（ ）。

A．商业咨询 B．跨境交付
C．境外消费 D．商业存在
E．自然人流动

3．国际技术贸易的特点包括（ ）。

A．无形性 B．多次交易性

C．时空一致性　　　　D．复杂性

E．技术增值性

4．专利的特点有（　　）。

A．独占性　　　　　　B．区域性

C．时间性　　　　　　D．有形性

E．实施性

5．商标的注册原则有（　　）。

A．使用在先　　　　　B．注册在先

C．混合使用　　　　　D．自愿注册原则

E．注册在后

四、判断题

1．服务是一种非实物形式的特殊劳动产品，具有一定的使用价值或效用。（　　）

2．服务贸易壁垒具有很强的隐蔽性。（　　）

3．接待外国游客属于自然人流动。（　　）

4．一直以来，英国是世界服务贸易最主要的国家。（　　）

5．发达国家的服务贸易水平较高，更倾向于实行服务业贸易自由化。（　　）

6．国际技术贸易与国际技术转让在某种意义上是一个相同的概念。（　　）

7．国际技术贸易的标的物是技术。（　　）

8．国际技术贸易比国内技术贸易所涉及的问题更复杂。（　　）

9．商标是现代经济的产物，是区别于其他商品或者服务来源的一种标志。（　　）

五、名词解释

1．现代服务业

2．国际服务贸易

3．国际服务贸易壁垒

4．国际技术贸易

六、问答题

1．简述当代国际服务贸易迅速发展的原因。

2．简述国际技术贸易的特点。

课堂讨论

通过对本章的学习,以及相关资料的阅读,探讨当前我国服务贸易发展的现状与前景问题。

第七章 跨国公司与国际贸易

学习要求

◆ **重点掌握**

跨国公司的概念
当代跨国公司的特征
第二次世界大战后跨国公司发展的主要原因
跨国公司的发展对国际贸易的影响

◆ **掌握**

跨国公司全球化时期的发展特点
垄断优势理论
内部化理论
国际生产折衷理论

◆ **了解**

跨国公司的形成
竞争优势理论
战略联盟理论

第一节 跨国公司的形成与发展

一、跨国公司的概念与特征

（一）跨国公司的概念

20世纪70年代以前，西方关于跨国公司（Multinational Firms）的名称很多，如国际公司（International Firm）、超国家公司（Supernational Enterprise）、宇宙公司（Cosmo-corporation）等。1974年，联合国经济与社会理事会（简称"经社理事会"，Economic and Social Council，ECOSOC）决定联合国统一采用"跨国公司"这一名称。

跨国公司是一个复杂的经济组织，关于跨国公司的定义，学界有着不同的看法，对其界定主要有以下3种标准。

1. 结构标准

结构标准从企业的跨国程度、高级经理人员的国籍、企业的组织形式等角度来定义跨国公司。从企业的跨国程度来看，跨国公司应该在两个或两个以上的国家从事经营活动；从高级经理人员的国籍来看，跨国公司的高级经理人员必须来自一国以上的国民；从企业的组织形式来看，跨国公司应由母国的母公司和海外的子公司组成，其实体的法律形式可以是有限责任公司、无限责任公司、股份有限公司、合资公司、合作社、公私合营等。

2. 业绩标准

业绩标准从企业的海外业务活动占整个企业业务活动的比例大小来定义跨国公司。西方学者普遍认为企业在海外的资产、利润、销售额、产值和雇员人数等必须在整个企业业务中达到25%以上才能称为跨国公司。如果根据销售额指标，联合国贸发会议1993年的一份文件认为，年销售额在10亿美元以上的才能称作跨国公司。

3. 行为标准

行为标准根据企业的战略目标来定义跨国公司。跨国公司应实行全球化经营战略，根据全球目标来处理各个地区之间的关系，最终实现整个公司的利润最大化。

国内许多教科书采用了联合国于1986年在《跨国公司行为准

"联合国贸发会议"全称为"联合国贸易和发展会议"（United Nations Conference on Trade and Development，UNCTAD），是联合国处理有关贸易和发展问题的常设机构，是由发展中国家倡议并根据第十九届联大1995号决议于1964年成立的。

第七章 跨国公司与国际贸易

则》中对跨国公司的定义：本守则中使用的跨国公司一词系指在两国或更多国家之间组成的公营、私营或混合所有制的企业实体，不论此等实体的法律形式和活动领域如何；该企业在一个决策体系下运营，通过一个或一个以上的决策中心使企业内部协调一致的政策和共同的战略得以实现；该企业中各个实体通过所有权或其他方式结合在一起，从而使其中一个或多个实体得以对其他实体的活动施行有效的影响，特别是与别的实体分享知识、资源和分担责任。

简而言之，跨国公司是指在两个或两个以上的国家拥有或控制着某种经营活动，在一个统一的决策系统中来实现其全球化经营战略目标的公司。通常跨国公司包括3种基本单位：母公司、子公司和分公司。跨国公司的母公司所在国被称为母国，母公司以外的其他实体所在的国家被称为东道国。

（二）跨国公司的特征

当代跨国公司通常具有以下特征。

1. 具有全球战略

全球战略是跨国公司最重要的特征。跨国公司不仅仅是地理上跨越了国界，更关键是其在世界范围内进行战略部署，从世界范围考虑其人、财、物的合理配置，以抢占世界市场为目标，在全球范围内获取持久性最大利润。例如，一个芭比娃娃是由10个国家和地区生产的：在美国加利福尼亚设计，各部件和服装制作分别来自日本、中国、马来西亚、印度尼西亚、韩国、意大利，然后在墨西哥组装，最后销往144个国家和地区。全球战略体现了跨国公司强烈的系统观念，跨国公司往往不是孤立地考虑一个国家的市场和资源，不考虑一个子公司或分公司的得失，而是立足世界市场，全面考虑世界的市场和资源，在多国基础上获取最大的经济利润。

【阅读资料】

通用电气公司（GE）医疗设备公司的全球战略

GE医疗设备公司（GEMS）在底特律（总部）附近制造CAT扫描仪和核磁共振仪的高端产品，在日本制造低端产品。中间市场

181

由 GE 医疗设备法国分公司提供。工程技术从美国传送到日本、法国，然后又传送回来。每一家子公司向其自己所在国市场提供营销技术。

GEMS 全球战略的核心就是针对全球客户，通过全球人才创造性地提供高价值的全球产品和服务。作为这一战略的一部分，GEMS 通过积极寻求和吸引经营领域涉足的 150 个国家的人才关注实现全球化增长。GEMS 的增长还通过收购海外公司扩大为世界各地客户提供产品和服务的能力。通过几个关键的收购项目，公司增强了现有市场地位，并开辟了新市场。例如，2003 年 4 月，GE 宣布斥资 21 亿美元收购芬兰医疗仪器公司 Instrumentarium。据报道，GE 与 Instrumentarium 合并将进一步确保 GE 在范围广泛的麻醉监控和传输、重症护理、婴儿照料和医学影像的解决等方面支持医疗保健用户，以及有助于保证护理的最高质量。

最近，为响应 GE 将公司重心从工业化国家转向亚洲和拉美的新兴市场，医疗设备公司在印度和中国建立了合资企业，来制造低端 CAT 扫描仪及各种超声波仪器，并在当地市场销售。这些仪器设备是在日本的合资企业 GE Yokogawa 医疗设备公司（GEMS 占有 75%的股份）开发的，其设计却是由合资企业 WIPRO GE 医疗设备公司（印度）的印度工程师完成的，这是因为印度工程师人员众多，薪水又不高。同时，印度和中国的工程师们共同开发低成本的产品以适应亚洲、拉美和美国市场的需要，这些市场的医疗机构对价格很敏感，需要更低价格的仪器。例如，2002 年，GEMS 就从向中国的销售中得到近 10 亿美元的收入。

尽管仍在寻求区域性市场的扩展，GE 的全球化动力在于利用全球的优势去寻找更低廉的原材料和智力资本。在材料采购方面，GE 在海外购买材料从 1997 年的 15 亿美元上升到 1999 年的 31 亿美元，到 2000 年达到 48 亿美元，每年节约额超过 10 亿美元。在人力资本方面，GE 在印度和孟加拉为其塑料、航空发动机和医疗设备等部门建立了研发中心。依靠全球智力资源，现在 GE 在相同成本下具有 3 倍的生产能力。对于医疗设备，在低成本国家生产的能力意味着可按 20 万美元低价出售 CAT 扫描仪（多数的售价在 70 万～100 万美元），而且还可赚得 30%的经营利润。

（资料来源：夏皮罗. 跨国公司财务管理基础：第五版. 蒋屏，译. 北京：中国人民大学出版社，2006）

第七章 跨国公司与国际贸易

2. 多种经营，专业分工

跨国公司的全球战略主要是通过多元化的生产经营和专业化的分工合作来实现的。多种经营促成母公司内部、母公司和子公司各自生产不同种类的产品，甚至经营彼此毫不相干的不同行业。跨国公司多种经营的发展，表明一种新的竞争形式——结构竞争的出现，即通过控制多部门的生产结构，争夺销售市场，从而使其成为多目标生产经营综合体。多种经营是跨国公司发挥其经营优势、降低风险的重要途径。同时，跨国公司往往在全球合理安排其生产和经营活动，有效地协调各国之间的分工，它可能在一个国家进行研发，在另一个国家生产零部件，在第三个国家进行组装，然后在世界市场上销售，借助各国的比较优势，进行专业化的分工来降低成本，实现规模经济。

20世纪90年代开始，在跨国公司中出现归核化现象。所谓归核化，意指多元化经营的企业将其业务集中到其资源和能力具有竞争优势的领域。

3. 国际直接投资是跨国公司形成的主要方式

跨国公司的经营发展与国际直接投资密不可分。跨国公司是国外直接投资行为的主体，而国外直接投资又促进了跨国公司的成长。随着竞争的加剧，跨国公司通过商品出口来占领世界市场的手段显得力不从心，而对外直接投资成为其快速扩张，占领世界市场的重要活动形式，可以说直接投资促成了当代跨国公司的全球化和多元化的发展态势。跨国公司对外直接投资最大的特点就是谋求对海外企业的控制权，跨国公司以少量的自有资本控制他人的巨额资本，使跨国公司国外子公司所拥有的资产大大超过其对外直接投资的累计总额。据美国商务部报告，跨国公司国外子公司的资产额相当于其对外直接投资累计额的 5~6 倍。当代跨国公司已逐步做到国外子公司销售额大于公司的对外贸易额，也就是说，名副其实的跨国公司应当是属于"国外投资型"的，而不是属于"出口型"的。

4. 具有一体化的内部管理机制

跨国公司具有一体化的内部管理机制。跨国公司的子公司或分公司分散在国外的不同地区，其母公司通过集中决策和内部贸易将各分支机构有机地统一起来，使母公司与各个子公司或分公司成为一个完整的统一体。首先，跨国公司把投资、研发、生产、销售、人力资源管理等经营活动进行集中决策，统一部署，实现各分支机构的优势互补，避免内部不必要的竞争，以达到降低管理成本、提高管理效率的目的；其次，跨国公司通过有计划的内部贸易，即对内部贸易的商品数量、商品结构、商品价格以及地理流向等进行有目的的安排和调节，来达到巩固垄断竞争优势、降低交易成本、获取高额利益的目的。内部贸易使跨国公司具有更强的灵活性来应对外部市场的不确定。

二、跨国公司的形成

跨国公司的形成可以追溯至16世纪末17世纪初欧洲的特许贸易公司。15—17世纪的地理大发现极大地促进了欧洲的海上贸易活动,区域性市场逐渐扩大为世界性市场。为了攫取更多的财富,英国和荷兰等一些海上贸易发达的国家先后成立了特许贸易公司,最有代表性的是英国的东印度公司。这些特许贸易公司探索印度、中国、非洲、加勒比及北美等国家和地区,从海上贸易中获取大量商业利润。虽然它们在进行商业活动的同时,还是国家进行海外殖民的侵略工具,但这一时期的特许公司已经具有跨国公司的雏形。

19世纪70年代前后,资本主义从自由竞争逐渐向垄断竞争阶段过渡,大量的过剩资本从国内转向海外进行投资,资本积累为跨国公司的产生提供了物质基础;同时,由于机器生产被广泛采用,企业对廉价原材料产生了大量需求,于是那些股份公司改变海外经营策略,由非生产性投资转向大规模的生产性投资,在海外探采矿藏、开发土地、修建铁路、建设港口和发展加工制造业。这种对外直接投资,催生了现代跨国公司的出现。这一期间,具有标志意义的有3家公司。1865年,德国的拜耳公司投资购买了美国纽约州奥尔班尼的苯胺工厂的股票,不久后将其吞并为自己的工厂。1866年,瑞典制造甘油炸药的阿佛列·诺贝尔(Alfred Nobel,1833—1896年)在德国汉堡开办了一家炸药厂。1867年,美国胜家缝纫机公司在英国的格拉斯哥建立缝纫机装配厂,以格拉斯哥工厂生产的产品供应欧洲和其他地区的市场。1880年,胜家缝纫机公司又在伦敦设立了销售机构,负责亚洲、非洲、南美洲一部分及欧洲大部分销售业务,垄断了欧洲市场。

拜耳公司是世界最为知名的世界500强企业之一。公司的总部位于德国的勒沃库森,在六大洲的200个地点建有750家生产厂;拥有120000名员工及350家分支机构,几乎遍布世界各国。

后来,美国的威斯汀豪斯电气公司、爱迪生电气公司、伊斯特曼·柯达公司以及新泽西州的美孚石油公司等也纷纷走向海外市场设厂,将其新产品和新技术在国外投资生产和应用,开展国际化经营,成为现代跨国公司的先驱。

19世纪末到第一次世界大战以前,欧美等国陆续出现了更多跨国生产经营的企业,其中的一些跨国公司虽经百年,但历久弥新,至今仍具有相当的影响力,如通用电气公司、西门子公司、壳牌公司、福特汽车公司等。据估计，到第一次世界大战之前，美国在海外拥有的制造业子公司已达122家，欧洲大陆国家为167家，英国有60家。从19世纪产业革命至第一次世界大战，跨国企业的先驱其资本输出是以间接投资为主，直接投资仅占总投资的10%。

【阅读资料】

美国胜家公司的发展之路

150多年来，无论是在全球繁华的大都市，还是在偏远的小山村，说起缝纫机，人们就会提起胜家，胜家已是缝纫机的同义词。美国胜家缝纫机可以说是全世界最受欢迎的家用产品之一。1851年，一位名叫列察克·梅里瑟·胜家（Isaca Meritt Singer）的美国人发明了一种代替手工缝纫的机器——缝纫机。这个革命性的发明被英国当代世界科技史家李约瑟博士称之为"改变人类生活的四大发明"之一。1853年，首批缝纫机于纽约市工厂开始生产。两年后，在法国巴黎世界展销会上取得第一个奖项。同年，美国胜家公司首创了增加销量之《分期付款》计划，成为世界上推行此种销售方式的创始者，对其后之消费市场产生深远影响。10年后，美国胜家公司已持有22个专利权，每年的缝纫机销售量达2万台。1867年，胜家公司成为美国首家跨国工业公司，在世界其他地方设厂生产，到1880年，全球销量已达25万台。家喻户晓的红色S标志，亦于此时确立。1889年，胜家公司制成了世界第一台电动缝纫机，至19世纪末期，全球销量达135万台，而一个专门从事分销及业务推广的网络亦于此时开展。进入20世纪，尤其是第二次世界大战以后，胜家公司进入了一个大发展时期，推出的许多特种缝纫机，满足和推动了服饰设计和缝纫的发展需要。

三、跨国公司的发展

（一）跨国公司发展的停滞期

第一次世界大战爆发和第二次世界大战结束期间，由于战争和经济危机，跨国公司的发展进入低谷。与欧洲各发达国家相比，美国的跨国公司在这一时期发展较快。据统计，1913年，美国187家制造业大公司在海外的分支机构有116家，1939年增为715家。

国际贸易概论

（二）跨国公司的恢复发展期

第二次世界大战以后，世界经济逐渐复苏，随着科学技术的发展，世界经济一体化程度不断提高，跨国公司迎来了快速发展的大好局面。第二次世界大战后至20世纪60年代，美国通过实施"马歇尔计划"参与欧洲和国际经济重建，为美国跨国公司大规模对外直接投资创造了极好的条件，跨国公司也获得空前发展。到60年代末，全球跨国公司（母公司）的数量突破7000家。

（三）跨国公司的扩张时期

20世纪70年代初至80年代末，随着日本和西欧各国的经济恢复和发展，其跨国公司的数量和规模快速增加，对外直接投资年均增长率为20%左右，远远高于同期美国11.1%的年均增长率。因此，尽管美国公司在70年代对外直接投资增长较前期迅速，仍处于领先地位，但其相对优势已大大下降。❶另外，日本和西欧各国的跨国公司在管理、技术等各方面与美国公司差距日渐缩小，发达国家跨国公司之间的竞争日趋激励。这一时期，发展中国家和地区的跨国公司也有了一定的发展，例如，"亚洲四小龙"在东南亚地区进行投资办厂、设立分支机构，巴西、墨西哥等在拉美地区进行跨国经营。与发达国家的跨国公司相比，发展中国家跨国公司规模还比较小，其选择投资的国家通常与母国同属一个区域。

从20世纪60年代开始，亚洲的韩国、新加坡和中国台湾、中国香港推行出口导向型战略，重点发展劳动密集型的加工产业，在短时间内实现了经济的腾飞。所谓"东亚模式"引起全世界关注，它们也因此被称为"亚洲四小龙"。

（四）跨国公司的全球化时期

20世纪90年代至今，跨国公司数目空前增加。根据联合国贸发会《世界投资报告》统计，世界范围跨国公司母公司数，1992年为3.66万家，2008年达到8.2万家；海外子公司数目，1992年为17.49万家，2008年达到81万家。跨国公司在国际经济活动中的主体地位日益显著。

这一阶段跨国公司的发展呈现以下特点。

《世界投资报告》是关于全球外国直接投资流动趋势分析的一份重要的年度工作报告，到2009年为止已经发布了19期。

1. 经营规模和实力不断扩大

联合国贸发会公布的2000年全球百名最大经济体实力排行榜上，有29家跨国公司名列其中，以石油产品为主体的埃克森-美孚公司以630亿美元的经济实力排在第45位，实力介于智利和巴基斯坦之间。其他如通用、福特、戴姆勒-克莱斯勒和壳牌等著名公司也都榜上有名，实力排名超过许多发展中国家，可以说跨国公司富可

---

❶ 杨国亮. 跨国公司经营与管理. 北京：中国人民大学出版社，2008：15.

第七章　跨国公司与国际贸易

敌国。2008 年，跨国公司国外子公司的出口估计占全世界商品和服务出口总量的 1/3，全球雇员人数达到 7700 万人，超过德国劳动力总数的 2 倍。❶

2. 向"无边界"的全球公司发展

随着跨国公司经营规模和实力的不断扩大，出现了"全球公司"这样一种更高级、更复杂的跨国公司，它们的"国家属性"开始发生明显的弱化，强化了"无边界"的开放性。全球公司在全球范围内安排战略管理和运作，将生产体系分布于全球，并把价值带给各地顾客。例如，通用电气（GE）的产品和服务范围广阔，从飞机发动机、发电设备、水处理和安防技术，到医疗成像、商务和消费者融资、媒体，客户遍及全球 100 多个国家。1997 年 GE 海外市场的营业收入占全部收入的 13%，经过十年的发展，GE 海外市场的营业收入已经超过了其在美国本土市场的营业收入，达到 53%。国际化不仅为 GE 带来了规模经济，分散了经营风险，在一定程度上避免了美国经济周期和行业经济周期的影响，同时也使通用电气树立了全球公司的形象。❷

3. 跨国公司的地区和行业分布很不均衡

跨国公司的地区与行业分布很不均衡，以海外资产衡量的世界最大 100 家跨国公司中大约有 90 家的总部设在所谓"三级"国家或地区，即美国、日本和欧盟。这些公司一半以上集中在电器和电子设备、汽车以及石油勘探与分销行业。❸

【阅读资料】

世界 500 强排行榜的十年巨变

"全球 500 强"指的是美国《财富》杂志每年评选的"全球最大五百家公司"排行榜，这个榜单从 1995 年开始到现在，每年更新一次。榜单建立之初，以企业的收入规模作为排名的主要依据，也就是说，500 强企业反映的全世界生意做得最大的 500 家公司。

2011 年是中国加入 WTO 十周年。当时中国的企业（包括香港和台湾地区）进入全球 500 强企业名单一共有 69 家企业上榜，在总

---

❶ 资料来自《2009 年世界投资报告》。
❷ 上海财经大学世界 500 强企业研究中心：世界 500 强排行榜的十年巨变。
❸ 李汉君，李艳. 国际贸易. 北京：科学出版社，2009：307.

量上刚刚超过日本，日本是 68 家，欧洲英法德三个国家加起来正好是 100 家。美国的上榜企业达到了 133 家，几乎是中国的两倍。美国的上榜企业不仅数量多，综合实力也最强，500 强的前三名，美国企业就占了两席，分别是第一名的沃尔玛和第三名的埃克森美孚。

2021 年，全球 500 强企业排行榜，和十年前相比，榜单出现了诸多变化，其中最为明显的就是中国企业的综合实力已经起来了。2011—2021 年这十年之间，是中国经济发展的黄金十年，中国企业进入全球 500 强榜单的增速，和国家经济发展速度是一致的。2021 年，中国一共有 143 家企业入围全球 500 强的名单，比十年前增加 74 家，翻了一倍都不止，更是超过美国的 122 家企业，成为上榜企业数量最多的国家。美国数量上虽然不如中国，但在企业质量上却仍然占领领先地位。排在榜单前十名的，有 5 家是美国企业，占据了半壁江山。从企业的盈利能力来看，剔除掉银行，中国企业的利润水平是 23 亿美元左右，美国是 47 亿美元，美国企业的平均利润规模是中国的两倍。除此之外，在上榜的科技型企业中，仍然以美国企业的数量最多，最具代表性的就是美国的亚马逊和苹果公司，分别在榜单排名第三和第六。

和中美两国形成鲜明对比的是日本，到 2021 年，在全球 500 强企业榜单上，日本的上榜企业只剩下了 53 家，比十年前减少了 15 家，如果再往前看十年，20 年前，日本作为全球第二大经济体，曾经有 107 家企业上榜，如今企业数量下降到只剩一半。然而，即便是上榜的企业少了一半，从全球来看，日本企业在数量上仅次于中国和美国，仍然能排在前三的位置，比德国、法国和英国等传统欧洲强国都要多，在日本之后，德国的上榜企业有 27 家，法国 26 家，英国 22 家。

2022 年，中国大陆（含香港地区）上榜企业达到 136 家，加上中国台湾地区的企业，中国共上榜 145 家公司，数量继续位居各国之首。美国则排名第二，共上榜 124 家企业，较 2021 年新增 2 家。与往年不同，本次榜单美国企业营收总额首次被中国企业赶超。中国占 500 家上榜企业总营收的 31%。美国上榜企业占总营收的 30%。但美国在平均水平以及企业实力上依旧强劲，依然拥有较大优势。从盈利角度来看，也是美国企业拥有优势。中国上榜的 145 家企业，年平均利润约为 41 亿美元，而美国上榜企业平均利润却高达 100.5 亿美元，几乎是中国企业的 2.5 倍。

第七章　跨国公司与国际贸易

4. 发展中国家的跨国公司迅速崛起

虽然在世界跨国公司的舞台上，发达国家一直处于支配地位，但是令人不可忽视的是，20世纪90年代后发展中国家的跨国公司也迅速崛起，发展中国家在世界对外直接投资中的比重逐渐上升。目前，发展中经济体的跨国公司数量约占全球的1/4，巴西、中国内地、中国香港、印度和韩国的跨国公司数在过去的10年里增加了450%，从2700家增加到14800家。❶越来越多的发展中国家的企业正在成长为跨国企业，《财富500强》中发展中国家企业已从1998年的29个增加到2005年的45个。

5. 跨国并购与战略联盟成为跨国公司发展的重要模式

20世纪90年代，为适应经济全球化和提高本国企业竞争力，跨国并购与战略联盟成为跨国公司发展的重要模式。随着竞争的加剧，以及新技术、新产品开发风险的增大，跨国公司通过组建战略联盟来加强彼此之间的合作性竞争，使得战略联盟成为跨国公司发展的新趋势。另外，跨国并购也成为跨国公司提高其全球竞争力的重要手段。在西方主要国家和地区中，美国2007年上半年并购交易总额比上年增长75%，达到至1万亿美元以上，而平均每年并购交易额比上年增长58%，为2.98亿美元。同年7月底，欧洲企业的并购交易规模达到1.29万亿美元，超过2006年全年的水平。❷

四、第二次世界大战后跨国公司发展的主要原因

第二次世界大战后跨国公司的迅猛发展有着深刻的经济和政治因素，归纳起来主要有以下几方面。

1. 科技革命和生产力的进步为跨国公司的迅猛发展提供了物质基础

第二次世界大战后，以原子能技术、航天技术、电子计算机的应用为代表的第三次科技革命带动了一批新兴工业部门的出现，特别是电子计算机的迅速发展和广泛运用，开辟了信息时代，极大地推动了生产力的发展。一方面，凭借资本与先进技术的优势，使得跨国公司得以跨越国门，在更广阔的世界市场攫取更多利润；另一方面，电子信息技术和现代交通工具的广泛应用，使得跨国公司全

第三次科技革命是人类文明史上继蒸汽科技革命和电力科技革命之后科技领域里的又一次重大飞跃，是迄今为止人类历史上规模最大、影响最为深远的一次科技革命。

---

❶ 龚雄军. 当前世界贸易投资基本情况及发展展望. 国际贸易，2007（3）：59.
❷ 张金杰. 国际直接投资形势的回顾与展望. 2008年世界经济形势分析与预测，2008：152.

球一体化的经营管理得以实现。因此，科技革命和生产力的进步为跨国公司的迅猛发展提供了物质基础。

2. 应对激烈的国内外市场竞争是跨国公司迅猛发展的内在动力

首先，由于国内竞争的日趋激烈，跨国公司将视线转向海外，通过在海外建立生产基地、寻找高素质人才、开拓更广阔的市场来达到降低成本，占领市场份额的目的；其次，一些国家通过设置贸易壁垒来保护民族产业，限制其他国家产品进入，跨国公司为了能将产品打入这些国家，就采用直接投资的方式，在当地生产、当地销售，从而与这些国家本土的企业竞争。因此，应对国内外激烈的市场竞争是跨国公司迅猛发展的内在动力。

3. 投资环境改善是跨国公司迅猛发展的外在推力

首先，第二次世界大战后，发达国家为了谋求经济的快速发展，出台了种种优惠政策，鼓励或扶持本国跨国公司对外扩张，另外，政府还通过外交手段，消除贸易壁垒，为本国跨国公司的对外扩张构建良好的贸易环境；其次，发展中国家为了发展本国经济，制定了各种政策引进外资，也为跨国公司在发展中国家的扩张提供了条件；第三，跨国金融组织的发展为遍布世界各地的跨国公司融资活动提供了便捷。因此，外部投资环境的改善是跨国公司迅猛发展的外在推力。

第二节　跨国公司理论

20世纪60年代，跨国公司快速发展起来，并逐渐成长为世界经济舞台中的重要角色，这引起了西方学者的普遍关注，许多学者从政治、经济、文化等方面对跨国公司进行了深入、系统的研究，形成了众多的理论派别。随着跨国公司自身的不断发展，理论的支撑重心从经济学的产业组织理论、交易成本理论、国际贸易理论，向组织理论和行为理论过渡。

一、垄断优势理论

垄断优势理论（Monopolistic Advantage Theory）又称所有权优势理论或公司特有优势理论，是最早研究对外直接投资的独立理论。1960年，该理论由美国麻省理工学院教授斯蒂芬·海默（Stephen

Hymer）在他的博士论文《国内企业的国际化经营：对外直接投资的研究》中首先提出的，后来经其导师 C.P. 金德贝格进行了补充和发展。

（一）主要观点

在海默之前，理论界通常认为无论是对外直接投资还是间接投资，资本的跨国流动是由于各国间利息率（或利润率）的差异造成的，资本总是从资本充裕的国家流向资本稀缺的国家。但是海默认为外国直接投资不同于一般意义上的外国金融资产投资，直接投资的目的是控制国外的经营活动，而间接投资则是为了获取股息、债息和利息。

通过对美国跨国企业的研究，海默总结出企业对外直接投资的两个条件：一是企业必须要拥有垄断优势；二是市场不完全性的存在。海默认为，市场不完全是企业对外直接投资的基础，因为在完全竞争市场条件下，企业不具备支配市场的力量，它们生产同样的产品，同样地获得生产要素，因此对外直接投资不会给企业带来任何特别利益，而在市场不完全条件下，企业则有可能在国内获得垄断优势，并通过对外直接投资在国外生产并加以利用。这种垄断优势足以抵消跨国竞争和国外经营所面对的种种不利而使企业处于有利地位。企业可以凭借其拥有的垄断优势排斥东道国企业的竞争，维持垄断高价，导致不完全竞争和寡头的市场格局，这就是企业进行对外直接投资的主要原因。海默还认为美国企业拥有的技术与规模等垄断性优势，是美国能够在国外进行直接投资的决定性因素。

垄断优势理论把跨国公司从事对外直接投资所凭借的垄断优势分为以下四类：①来自产品市场不完全的垄断优势；②来自要素市场的垄断优势；③来自规模经济的垄断优势；④来自政府干预的垄断优势。

市场不完全性体现在以下四个方面：商品市场不完全，即商品的特异化、商标、特殊的市场技能以及价格联盟等；要素市场不完全，表现为获得资本的不同难易程度以及技术水平差异等；规模经济引起的市场不完全，即企业由于大幅度增加产量而获得规模收益递增；政府干预形成的市场不完全，如关税、税收、利率与汇率等政策。

（二）理论评价

垄断优势理论较好地解释了那一时期美国企业对外直接投资的动机和优势，开创了以国际直接投资为对象的新研究领域，使国际直接投资的理论研究开始成为独立学科。但是，20 世纪 60 年代以后日本中小企业进行的对外直接投资，以及发展中国家进行的对外直接投资并不具备资本和技术密集优势，它们的直接投资规模不大，投资领域也多是劳动密集型行业，用垄断优势理论显然难以对此做出合理的解释。

二、内部化理论

内部化理论（Internalization Advantage Theory）又称市场内部化理论，由英国里丁大学学者巴克莱（P. J. Buckley）和卡森（M. Casson）于 1976 年在《跨国公司的未来》一书中提出。

（一）主要观点

内部化理论认为，市场可以分为内部市场和外部市场。外部市场存在于企业的外部，受市场的供求关系和价值规律影响。而内部市场存在于企业内部，其交易价格不受供求关系影响，而由企业根据其战略目标自行制定。内部化就是企业内部建立市场的过程，以企业的内部市场代替外部市场。

内部化理论建立在 3 个假设的基础上：①企业在不完全市场上从事经营的目的是追求利润最大化；②当生产要素特别是中间产品的市场不完全时，企业就有可能以内部市场取代外部市场，统一管理经营活动；③内部化超越国界时就产生了跨国公司。

中间产品是继续投入生产过程的初级产品和工业再制品，是经过一些制造或加工过程，但还没有达到最终产品阶段的产品。

该理论认为由于市场的不完全，若将企业所拥有的中间产品通过外部市场来组织交易，则难以保证厂商实现利润最大化目标。例如，信息如果在外部市场转让，很可能导致扩散，企业或许会面对损失和交易成本增加的可能性。但是，如果企业建立内部市场，可利用企业管理手段协调企业内部资源的配置，避免市场不完全对企业经营效率的影响。因此，内部化理论认为跨国公司通过构建公司内市场，用内部市场代替外部市场，可以克服外部市场上的交易障碍，弥补市场机制不完整缺陷所造成的风险与损失。跨国公司实行内部化的动机有 3 个：减少交易成本、防止中间产品市场不完全的消极影响和运用转移定价手段。市场不完全性及企业的性质是内部化理论的核心。

（二）理论评价

内部化理论是西方学者跨国公司理论研究的一个重要转折。以前的理论主要研究发达国家企业海外投资的动机与决定因素，而内部化理论则研究各国企业之间的产品交换形式与企业国际分工与生产的组织形式，较好地解释了第二次世界大战以来跨国公司的迅速发展和扩张行为。

内部化理论的不足之处有两点：一是内部化理论虽具有综合

性,但不少学者指出它并未涵盖一切,仍不足以称为跨国公司投资理论的"通论",如它不能解释对外直接投资的地理方向和跨国经营的布局,常为重视区位因素的学者们所批评;二是在内部化理论中,分析的重点是生产组织的一般形式,而海默等对跨国公司垄断行为特征的分析不见了,应该说这是内部化理论的一个缺憾。

三、邓宁的国际生产折衷理论

国际生产折衷理论(The Eclectic Theory of International Production)又称国际生产综合理论,是由英国瑞丁大学教授邓宁(J. H. Dunning)于1977年在《贸易、经济活动的区位和跨国企业:折衷理论方法探索》中提出,1981年,他在《国际生产和跨国企业》一书中对该理论又进行进一步阐述。

邓宁认为,一方面以往的跨国公司理论都侧重资本流动方面的研究,只能对国际直接投资做出部分解释,而没有将直接投资、国际贸易和区位优势综合起来加以考虑,因此需要一种综合分析的方法;另一方面,20世纪60年代以后,日本、西欧国家的跨国公司崛起,发展中国家的企业也出现了对外直接投资的现象,美国跨国公司的地位有所下降,研究对象发生了新的变化。国际生产折衷理论的提出正是基于以上两点考虑。

(一)主要观点

邓宁的国际生产折衷理论融合了以往的3种理论研究成果,包括海默的垄断优势理论、巴克莱和卡森的内部化理论、俄林的区位优势理论。国际生产折衷理论认为一个企业要从事对外直接投资必须同时拥有以下3种优势。

(1)所有权优势(Ownership Advantage)。所有权优势主要是指企业所拥有的比外国企业更大的优势。这种优势包括两个方面:一是由于独占无形资产所产生的优势;二是企业规模经济所产生的优势,这一优势至少在一定的时期内为该企业所垄断。

(2)内部化优势(Internalization Advantage)。内部化优势是指跨国公司通过内部化可以比通过外部市场交易获得更多利益的优势。

(3)区位优势(Location Advantage)。区位优势是指跨国公司在投资区位上在某些方面较国内优越。区位优势的大小决定着跨国企业对外直接投资和投资区位的选择。

区位优势包括两个方面:一是指东道国要素禀赋所产生的优势,如自然资源、地理位置、人口、市场结构及其规模、收入水平、基础设施;二是指东道国的政治法律制度、经济政策、基础设施、教育水平、文化特征等。

以上这3种优势的不同组合，还决定了企业进入国际市场和从事国际经济活动的不同方式（参见表 7-1）。如果企业仅有所有权优势和内部化优势，而不具备区位优势，这就意味着缺乏有利的海外投资场所，因此企业只能将有关优势在国内加以利用，而后依靠产品出口来供应当地市场。如果企业只有所有权优势和区位优势，则说明企业拥有的所有权优势难以在内部利用，只能将其转让给外国企业。如果企业具备了内部化优势和区位优势而无所有权优势，则意味着企业缺乏对外直接投资的基本前提，海外扩张无法成功。企业必须同时兼备所有权优势、内部化优势和区位优势才能从事有利的海外直接投资活动。这种三位一体的组合也被称为"OIL"模式。

表 7-1　　　　跨国公司国际经济活动方式的选择

进入国际市场的方式	所有权优势	内部化优势	区位优势
许可证安排	√	×	×
出口	√	√	×
对外直接投资	√	√	√

（二）理论评价

邓宁的国际生产折衷理论克服了以往对外直接投资理论的片面性，形成一个综合的理论框架，不仅解释不同类型的直接投资行为，而且可以解释企业选择进入国际市场3种方式的原因，还可以解释企业的地理分布以及企业跨国兼并行为，与以往的直接投资理论相比更具适应性，使国际生产折衷理论达到一个新的理论高度。

国际生产折衷理论也有不足之处，表现为以下两个方面：第一，国际生产折衷理论所提出的对外直接投资条件过于绝对化，使之有一定的片面性。邓宁强调只有3种优势同时具备，一国企业才可能跨国投资，并把这一论断从企业推广到国家，因而解释不了并不同时具备3种优势阶段的发展中国家迅速发展的对外直接投资行为，特别是大量对发达国家的直接投资活动。第二，该理论局限在从微观上对企业跨国行为进行分析上，缺乏从国家利益的宏观角度来分析不同国家的企业对外直接投资的动机。因此，该理论对实行自由企业制度的发达国家来讲是恰当的，而对于一些发展中国家特别是国有制企业，这些分析并不恰当，缺乏解释力。

四、竞争优势理论

竞争优势理论由美国哈佛大学商学院教授迈克尔·波特（Michael E. Porter）于20世纪90年代初提出，该理论从战略管理的角度对跨国公司的直接投资行为给予了全新解释，因此，一些学者也将其称为跨国公司的战略管理理论。

（一）主要观点

波特认为竞争是企业成败的关键所在，一个国家要想在全球竞争中战胜对手，国内需要有激烈的竞争，这样的竞争一方面促使企业向海外发展直接投资；另一方面又为企业在国际竞争中获胜创造了条件。竞争战略就是企业在某一产业里寻找一个有利的竞争地位，即针对决定产业竞争的各种影响力而建立一个有利可图的和持之以恒的地位。在《全球性的工业竞争》一书中，波特提出了价值链（Value Chain）的概念，并用以描述企业战略形成过程和竞争优势的来源。所谓价值链是指企业生产中一系列有显著差别又互相联系的活动的集合，企业的每一项经营管理活动就是这一价值链上的一个环节。在一个企业众多的"价值活动"中，并不是每一个环节都创造价值，那些真正创造价值的经营活动，就是企业价值链的"战略环节"。战略环节应控制在企业内部，其他非战略环节则完全可以分散出去利用市场减低成本、增加灵活性。因此跨国公司在进行国际竞争时，要考虑两个要素：一是价值链上各个环节的经营活动如何在不同国家进行区位布局；二是处于不同国家价值链上各个环节如何进行协调。这两个要素的合理安排会使跨国公司形成一种新的竞争优势。

（二）理论评价

竞争优势理论所提出的价值链分析框架与以往理论的不同之处在于，它不对跨国公司配置资源的效率作任何判断，它和管理学文献一样，密切关注企业层面竞争优势的来源，侧重研究这些优势对全球价值链结构和企业间动态联系的影响。价值链框架是一种极为有效的分析工具，它对当代跨国公司发展的新趋势诸如战略联盟、跨国并购、离岸外包等企业行为都有着很好的解释力。

> 外包是指企业将生产或经营过程中的某一个或几个环节交给其他公司完成。离岸外包则指外包商与其供应商来自不同国家，外包工作跨国完成。

五、战略联盟理论

战略联盟（Strategic Alliance）的概念最早由美国数字设备公司

(Digital Equipment Corporation,DEC)总裁简·霍普兰德(J. Hopland)和管理学家罗杰·奈杰尔(R. Nigel)提出,尽管目前管理学界和企业界对企业战略联盟的概念仍有争议,但通常人们认为战略联盟是两个或两个以上的经济实体为了实现特定的战略目标而采取的任何股权或非股权形式的共担风险、共享利益的长期联合与合作协议。

(一)主要观点

跨国公司战略联盟成因可以归结为以下的一些观点。

(1)战略缺口。当跨国公司分析竞争环境、评估自身竞争力和资源时,经常发现,在竞争环境客观要求它们取得的战略绩效目标与它们依靠自身的资源和能力所能达到的目标之间存在一个缺口,即战略缺口。这一缺口限制了跨国公司的自我发展道路,从而客观上要求跨国公司借助外力,走战略联盟之途。跨国公司的战略缺口愈大,参与战略联盟的动机就愈强烈。

(2)技术结盟。高科技的开发和研究往往需要巨额的人力、物力、财力投入,另外,高科技的应用往往是为了达到多种目的,有的还须与其他技术相配套才能发挥更大的作用,这就要求跨国公司之间互相合作,优势互补,共结技术性的战略联盟。❶

(3)市场要素。跨国公司为了适应东道国的政策,比如贸易保护或者产业保护政策,选择与东道国的企业联盟来达到进入东道国市场的目的;另外,市场日趋细分化,迫使跨国公司改变以往传统的大规模标准化产品生产模式,转而向不同市场寻找联盟伙伴来扩大其市场份额。

(二)理论评价

跨国公司战略联盟是当代跨国公司适应国际市场竞争而演化出来的企业组织制度的创新形式,跨国战略联盟理论解释了这种新的竞争形态出现的动因和内在机理,但其在理论层面并没有太大突破。

【阅读资料】

小规模技术理论

跨国公司理论一直以来都是以西方发达国家的跨国公司为研

---

❶ 王振宁. 简析当代跨国公司理论的发展特征. 价格月刊,2007(4):79.

究对象，然而发展中国家跨国公司的迅猛发展对传统跨国公司理论提出了挑战。小规模技术理论是发展中国家跨国公司理论中较有代表性的一种理论。

美国经济学家刘易斯·威尔斯（Louis J. Wells）于1977年在题为《发展中国家企业的国际化》一文中提出"小规模技术理论"。该理论认为，发展中国家跨国公司的竞争优势主要表现在以下三方面：

（1）拥有为小市场需要服务的劳动密集型小规模生产技术。低收入国家商品市场的一个普遍特征是需求量有限，大规模生产技术无法从这种小市场需求中获得规模效益，许多发展中国家正是开发了满足小市场需求的生产技术而获得竞争优势。

（2）在国外生产民族产品。发展中国家对外投资主要是为服务于国外同一种族团体的需要而建立。根据威尔士的研究，以民族为纽带的对外投资在印度、泰国、新加坡、马来西亚以及中国台湾、中国香港的投资中都占有一定比例。

（3）产品低价营销战略。与发达国家跨国公司相比，生产成本低、物美价廉是发展中国家跨国公司形成竞争优势的重要原因，也是抢占市场份额的重要武器。

第三节 跨国公司对国际贸易的影响

跨国公司的发展对国际贸易既有积极影响，也有消极作用，但普遍认为，跨国公司对国际贸易的积极作用是主要的。

一、对国际分工的影响

20世纪80年代以后，跨国公司的迅猛发展推动了经济全球化的进程，国际分工也产生了重要的变化。跨国公司的全球化战略使得其把整个世界视为自己的生产车间和销售市场，从而成为国际分工的主角，它不仅变革了国际分工的方式，同时也推动国际分工不断深化。

1. 国际分工主体的变化

传统国际分工以国家为主体，而当代国际分工则是以跨国公司为主体。跨国公司凭借其在全球生产、技术、营销网络中的支配地位，成为国际分工的主要参与者和组织者，并使得传统分工的国家边界日益弱化。

2. 国际分工机制的变化

最终产品是"中间产品"的对称，是一定时期内生产的而在同期内不再加工、可供最终消费和使用的产品。

传统的国际分工主要以国家的绝对成本、比较成本、要素禀赋为基础，依赖于国与国之间最终产品交换的市场机制；而在当代，国家与国家之间的商品买卖实质上可能是各个跨国公司内部的交易，国际分工越来越多的转变为跨国公司企业内部的分工，跨国公司企业管理机制代替了市场机制，成为国际分工的新手段。全球分工界限不再是最终产品，而是最终产品的价值增值环节。

3. 国际分工形式的变化

传统的国际分工以垂直分工为主，即经济技术发展水平相差悬殊的国家之间的国际分工，如发展中国家生产初级产品，发达国家生产工业制成品，这是不同国家在不同产业间的垂直分工。而在当代，由于跨国公司在全球生产中的组织力量使得混合型分工成为主流，国际分工呈现出产业间分工、产业内分工、产品内分工并存的多层次格局。

二、促使国际贸易商品结构优化

初级产品又称原始产品，指未经加工或因销售习惯而略作加工的产品，人们通过劳动，直接从自然界获得的、尚待进一步加工或已经简单加工的产品。

跨国公司海外投资领域的变化与国际贸易商品结构的变化密切相关。20 世纪 60 年代以前，跨国公司的海外投资主要集中在初级产品和资源领域，在国际贸易商品结构中，初级产品的出口占主要地位。20 世纪 60 年代以后，随着科学技术的飞速发展，跨国公司的投资领域逐渐转向资本密集型和技术密集型的制造业部门，随之而来的是工业制成品在国际贸易中的比重不断上升，并超过初级产品所占的比重。20 世纪 90 年代之后，工业制成品贸易年均增长 9.8%，而初级产品贸易仅增长 2.2%。根据世界贸易组织统计，1990 年全世界贸易额中，农产品占 12.2%，矿产品占 14.4%，制造品占 70.4%，而 2001 年分别是 9.1%、13.2%、74.8%。❶ 世界市场上汽车、动力设备、半导体、计算机、电器等重要制成品贸易以及原油、铜、铝矾土、氧化铝、棉花等初级产品贸易均被跨国公司所垄断。

三、促进国际技术贸易的发展

第二次世界大战以后，在第三次科技革命的推动下，国际技术

---

❶ 曹亮. 21 世纪国际贸易发展新趋势. 中南财经政法大学学报，2003（4）：105.

贸易得到了快速的发展。据统计，从 20 世纪 60 年代起，国际商品贸易年均增长 10.5%，而同期的国际技术贸易年均增长 16.5%，同时，国际技术贸易在国际贸易中的比重迅速提高，由 1965 年的 1% 提高到 10% 以上。而且国际技术贸易额在 1985 年只有 500 亿美元，2005 年则突破 1 万亿美元。国际技术贸易成为当前国际贸易的重要组成部分。

跨国公司在国际技术贸易中扮演最为主要的角色。跨国公司是世界技术创新的主要力量，世界 70%～80% 的技术成果是由跨国公司开发的。西方发达国家的跨国公司控制着发达国家技术贸易的 80%，而发展中国家技术贸易的 90% 也被控制在西方国家的跨国公司手中。❶跨国公司在国际技术贸易中处于垄断地位，成为国际技术贸易最活跃的力量和最重要的组织者。

跨国公司的技术贸易活动主要通过内部贸易的方式进行。据统计，国际技术贸易的 80% 以上是投资国母公司与东道国子公司之间形成的。跨国公司通过内部的技术贸易，不仅获得丰厚的利润，还将资本输出和技术结合起来，通过国外的子公司来争夺市场。

四、对东道国贸易发展的影响

跨国公司的生产经营活动对东道国的贸易发展有着重要的影响，尤其是在很大程度上有助于促进东道国制成品出口的增长。对于那些缺乏技术和设备，但自然资源丰富、原材料供应量充足、原材料加工品出口占较大比重的发展中国家来说，跨国公司的进入将有助于提高其出口产品的附加值，也有助于东道国扩大劳动密集型产品的出口规模。对于缺乏管理技术、设计能力、营销技能的东道国，通过与跨国公司建立合资企业，就可以利用跨国公司的垄断优势排除市场障碍，迅速扩大出口规模，在世界市场上获取更多的份额。

跨国公司对东道国贸易的促进作用还体现在其他间接层面。例如，由于跨国公司的进入，会导致东道国市场竞争的加剧，从而迫使当地企业扩大产品出口；通过跨国零售商和贸易公司的协作关系，东道国企业增强了与国外消费者的联系；制造业中外资企业的当地采购和零部件分包安排，增强了东道国企业与国际市场的联系等。

---

❶ 杜奇华，冷柏军. 国际技术贸易. 北京：高等教育出版社，2006：12.

五、推动国际贸易理论的发展

跨国公司的发展拓宽了国际贸易的广度和深度,同时,也进一步推动了国际贸易理论的发展。传统的国际贸易理论为国与国之间的自由贸易提供了有力的理论支撑。建立在比较优势学说基础上的国际贸易理论认为,每个国家都应该进行专业化生产,出口本国能创造相对效益最高的产品,并进口其他国家相对效益最高的产品。这一理论假设是商品和劳务可以在国际间流动,但生产要素,如资本、劳动力和土地则相对不能流动。而且该理论仅涉及无差别产品的交换,它忽略了国际贸易中的不确定性、规模经济、运输成本及技术这些因素的作用。然而,要理解跨国公司的发展,就只有放宽古典贸易理论的传统假设。与亚当·斯密和大卫·李嘉图的假设相反,跨国公司是在某些生产要素国际流动的基础上出现的,那种靠出口产品的传统的世界经济模式已由另一种模式所取代,那就是价值增值在不同国家进行。

因此,当代国际贸易理论不再局限于产业或国家层次,而是力求将企业行为理论、工业组织理论与国际分工理论融为一体。

六、对国际贸易发展的消极影响

跨国公司在促进国际贸易发展的同时,也给国际贸易带来一些消极影响。首先,跨国公司垄断了某些产品的贸易和市场之后,往往操纵国际市场价格,进行不等价交换,损害了所在国的经济利益。尤其是跨国公司利用关联企业间的业务活动逃避所在国的税收和外汇管制,影响了所在国的贸易收入和国际收支。据哥伦比亚 1972 年对外国子公司的调查,它们从母公司进口产品的价格普遍高于世界市场的价格,其中药物高 150%,化工产品高 25%,电器高 54%。其次,跨国公司从全球战略出发安排其商品生产和销售市场,使东道国难以干预其进出口数量和贸易方向,对所在国的市场结构和国际收支都有不同程度的负面影响。

本章小结

1. 跨国公司是指在两个或两个以上的国家拥有或控制着某种经营活动,在一个统一的决策系统中来实现其全球化经营战略目标的公司。

第七章 跨国公司与国际贸易

2．当代跨国公司通常具有以下特征：①具有全球战略；②多种经营、专业分工；③国际直接投资是跨国公司形成的主要方式；④具有一体化的内部管理机制。

3．第二次世界大战后跨国公司的迅猛发展有着深刻的经济和政治因素：①科技革命和生产力的进步为跨国公司的迅猛发展提供了物质基础；②应对激烈的国内外市场竞争是跨国公司迅猛发展的内在动力；③投资环境改善是跨国公司迅猛发展的外在推力。

4．垄断优势理论认为市场不完全是企业对外直接投资的基础，因此，企业可以凭借其拥有的垄断优势排斥东道国企业的竞争，维持垄断高价，导致不完全竞争和寡头的市场格局，这就是企业进行对外直接投资的主要原因。垄断优势理论把跨国公司从事对外直接投资所凭借的垄断优势分为以下4类：来自产品市场不完全的垄断优势、来自要素市场的垄断优势、来自规模经济的垄断优势、来自政府干预的垄断优势。

5．内部化理论认为，由于市场的不完全，若将企业所拥有的中间产品通过外部市场来组织交易，则难以保证厂商实现利润最大化目标。但是，如果企业建立内部市场，可利用企业管理手段协调企业内部资源的配置，避免市场不完全对企业经营效率的影响。跨国公司实行内部化的动机有3个：减少交易成本、防止中间产品市场不完全的消极影响和运用转移定价手段。

6．国际生产折衷理论融合了以往的 3 种理论研究成果，包括海默的垄断优势理论、巴克莱和卡森的内部化理论、俄林的区位优势理论。该理论认为一个企业要从事对外直接投资必须同时拥有三种优势：所有权优势、内部化优势、区位优势，这种三位一体的组合也被称为"OIL"模式。

7．跨国公司对国际贸易的影响：①改变了国际分工的方式；②促使国际贸易商品结构优化；③促进国际技术贸易的发展；④促进了东道国对外贸易的发展；⑤推动了国际贸易理论的发展。

练习题

一、填空题

1．通常跨国公司都包括3种基本单位：_____、_____、_____。

2．跨国公司的母公司所在国被称为_____，母公司以外的其他实体所在的国家被称为_____。

3．_____是跨国公司形成的主要方式。

4．跨国公司的形成可以追溯至16世纪末17世纪初欧洲的_____。

5．最早的三家具有现代意义的跨国公司是德国的_____、瑞典的_____、美国的_____。

6．跨国公司的地区与行业分布很不均衡，以海外资产衡量的世界最大100家跨国公司中大约有90家的总部设在所谓"三级"国家或地区，即_____、_____和_____。

7．_____又称所有权优势理论或公司特有优势理论，是最早研究对外直接投资的独立理论。

8．内部化理论认为，市场可以分为_____和_____。

9．国际生产折衷理论融合了以往的3种理论研究成果，包括海默的_____、巴克莱和卡森的_____、俄林的_____。

10．传统国际分工以_____为主体，而当代国际分工则是以_____为主体。

二、单项选择题

1．（　　）是跨国公司形成的主要方式。
　A．出口　　　　　　　　B．国际直接投资
　C．特许经营　　　　　　D．战略联盟

2．美国第一家跨国公司是（　　）。
　A．胜家缝纫机公司　　　B．东印度公司
　C．阿佛列·诺贝尔公司　D．拜耳化学公司

3．以下错误的是（　　）。
　A．跨国公司是指在两个或两个以上的国家拥有或控制着某种经营活动，在一个统一的决策系统中来实现其全球化经营战略目标的公司
　B．跨国公司是国外直接投资行为的主体，而国外直接投资又促进了跨国公司的成长
　C．跨国公司的母公司所在国被称为东道国
　D．全球战略是跨国公司的重要特征

4．（　　）是最早研究对外直接投资的独立理论。
　A．垄断优势理论　　　　B．内部化理论

C．国际生产折衷理论　　D．竞争优势理论

5．国际生产折衷理论融合了以下的 3 种理论研究成果，但不包括（　　）。

　　A．海默的垄断优势理论
　　B．巴克莱和卡森的内部化理论
　　C．俄林的区位优势理论
　　D．波特的竞争优势理论

三、多项选择题

1．以海外资产衡量的世界最大 100 家跨国公司中大约有 90 家的总部设在所谓"三级"国家或地区，即（　　）。

　　A．美国　　　　　　B．日本
　　C．澳大利亚　　　　D．欧盟
　　E．东盟

2．垄断优势理论把跨国公司从事对外直接投资所凭借的垄断优势分为以下 4 类（　　）。

　　A．来自竞争者的垄断优势
　　B．来自产品市场不完全的垄断优势
　　C．来自要素市场的垄断优势
　　D．来自规模经济的垄断优势
　　E．来自政府干预的垄断优势

3．跨国公司的地区与行业分布很不均衡，以海外资产衡量的世界最大 100 家跨国公司一半以上集中在（　　）。

　　A．电器和电子设备　　B．建筑
　　C．汽车　　　　　　　D．石油勘探
　　E．分销行业

4．20 世纪 90 年代以后，跨国公司的发展呈现出以下特点（　　）。

　　A．经营规模和实力不断扩大
　　B．向"无边界"的全球公司发展
　　C．跨国公司的地区和行业分布很不均衡
　　D．发展中国家的跨国公司迅速崛起
　　E．跨国并购与战略联盟成为跨国公司发展的重要模式

5．跨国公司实行内部化的动机有（　　）。

　　A．扩大经营规模
　　B．减少交易成本

C．防止中间产品市场不完全的消极影响

D．占领广阔市场

E．运用转移定价手段

6．国际生产折衷理论认为，一个企业要从事对外直接投资必须同时拥有3种优势（　　）。

A．所有权优势　　　　B．内部化优势

C．垄断优势　　　　　D．区位优势

E．技术优势

四、判断题

1．名副其实的跨国公司应当是属于"出口型"的，而不是属于"国外投资型的"。（　　）

2．第二次世界大战后，科技革命和生产力的进步为跨国公司的迅猛发展提供了物质基础。（　　）

3．内部化理论认为跨国公司通过构建公司外部市场，用外部市场代替内部市场，可以克服内部市场上的交易障碍，弥补市场机制不完整缺陷所造成的风险与损失。（　　）

4．国际生产折衷理论认为，企业必须同时兼备所有权优势、内部化优势和区位优势才能从事有利的海外直接投资活动。（　　）

5．传统国际分工以跨国公司为主体，而当代国际分工则是以国家为主体。（　　）

6．由于跨国公司在全球生产中的组织力量使得混合型分工成为主流，国际分工呈现出产业间分工、产业内分工、产品内分工并存的多层次格局。（　　）

7．跨国公司的发展对国际贸易既有积极影响，也有消极作用，但普遍认为，跨国公司对国际贸易的积极作用是主要的。（　　）

五、名词解释

1．跨国公司

2．战略联盟

六、问答题

1．当代跨国公司具有什么特征？

2．第二次世界大战后跨国公司发展的主要原因是什么？

3．简述垄断优势理论。

4．简述内部化理论。

5．简述国际生产折衷理论。

6．论述跨国公司对国际贸易的影响。

课堂讨论

通过本章学习以及收集课外资料，讨论西方发达国家的跨国公司进入我国后会对我国的对外贸易产生什么影响。

第八章　国际贸易条约、协定与组织

学习要求

◆ **重点掌握**

贸易条约与协定
贸易条约与协定所适用的法律待遇条款
世界贸易组织的基本原则
中国加入世界贸易组织后的权利与义务

◆ **掌握**

贸易条约与协定的种类
关税及贸易总协定
世界贸易组织

◆ **了解**

贸易条约与协定的构成
乌拉圭回合
中国加入世界贸易组织的历程

第八章 国际贸易条约、协定与组织

第一节 贸易条约与协定

一、贸易条约与协定的概念

贸易条约与协定（Commercial Treaties and Agreements）是指两个或两个以上主权国家为了确立它们之间的经济贸易关系而缔结的书面性协议。

贸易条约与协定属于国际法的范畴。

贸易条约与协定按照缔约国之间的关系，可分为双边贸易条约与协定与多边贸易条约与协定。双边贸易条约与协定是指两个主权国家之间所缔结的贸易条约与协定。多边贸易条约与协定是指两个以上主权国家共同缔结的贸易条约与协定。

贸易条约与协定的签署，通常由缔约国各方派遣的全权代表签订，经缔约国立法机关通过、最高权力机关批准，缔约国相互交换批准后才能生效。贸易条约与协定一般都反映了缔约国对外政策，特别是对外经济贸易政策的要求和利益，并为缔约国实现其对外政策和对外经济贸易政策的目的服务。贸易条约与协定虽然是在所谓的"自由贸易、公平竞争"的口号下签订的，但实际上缔约国之间利益的分享，往往通过它们的经济实力来保证，因此它们从贸易条约与协定中所获得的好处存在着很大差异。

二、贸易条约与协定的构成

贸易条约与协定与其他国际条约一样，一般由序言、正文和约尾3个部分构成。

序言通常载明缔约方之间的愿望和发展经济贸易应该遵循的原则，并载明缔约国的名称和全权代表的姓名等。

贸易条约与协定的正文，是贸易条约与协定的主要组成部分，其内容主要是对各缔约方权利、义务的具体规定。不同的贸易条约与协定，所包含的具体内容和具体条款有所区别，总体结构框架相同，但具体主要内容及条款不同。

约尾一般规定条约的生效方式与日期、有效期限、延长有效期或废止程序、使用的文字、份数、缔约国全权代表的签字、签约地点等事项。

三、贸易条约与协定所适用的法律待遇条款

在国际贸易条约与协定的签订中，缔约国相互给予对方一定的优惠待遇，并适用于一定法律待遇条款，通常所适用的法律待遇条款有最惠国待遇条款和国民待遇条款等。

（一）最惠国待遇原则条款

最惠国待遇原则（Most-favored Nation Treatment，MFN）是指缔约国一方现在和将来所给予任何第三国的一切特权、优惠及豁免，也同样给予缔约国对方。它是贸易条约和协定的一项重要和常用条款。

根据国际贸易条约实践，最惠国待遇有以下几种形式。

（1）无条件的和有条件的最惠国待遇。无条件最惠国待遇是指缔约国一方已经给予或者将来给予任何第三国的优惠和豁免，也应当无条件地给予缔约国另一方。有条件的最惠国待遇是指缔约国一方给予第三国的优惠和豁免如果是有条件的，则缔约国另一方要享有这种优惠和豁免，必须提供同样的条件。当前国际上采用较多的是无条件的最惠国待遇。

（2）互惠的和片面的最惠国待遇。互惠的最惠国待遇是指缔约双方所给予的最惠国待遇是同等互利的。片面的最惠国待遇是指缔约国一方单方面给予缔约国另一方的最惠国待遇。

（3）无限制的和有限制的最惠国待遇。无限制的最惠国待遇对最惠国待遇的适用范围不作任何限制。有限制的最惠国待遇对最惠国待遇的适用范围在某些方面作了一定的限制。目前国际条约中，一般采用互惠的、无条件的、有限制的最惠国待遇。

最惠国待遇的范围很广，通常包括以下几个方面。

（1）有关进口、出口、过境商品的关税及其他各种捐税。

（2）有关商品进口、出口、过境、存仓和换船方面的海关规则、手续和费用。

（3）进、出口许可证的发放及其他限制措施。

（4）船舶驶入、驶出和停泊时的各种税收、费用和手续。

（5）关于移民、投资、商标、专利及铁路运输方面的待遇。

最惠国待遇条款也有可以不执行的例外情况。

（1）一国给予邻国的特权和优惠。

（2）边境贸易和运输方面的特权和优惠。

> 最惠国待遇早在 12 世纪在地中海沿岸各城邦与阿拉伯各国的通商中，就已有雏形。15—17 世纪最惠国条款一词已出现。18 世纪美国最先使用有条件最惠国待遇，19 世纪英国开始使用无条件最惠国待遇。

第八章 国际贸易条约、协定与组织

（3）有特殊历史、政治、经济关系的国家间形成的特定地区的特权和优惠。

（4）经济集团内部各成员国相互给予对方的特权和优惠。

【阅读资料】

最惠国待遇案例：美国石油歧视案

案由：1991年，美国环保局提出了对于国内和国外炼油商不同的标准，他们认为国外炼油商缺乏1990年检测的、足以证明汽油质量的真实数据，只能通过一个"法令的底线"显示他们汽油的质量。而国内炼油商可以通过3种可行方法制定"独立的底线"。这一标准对外国炼油商采取了歧视政策，造成市场竞争的不均衡，从而引起一场贸易纷争。

委内瑞拉在给WTO的诉状中强调，美国石油标准违背了GATT中的最惠国待遇，因为它对从某一第三国（加拿大）进口的石油采用了"独立底线"方案。同时，美国也违背了国民待遇，因为对美国国内石油公司采取了更优惠的待遇。

裁决：美国败诉。

点评：最惠国待遇和国民待遇是WTO给予各成员的最基本的权利和义务。伤害国民待遇或最惠国待遇，就会引起贸易争端。WTO多个案例都运用了这一原则，说明一个看似简单易懂的原则却含有着最丰富的内容。这就要求在关税、政策、规则等各个层面进行调整，避免出问题。另外，还要学会"真正"运用国民待遇原则。

（二）国民待遇原则条款

国民待遇原则（National Treatment）是指缔约国一方保证缔约国另一方的公民、企业和船舶在本国境内享受与本国公民、企业和船舶同等的待遇。

国民待遇原则条款是最惠国待遇原则的重要补充。这种待遇一般适用于外国公民或企业的经济权利，并非政治方面的待遇。根据国际法和国际惯例，国民待遇通常是互惠的，以不损害国家主权、独立与安全为前提，其适用范围具有一定限制。适用范围通常包括：外国公民的私人经济权利、外国产品应缴纳的国内税、利用铁路运输转口过境的条件、船舶在港口的待遇、商标注册、著作权及发明

209

专利权的保护等。但沿海航行权、领海捕鱼权、土地购买权、零售贸易权等通常不包括在内。

四、贸易条约与协定的种类

贸易条约与协定的种类很多，但常见的有通商航海条约、贸易协定、贸易议定书、支付协定、国际商品协定等。

（一）通商航海条约

通商航海条约（Treaty of Commerce and Navigation）又称友好通商条约（Friendship Commerce Navigation Treaty），是指针对通商航海等事宜全面规定两国之间经济、贸易关系的一种贸易条约。

通商航海条约是狭义的贸易条约。

通商航海条约的特点如下。
（1）内容较为广泛，涉及经济贸易关系的各个方面。
（2）生效手续比较复杂。
（3）有效期限较长。

通商航海条约的内容涉及关税的征收、海关手续、船舶航行、使用港口、双方公民与企业在对方国家所享受的待遇、知识产权的保护、进口商品征收国内税、过境、铁路、争端仲裁、移民等。

（二）贸易协定

贸易协定（Trade Agreement）是指两个国家或几个国家之间为调整和发展相互之间的经济贸易关系而签订的书面协议。

与贸易条约相比，贸易协定所涉及的面比较窄，对两国之间的贸易关系往往规定得比较具体，有效期较短，签订程序也较简单，一般只需经签字国的行政首脑或其代表签署即可生效。

贸易协定的主要内容涉及最惠国待遇条款的规定、进出口商品货单和进出口贸易额、作价原则和使用货币的规定、支付和清算办法的规定、优惠关税的规定等。

（三）贸易议定书

贸易议定书（Trade Protocol）是指两国之间就发展贸易关系中某项具体问题所达成的书面协议。这种贸易议定书往往是作为贸易协定的补充、解释或修改而签订的。在签订长期合同时，关于年度贸易的具体事项，往往要通过议定书的方式加以确定，签署时往往比贸易协定简单，一般由签字国有关行政部门的代表签署后即可生效。

(四)支付协定

支付协定(Payment Agreement)大多为双边支付协定,是指两国之间关于贸易和其他方面债权、债务结算办法的书面协议。

> 支付协定是国家外汇管制的产物。

支付协定其主要内容涉及清算机构的确定、清算账户的设立、清算项目与范围、清算货币、清算办法、差额结算办法的规定等。

(五)国际商品协定

国际商品协定(International Commodity Agreement)是指在某项初级产品的主要出口国和进口国之间,就双方有关该项产品贸易方面的权利与义务等问题,经过谈判达成的多边协议的总称。

国际商品协定主要适用于一些初级产品,这些初级产品的生产出口国大多是发展中国家,主要进口国大多是发达国家。

国际商品协定的主要目的和类型有两个:一是垄断某种初级产品出口供给,联合提价,取得垄断利润;二是防止初级产品国际市场价格的大幅度波动,保证重要的初级产品的合理分配。

在国际商品协定中,订立的主要条款包括经济条款以及行政条款。经济条款主要是规定各成员国的权利和义务,如出口配额、缓冲存货、多边合同等。行政条款主要规定组织机构以及表决权等,但由于受到发达国家的操纵,这种协定机制发挥的作用有限。

【阅读资料】

OPEC 与两次"石油危机"

众所周知的最典型最成功的国际生产者卡特尔的事例是欧佩克(OPEC),它分别在 1973—1974 年和 1979—1980 年发起了轰动世界的所谓"石油危机"石油输出国组织成员国都从中获得了巨大的经济收益。OPEC 联合提价何以能够如此成功?①世界石油需求增长迅速;②世界石油供给过分集中;③地区冲突导致的政治性联合;④石油恐慌心理促成石油危机;⑤美国对中东石油的过分依赖;⑥保护非再生资源的心理作用。这些因素的作用使得 1973—1974 年的"第一次石油危机"效果非常显著,石油输出国组织成员国几乎一夜之间变成了"富裕国家",但是,好景不长,1974—1978 年 OPEC 成员国的集体团结力量逐渐受到削弱,国际市场的原油的实际价格下跌 1/6。1979—1980 年,OPEC 成员国再次组织石油大提

价，形成了"第二次石油危机"，虽然这次联合提价不如前一次效果那么大，但伊朗革命的爆发和西方国家的石油恐慌心理（主要是对于1973—1974年"石油危机"记忆犹新）导致国际市场的原油价格翻了一番多，再加上20世纪80年代初期美元持续坚挺，使得以美元计价的石油出口国受益匪浅。

1985年以后，OPEC的集体团结力量再次受到削弱，由于石油提价导致西方国家的进口需求减弱，再加上其他非OPEC国家石油产量和出口量的增加，导致国际市场的石油价格下跌，尽管OPEC也曾经好不容易达成了一项限产协议，但该协议一开始就有几个成员国违反规定，而且在石油出口中大搞价格折扣，相互欺诈，国际市场的石油价格大幅度下跌。

第二节 世界贸易组织

世界贸易组织（World Trade Organization，WTO）简称世贸组织或世贸，是一个独立于联合国的永久性国际组织。1995年1月1日正式开始运作，负责管理世界经济和贸易秩序，总部设在瑞士日内瓦。1996年1月1日，它正式取代关税及贸易总协定临时机构。

一、世界贸易组织的建立

（一）关税及贸易总协定的建立

关税及贸易总协定（General Agreement on Tariffs and Trade，GATT）简称关贸总协定，是指政府间缔结的有关关税和贸易规则的多边国际协定。

20世纪30—40年代，国际贸易保护主义盛行。第二次世界大战结束后，世界经济出现萧条，作为主战区的欧洲，经济遭受重创。日本战时也耗尽了财力，经济面临崩溃。美国却在战争中提高了自己的经济实力。第二次世界大战以后，美国已拥有西方世界一半以上的生产能力、1/3的出口贸易和3/4的世界黄金储备，此时已经完全有实力和西欧国家开展对外自由贸易，美国政府希望本国企业积极开展对外贸易来扩展世界市场，因此积极倡导贸易自由化，并且希望欧洲各国积极响应。在美国的积极倡导与推动下，1946年2月，

第八章 国际贸易条约、协定与组织

联合国经济与社会理事会（简称"经社理事会"，Economic and Social Council，ECOSOC）举行了第一次会议，会议通过了世界贸易与就业的决议草案，成立筹备委员会，着手筹建国际贸易组织。1946年10月，筹备委员会第一次召开会议，审查美国提交的国际贸易组织宪章草案。1947年4月，筹备委员会在日内瓦召开第二次会议，商谈关税减让问题，讨论与修改国际贸易组织宪章草案。1947年10月30日，经过多次的会议谈判，以美国为首的23个国家在日内瓦签署了《临时议定书》，决定从1948年1月1日起，关税及贸易总协定生效。中国也参加了关税及贸易总协定的签订，也是缔约国。关贸总协定自成立以来，就与世界银行（WBG）和国际货币基金组织（IMF）一起，被称为世界经济的"三大支柱"，对世界经济起着重要的影响。

IMF是政府间国际金融组织。它是根据1944年7月签订的《国际货币基金协定》，于1945年12月27日与世界银行同时成立。

关贸总协定的总部在日内瓦，设有4个层次的组织机构。

（1）缔约方大会。缔约方大会是关贸总协定的最高权力机构，每年一般举行一次大会，讨论和处理有关重要的问题。在决策方式上，采用一致原则，通常不采用投票的方式。此外，缔约方大会拥有立法的权利。

（2）代表理事会。代表理事会是总协定的最高司法机构，主要负责处理大会闭会期间的一些重大问题及例常性事务，每年通常要开8次会议。在代表理事会中，设主席1名，由缔约方大会选举产生，任职期限1年。

（3）专门委员会。在关贸总协定中，特意设立专门的委员会，主要有关税减让、国际收支、进口许可、贸易壁垒、贴补和反贴补税、海关估价以及政府采购等委员会。这些专门委员会的主要职责是负责对各专门委员会的主要问题进行审议。

（4）秘书处。秘书处以总干事为首，总干事担任执行秘书长的职务，包括一些精通贸易政策和统计的专家以及具有丰富经验的行政工作人员所组成。在秘书处中，总干事主要起斡旋职责，利用其职务影响，处理与调解各缔约方之间的争议，促使各缔约方遵守总协定的规定，此外，总干事也负责处理一些经常性的事务工作。

关贸总协定作为一个国际性多边协定，本身是一个法律文件，它包括四个部分38个条款9个附件，以及各国的关税减让表。第一部分是核心，有2条，涉及普遍最惠国待遇与关税减让表。第二部分是对各缔约国贸易政策的基本规定，有21条。第三部分是对关贸总协定各种程序与手续的规定，共有12条。第四部分是对发展中国家贸易与发展的规定,共有 3 条。9 个附件主要是对条文的补充说明。

关贸总协定是国际贸易组织成立前的一个过渡性步骤,从性质上来看,关贸总协定不是一个正式的国际组织,也不是联合国的一个专门机构,而只能说它是一个准国际组织。

关贸总协定的宗旨是在互惠互利的基础上,大幅度地削减关税,取消贸易壁垒,消除国际贸易上的差别待遇,实行贸易自由化,保证充分就业和人民生活水平的提高,充分利用世界资源,扩大商品生产和交换,促进国际贸易的发展,推动世界经济的增长。

40 多年来,关贸总协定在国际贸易方面做了大量的工作,对世界经济发展起到重要推动作用,具体可归纳为以下几个方面。

(1) 多次主持关税减让谈判与多边贸易谈判,推动了贸易自由化的开展。

(2) 为反对贸易保护主义、申诉贸易歧视待遇、消除不合理的非关税壁垒提供一个磋商的平台与场所,缓和了国与国之间的贸易关系。

(3) 建立起一个多边贸易体制,制定了一整套有关国际贸易的规章与规则,达成了一系列的协议,得到各缔约国的认同。

(4) 提供国际贸易方面的各种情报和资料,出版了相关的刊物与书籍,增进了解各国经济、贸易和金融情况,提高透明度,有助于各缔约国政府制订贸易政策时作为决策的依据。

(5) 培训各国贸易官员,为促进国际贸易的信息交流和人才培训提供服务。

(二) 乌拉圭回合

"乌拉圭回合"(Uruguay Round)指关贸总协定举行的第 8 次多边贸易谈判,因在乌拉圭举行而得名。

关贸总协定自成立以来,共开展了 8 个轮回的多边贸易谈判,主要是针对国际贸易中所涉及的关税与非关税问题。在前 5 个轮回的贸易谈判中,主要针对关税减让问题而展开,尚未涉及非关税壁垒问题,也未涉及对农产品的贸易谈判,主要还是针对工业品。1964 年 5 月至 1967 年 6 月和 1973 年 9 月至 1979 年 4 月,关贸总协定举行了第六轮和第七轮贸易谈判,谈判的内容不断地扩大,不仅涉及关税减让问题,而且还包括非关税壁垒问题,对农产品问题也开始进行协商,并达成相关协议,历史上把这两次贸易谈判称为

"肯尼迪回合"（Kennedy Rround）谈判和"东京回合"（Tokyo Round）谈判，特别是在"东京回合"谈判中，达成了2个有关农产品的协议——奶制品协议和牛肉协议。

然而自20世纪70年代以来，世界经济经历了由高速到停滞的转变，加上两次主要的经济危机的影响，世界经济处于低迷的状态。进入20世纪80年代，以政府补贴、双边数量限制、市场瓜分等非关税措施为特征的新贸易保护主义重新抬头，国际间贸易摩擦不断。为了打破这种贸易壁垒，促进国际贸易健康有序的发展，新一轮贸易谈判的展开迫在眉睫。1986年9月15日，关贸总协定决定在乌拉圭的埃斯特角城举行第8轮多边贸易谈判，即"乌拉圭回合"谈判。

1964年5月至1967年6月在瑞士日内瓦举行的第六轮谈判，是当时美国总统肯尼迪根据1962年通过的美国《拓展法》提议召开的，故称"肯尼迪回合"。

关贸总协定第七轮多边贸易谈判，1973年9月始于日本东京，后改在瑞士日内瓦举行，1979年4月结束。

与前几轮谈判不同，在"乌拉圭回合"谈判中，具有以下一些特点。

（1）涉及议题多。"乌拉圭回合"谈判的议题是历届谈判中议题最多的一次，多达15个，不仅涉及关税问题与非关税壁垒问题，也包括工业品和农产品贸易问题，也包括有形贸易与无形贸易问题，如"乌拉圭回合"谈判尚未开始，与会各方就农产品贸易与服务贸易问题展开了激烈的争论。

（2）时间长。该轮回谈判历时7年之久，从1986年9月开始，一直持续到1993年12月15日结束，是关贸总协定历史上历时最长的一次马拉松式谈判。

（3）参与国家多。在"乌拉圭回合"谈判中，共有117个国家和地区参加，有19个观察国、30多个国家组织、5000多人出席，并第一次在发展中国家召开。

（4）谈判难度大。在此次谈判中，面临着新旧议题交织的局面，传统议题涉及关税、非关税措施、热带产品、自然资源产品、纺织品服装、农产品、保障条款、补贴和反补贴措施、争端解决等。新议题涉及服务贸易、与贸易有关的投资措施、与贸易有关的知识产权等。这些议题中，有的议题非常棘手，而且与会各方都想"最大索取，最小付出"，致使谈判艰难，矛盾重重。

（5）影响深。此次谈判最终达成了多项协议，并决定以具有国际法资格的世贸组织代替关贸总协定，这对世界经济与国际贸易发展具有深远的影响。

"乌拉圭回合"经过7年之久，取得了一系列重大成果：达成了《乌拉圭回合最后文件》，包括关税与非关税措施、农产品协议、

纺织品与服装协议、服务贸易总协定、与贸易有关的投资措施协议和知识产权协议等；达成了《保障措施协议》、《总协定体制的作用》和《综合性争端解决机制要素》等协议，进一步明确了多边贸易体制的法律框架，提高了争端解决机制有效性与可靠性；成立具有国际法人资格的世界贸易组织，取代临时性的关贸总协定，以便在国际贸易领域中发挥其更大的作用。

（三）世贸组织正式建立

虽然关贸总协定在国际贸易中发挥了积极的作用，大大地促进了国际贸易的发展，对推动国际贸易自由化创造了有利的条件，但由于关贸总协定本身不是一个正式的国际组织，这种体制上的缺陷限制了它的作用更大地发挥，如非法人主体职能调解监督，而不能对违规者进行制裁，在争端协调的解决机制中，不具有系统性，缺乏全球的监督机构等。因此，创立一个正式的国际贸易组织的必要性日益凸显。1994年4月15日，"乌拉圭回合"谈判参加方在摩洛哥马拉喀什通过了《建立世界贸易组织马拉喀什协定》，简称《建立世界贸易组织协定》。该协定规定，任何国家或在处理其对外贸易关系等事项方面拥有完全自主权的单独关税区，都可以加入世界贸易组织。在《乌拉圭回合最后文件》正式生效的同一天，即1995年1月1日，世界贸易组织宣告成立。

（四）世界贸易组织和关贸总协定的关系

1. 世界贸易组织和关贸总协定的区别

（1）组织性质不同。关贸总协定是个临时性的国际贸易组织，以临时适用的多边贸易协议形式存在，不具有法人地位。世界贸易组织是一个正式的、永久的、具有法人资格的国际组织。世界贸易组织是根据《维也纳条约法公约》的规定成立的国际组织，具有独立的国际法人资格，是一个常设性、永久性存在的国际组织。

（2）管辖范围不同。关贸总协定只针对传统的货物贸易问题进行处理。世界贸易组织不仅要处理货物贸易问题，还要处理服务贸易、与贸易有关的知识产权、与贸易有关的投资措施以及长期游离于关贸总协定之外的农产品贸易问题，此外其协调与监督的范围远大于关贸总协定。

（3）职权范围不同。世界贸易组织的职权范围更大，不仅包括原有关贸总协定作为组织实施多边贸易协议以及作为多边贸易谈判

第八章　国际贸易条约、协定与组织

场所外,还负责定期审议成员国的贸易政策,解决贸易争端,加强与国际货币基金组织和世界银行的合作。

(4)争端解决机制不同。关贸总协定的争端解决机制,遵循协商一致的原则,但没有规定解决争端的时间表。世界贸易组织则采用反向协商一致的原则,明确了争端解决和裁决实施的时间表,而且裁决具有自动执行的效力。与关贸总协定相比,世界贸易组织的争端解决机制在法律形式上更具权威性。

2. 世界贸易组织和关贸总协定的联系

关贸总协定是世界贸易组织的前身,两者具有内在的历史继承性,不仅有宗旨、职能、基本原则及规则等的继承,而且关贸总协定有关条款,是构成世界贸易组织的重要组成部分。同时它们提供了国际贸易协商与调解的平台,对促进国际贸易的发展,起着重要的推动作用。

二、世界贸易组织的概况

> 世界贸易组织成员分四类:发达成员、发展中成员、转轨经济体成员和最不发达成员。

(一)世界贸易组织的宗旨和目标

世界贸易组织继承关贸总协定的宗旨,并强调扩大服务贸易、保护和维护环境、确保成员方(包括发展中成员)在国际贸易增长中得到与其经济发展相适应的份额和承担相适应的义务。具体内容如下。

(1)提高生活水平,确保充分就业,大幅稳定地提高居民的实际收入和有效需求。

(2)拓展货物和服务的生产和贸易。

(3)走可持续发展之路,充分合理地利用世界资源,保护环境,提高资源的利用效率。

(4)大幅削减关税与非关税壁垒,消除国际贸易中的歧视待遇。

(5)确保发展中国家,特别是最不发达国家在国际贸易增长中获得与其经济与发展水平相应的份额和利益。

世界贸易组织的目标是建立一个完整的,包括货物、服务、与贸易有关的投资及知识产权等内容的,更具活力、更持久的多边贸易体系,使之可以包括关贸总协定贸易自由化的成果和乌拉圭回合多边贸易谈判的所有成果。

(二)世界贸易组织的职能

世界贸易组织是一个具有法人地位的国际经济机构。它为处理协调各成员方之间的贸易关系提供了一个有效的法律框架。根据有关协定条款规定，其主要职能有以下几个方面。

（1）组织实施世界贸易组织负责管辖的各项贸易协定、协议，促进世界贸易组织目标的实现，同时为诸边贸易协议的执行管理和运作提供组织保障。

（2）为各成员就多边贸易谈判及处理各协定、协议等事务提供一个平台与场所，并提供实施谈判结果的框架。

（3）按照一体化的争端解决机制，主持调解各成员间的贸易纠纷。

（4）按照有关贸易政策审议机制，对各成员的贸易政策法规以及与贸易有关的国内经济政策进行定期审评。

（5）协调与国际货币基金组织和世界银行等其他国际经济组织的关系，以保障全球经济决策的凝聚力，实现全球经济决策的更大一致性。

（6）向发展中国家和转型经济国家提供必要的技术援助及培训。

（三）世界贸易组织的机构

根据《关于建立世界贸易组织的协定》的规定，世界贸易组织的主要机构包括以下。

1. 部长级会议

部长级会议是世界贸易组织最高决策和权力机构，由全体成员派出的代表组成，每两年至少举行一次会议。部长级会议主要负责对世界贸易组织的各项协定修改和权威性解释；对贸易争端争议的裁决；在特定情况下对某成员义务的豁免；批准接纳新成员或观察员等。

2. 总理事会

在部长级会议闭会期间，由总理事会代其行使相关职能。总理事会由全体成员方的代表组成，每年定期召开6次会议，通常每两个月开一次。负责处理世界贸易组织的日常事务，监督与指导各项协定的贯彻与执行情况。

3. 理事会

总理事会下设货物贸易理事会、服务贸易理事会和知识产权理事会，它们在总理事会指导下分别负责管理、监督相关协议的实施。

第八章 国际贸易条约、协定与组织

4. 专门委员会

总理事会下还设有 5 个专门委员会，包括贸易与发展委员会、贸易与环境委员会、国际收支限制委员会、区域贸易协议委员会和预算、财务与行政委员会等，主要负责处理 3 个理事会的共同事务及其他相关事务。

5. 秘书处

世界贸易组织下设秘书处，秘书处由总干事负责，总干事领导由部长级会议任命，负责处理日常事务，其中总干事、副总干事和秘书处工作人员独立行使各自职责，只接受部长级会议的指示。

三、世界贸易组织的基本原则

（一）自由贸易原则

自由贸易原则是指通过多边贸易谈判，实质性进行关税减让和削减非关税壁垒，尽可能地取消不必要的贸易障碍，开放货物、服务等贸易市场，扩大成员方之间在货物、服务贸易等方面的利益。在自由贸易原则中，包含 5 个要点：成员方须以共同规则为前提；以多边贸易谈判为路径；以争端解决机制为手段；以贸易救济措施为保障；以过渡期方式体现差别。

贸易救济是指对在对外贸易领域或在对外贸易过程中，国内产业由于受到不公平进口行为或过量进口的冲击，造成了不同程度的损害，各国政府给予他们的帮助或救助。

（二）公平竞争原则

公平竞争原则也被称为公平贸易原则，是指在国际贸易中，各国应减少或没有政府干预，在公开、公平、公正的市场环境中进行竞争。在国际市场上，一些国家为了达到扩大出口的目的，经常以倾销或补贴的方式出口商品。进口国如果遇此情况，应采取反倾销或反补贴措施进行抵制，维护公平竞争的贸易环境，而且世界贸易组织对反倾销和反补贴问题也作了严格的程序规定。

（三）非歧视原则

非歧视原则是指各成员在主权平等的基础上进行贸易往来。主权平等是世界贸易组织全部规则体系的基础，它充分体现了平等精神。非歧视原则主要体现在最惠国待遇和国民待遇两个原则上。

（四）透明度原则

透明度原则是指各成员方对有关进出口贸易的各项政策、法律、法规、条例，在未正式公布之前不得实施。但透明度原则同时

219

也规定，不要求成员方公布那些可能会影响到违反公共利益或损害企业正常商业利益的机密资料。它的最大目的是保证各成员方在贸易政策上能够实现最大限度的透明。

（五）取消数量限制原则

数量限制是一种非关税壁垒措施，是通过限制进口产品数量的办法来保护本国的市场。在世界贸易组织中，要求成员继续关税减让和削减非关税壁垒，促进贸易自由化，但同时又容许在一定情况下的数量限制，但这种数量限制必须本着非歧视原则，以稳定国际收支平衡，促进发展中国家经济发展为目的。

（六）对发展中国家优惠待遇原则

在世界贸易组织宗旨中，就强调确保发展中国家，特别是最不发达国家在国际贸易增长中获得与其经济与发展水平相应的份额和利益。因此世界贸易组织对发展中国家给予优惠待遇，允许发展中成员在遵守世界贸易组织规则的前提下，有较长的过渡期，并且在履行义务时，有一定的灵活性，此外还对发展中成员提供必要的技术援助等。

四、中国与世界贸易组织

（一）中国加入世界贸易组织的历程

1948年1月1日关税及贸易总协定生效，中国是23个创始缔约国之一，但中华人民共和国成立后的几十年里，因当时特殊的历史背景，中国一直游离于关贸总协定之外。

1986年7月10日，我国正式向关贸总协定提出恢复我国缔约国地位的申请，要求恢复中国在关贸总协定缔约方地位，并提出"复关"的三项基本原则：一是恢复中国在关贸总协定的创始缔约国的合法席位，而不是重新加入；二是以关税减让为入门条件；三是以发展中国家的身份"复关"，以享受发展中国家的待遇。1987年2月13日我国向关贸总协定提交《中国对外贸易制度备忘录》，并详细介绍了我国经济体制改革、对外贸易政策、对外贸易体制等。针对中国"复关"的申请，关贸总协定专门成立了"中国关贸总协定缔约方地位工作组"，在《中国对外贸易制度备忘录》基础上，对中国的对外贸易政策制度进行全面的审议，并就中国"复关"所涉及的问题进行实质性的谈判。

第八章 国际贸易条约、协定与组织

与此同时,1986年9月在乌拉圭埃斯特角城召开"乌拉圭回合"谈判中,中国获得了以"全面参加方"的资格参加了此次谈判。1991年10月,中国政府向工作组提交了《补充备忘录》。1993年年底,在"乌拉圭回合"结束前,中国与关贸总协定缔约方举行了密集的市场准入谈判。1994年4月,在马拉喀什召开的关贸总协定部长级会议上,中国政府签署了"乌拉圭回合多边贸易谈判结果最后法案",但仍不是世界贸易组织创始成员。1995年1月1日,世界贸易组织成立,中国创始缔约国地位不复存在,只能通过谈判加入世界贸易组织。1999年11月15日,中美两国就中国加入世界贸易组织达成了双边协议。2000年5月19日,中国与欧盟也就中国加入世界贸易组织达成了双边协议。到2000年年底,中国基本上已与所有世界贸易组织成员达成了双边协议。2001年9月中旬,中国加入世贸组织工作组在日内瓦召开了第18次会议,各方期望中国于年底前加入世贸组织。2001年11月10日,世界贸易组织在多哈举行了第四次部长级会议,审议通过了《关于中华人民共和国加入的决定》和《中华人民共和国加入议定书》。2001年12月11日,中国正式成为世界贸易组织的第143名成员。同一天,中国台湾以"台、澎、金、马特别关税区"的名义加入了世界贸易组织,成为第144名成员,加上1986年和1991年中国香港和中国澳门以单独关税区的名义加入关贸总协定,这样我国在世界贸易组织中拥有"一国四席"。

(二)中国加入世界贸易组织后的权利与义务

加入世界贸易组织是我国进一步加快经济发展的一个重要契机,不仅可以享受世界贸易组织谈判的结果,同时也要求履行相应的义务。

1. 加入世贸组织后主要享有的权利

(1)享受非歧视待遇。非歧视待遇也称为无差别待遇,主要包括最惠国待遇与国民待遇,在前面已提及最惠国待遇与国民待遇的内涵。加入世贸组织前,我国只能通过双边贸易协定来获得某些国家的最惠国待遇,这种待遇经常受政治关系的影响,具有不稳定性。加入世贸组织后,我国可以以世界贸易组织成员的地位享受多边的、无条件的、稳定的最惠国待遇和国民待遇,并在更大范围内享受有利的竞争条件。

(2)享受发展中成员方特殊待遇和普惠制待遇。根据联合国贸易与发展会议决议,发展中成员方享受发达成员方给予的单方面的优惠待遇,而不向发达成员方提供相应的义务。允许发展中成员方继续享受普遍优惠制。加入世贸组织之前,世界上共有 21 个国家给予我国普惠制待遇,加入世贸组织后我国将享受更多国家给予的这种待遇。

> 普惠制待遇是发达国家对发展中国家出口的制成品或半制成品,单方面在最惠国税率的基础上给予关税减免的一种优惠制度。

(3)享受贸易自由化成果。贸易自由化要求各成员方在保证履行"乌拉圭回合"以及世界贸易组织成员达成的协议与协定时,逐步降低关税,减少贸易壁垒,消除国际贸易中的歧视待遇,扩大货物、服务和与贸易有关的投资方面的准入度。与此同时,世界贸易组织要求各成员方加强对知识产权的保护。因此,世界贸易组织已不再是一个纯粹的"自由贸易"组织,它是一个致力于贸易自由化与贸易保护相结合,使成员方进行开放、公平和无扭曲竞争的贸易组织。我国加入世贸组织后,就可以享受"乌拉圭回合"以及世界贸易组织成员达成的协议与协定的自由化成果和保护措施的权利。

(4)享有决策权。加入世贸组织前,我国以观察员身份参加世界贸易组织,在多边贸易体制决策中,只有表态权,没有表决权。加入世贸组织后,我国不仅有发言权,而且还有决策权,这更有利于维护我国在世界多边贸易体系中的合法权益。

(5)享有利用磋商机制解决贸易争端权利。世界贸易组织的争端解决机制是保障多边贸易体制的可靠性和可预见性的核心因素。各成员方承诺,不采取单边行动,而是通过多边争端解决机制寻求救济。加入世贸组织后,当我国与世界贸易组织其他成员方发生贸易摩擦或贸易纠纷时,有权按照世界贸易组织的争端解决机制进行处理,如双边解决不成,可上诉到世界贸易组织争端解决机构,由其出面最终解决。

(6)享有公平竞争和了解信息的权利。在国际贸易中,有权对世界贸易组织其他成员不公平竞争行为采取措施,予以纠正。同时加入世贸组织后,可以享有了解其他成员方的政策和措施的资料和信息。

2. 加入世贸组织后应承担的义务

(1)削减关税与取消非关税壁垒。世界贸易组织的宗旨中明确规定,各成员方在互惠互利的基础上削减关税,取消非关税壁垒。目前,发达成员方的进口关税税率已经降到 3.8%左右,发展中成员方的进口关税税率也已下降到 11%左右。我国加入世界贸易组织后,也必须逐步降低关税水平,从原有的 15.3%的关税总体水平进

第八章 国际贸易条约、协定与组织

一步下降到 2005 年的 10%。同时我国必然要按照世界贸易组织的要求，逐步削减进出口配额、进出口许可证、外汇管制及技术检验标准等非关税壁垒。

（2）开放服务业市场。随着各国经济的发展，服务业在整个国民经济中的地位不断提高，国际服务贸易也日益增加。在"乌拉圭回合"谈判达成的服务贸易总协定（GATS）中，要求成员方对服务贸易执行与货物贸易同样的无歧视和无条件的最惠国待遇、国民待遇、透明度，以及逐步地降低贸易壁垒，开放银行、保险、运输、建筑、旅游、通信、法律、会计、咨询、商业批发、零售等行业。加入世界贸易组织后，我国应逐步地、有选择地、有范围地、不同程度地开放一些服务业，引进竞争机制，提高我国服务业的质量，增强我国服务业的竞争力。

（3）扩大知识产权的保护范围。根据世界贸易组织实施管理的"与贸易有关的知识产权协定"，要求各成员方扩大对知识产权的保护范围，加强对知识产权的保护。我国作为发展中国家与发达国家在知识产权管理水准尚有一段距离。加入世贸组织后要求扩大知识产权的保护范围，将使我国有关企业必须通过付费的方式才能合法地使用西方发达国家的专利，政府也须对有损国家和企业名誉的侵权行为进行严惩。

（4）放宽和完善外资政策。根据世界贸易组织实施管理的"与贸易有关的投资措施协议"，我国需进一步改进在引进外资政策和引进外资法规方面存在不完善的地方，以及在给予外国投资者国民待遇方面的不足之处，增加贸易政策的透明度，扩大外商投资的范围，改善外商投资环境。

（5）接受争端解决机构裁决义务。在享有与世界贸易组织成员方磋商解决贸易摩擦，通过争端解决机制解决贸易纠纷的权利的同时，也有接受和履行世贸组织其他成员方磋商解决贸易摩擦和接受世贸组织争端解决机构裁决的义务，不搞单边报复。

（6）缴纳会费。世界贸易组织成员必须缴纳会费，按其在世界出口中所占比例缴纳一定会费，我国加入后也不例外。

【阅读资料】

中美轮胎特保案

2009 年 6 月 29 日美国国际贸易委员会（ITC）以中国轮胎扰

乱美国市场为由，建议美国将在现行进口关税（3.4%～4.0%）的基础上，对中国输美乘用车与轻型卡车轮胎连续三年分别加征55%、45%和35%的从价特别关税。根据美国调查程序，在8月7日的听证会后，美国总统将于9月17日前作出是否采取措施的最终决定。

美国总统奥巴马在北京时间2009年9月12日宣布，对从中国进口的所有小轿车和轻型卡车轮胎实施为期三年的惩罚性关税。白宫发言人罗伯特吉布斯说，对从中国进口轮胎实施的惩罚性关税税率第一年为35%、第二年为30%、第三年为25%。

此前，美国国际贸易委员会建议对中国产轮胎征收为期三年的惩罚性关税，幅度分别为55%、45%、35%。

中国政府2009年9月14日正式就美国限制中国轮胎进口的特殊保障措施启动了世界贸易组织争端解决程序。中国常驻世贸组织代表团在一项声明中说，中方当日正式就美相关措施提出世贸组织争端机制框架内的磋商要求。中方要求与美方磋商，是行使世贸组织成员权利的正当举动，是维护自身利益的切实行动。声明指出，美方对中国输美轮胎采取特保措施，是违背世贸组织规则，滥用贸易救济措施的错误做法。中方希望各方能够体会到中方坚定反对贸易保护主义的决心，共同维护多边贸易体制，尊重多边贸易规则，共克时艰，推动全球经济尽快复苏。提出磋商要求是世贸组织争端解决程序的第一步。磋商期一般为60天，如果通过磋商仍无法解决争端，则中方有权采取第二步行动，即要求世贸组织成立专家组就美方措施展开调查并进行裁决。

本章小结

1．贸易条约与协定是指两个或两个以上主权国家为了确立它们之间的经济贸易关系而缔结的书面性协议。

2．在国际贸易条约与协定的签订中，通常所适用的法律待遇条款有最惠国待遇条款和国民待遇条款等。

3．贸易条约与协定的种类很多，但常见的有通商航海条约、贸易协定、贸易议定书、支付协定、国际商品协定等。

4．世界贸易组织是一个独立于联合国的永久性国际组织。关税及贸易总协定是指政府间缔结的有关关税和贸易规则的多边国际

第八章 国际贸易条约、协定与组织

协定。

5．"乌拉圭回合"指关税及贸易总协定举行的第 8 次多边贸易谈判，因在乌拉圭举行而得名。

6．世界贸易组织继承关税及贸易总协定的宗旨，并强调扩大服务贸易、保护和维护环境、确保成员方（包括发展中成员）在国际贸易增长中得到与其经济发展相适应的份额和承担相适应的义务。

7．世界贸易组织的基本原则：自由贸易原则；公平竞争原则；歧视原则；透明度原则；取消数量限制原则；对发展中国家优惠待遇原则。

8．中国加入世界贸易组织后的权利：享受非歧视待遇、享受发展中成员方特殊待遇和普惠制待遇、享受贸易自由化成果、享有决策权、享有利用磋商机制解决贸易争端权利、享有公平竞争和了解信息的权利。承担的义务：削减关税与取消非关税壁垒、开放服务业市场、放宽和完善外资政策、扩大知识产权的保护范围、接受争端解决机构裁决义务、缴纳会费。

练习题

一、填空题

1．贸易条约与协定所适用的法律待遇条款主要有：_____、_____。

2．_____是关贸总协定的最高权力机构。

3．_____是世界贸易组织的最高权力机构。

4．1986 年 9 月 15 日，关贸总协定举行了第八轮多边贸易谈判，这次多边贸易谈判也称为"_____回合"谈判。

5．目前国际条约中，一般采用_____、无条件的、有限制的最惠国待遇。

6．世界贸易组织下设秘书处，秘书处由_____负责。

二、单项选择题

1．在国际商品协定中，订立的主要条款包括（　　）以及行政条款。

　　A．政治条款　　　　　　B．经济条款
　　C．文化条款　　　　　　D．技术条款

2．关贸总协定的总部在（　　）。
   A．伦敦　　　　　　　B．纽约
   C．布鲁塞尔　　　　　D．日内瓦
3．关贸总协定的最高司法机构是（　　）。
   A．代表理事会　　　　B．缔约方大会
   C．专门委员会　　　　D．秘书处
4．在多边贸易谈判中，第一次涉及非关税壁垒谈判的是（　　）。
   A．第四轮　　　　　　B．第五轮
   C．第六轮　　　　　　D．第七轮
5．世界贸易组织在部长级会议闭会期间，由（　　）代其行使相关职能。
   A．秘书处　　　　　　B．总理事会
   C．总干事　　　　　　D．理事会
6．"乌拉圭回合"谈判历时（　　）年之久。
   A．6　　　　　　　　　B．7
   C．8　　　　　　　　　D．9
7．中国于（　　）正式成为世界贸易组织的第143名成员。
   A．2001年12月11日　　B．2001年11月12日
   C．2000年12月11日　　D．2000年11月12日
8．入世前，中国以（　　）身份参加世界贸易组织，在多边贸易体制决策中，只有表态权，没有表决权。
   A．列席国　　　　　　B．旁听员
   C．成员国　　　　　　D．观察员

三、多项选择题

1．贸易条约与协定与其他国际条约一样，一般由（　　）构成。
   A．序言　　　　　　　B．要约
   C．正文　　　　　　　D．承诺
   E．约尾
2．世界经济的"三大支柱"是指（　　）。
   A．关贸总协定　　　　B．联合国大会
   C．世界银行　　　　　D．经济发展委员会
   E．国际货币基金组织
3．贸易条约与协定的种类有（　　）。

第八章 国际贸易条约、协定与组织

A．贸易条约　　　　　B．贸易协定
C．贸易议定书　　　　D．支付协定
E．国际商品协定

4．"乌拉圭回合"谈判的特点有（　　）。
A．涉及议题多　　　　B．时间长
C．参与国家多　　　　D．谈判难度大
E．影响深

5．世界贸易组织的主要机构有（　　）。
A．部长级会议　　　　B．总理事会
C．理事会　　　　　　D．专门委员会
E．秘书处

四、判断题

1．国民待遇原则条款一般适用于外国公民或企业的经济权利，包括政治方面的待遇。（　　）

2．关贸总协定作为一个国际性多边协定，本身是一个法律文件。（　　）

3．在"肯尼迪回合"谈判中，达成了两个有关农产品的协议——奶制品协议和牛肉协议。（　　）

4．关贸总协定虽然以临时性的国际贸易组织出现，但具有法人地位。（　　）

5．世界贸易组织中，总理事会由全体成员方的代表组成，每年定期召开8次会议。（　　）

6．以观察员身份参加世界贸易组织，在多边贸易体制决策中，只有表态权，没有表决权。（　　）

7．贸易议定书是对已签订的贸易协定的修改、补充和解释。（　　）

8．"乌拉圭回合"谈判的议题是历届谈判中议题最多的一次。（　　）

五、名词解释

1．贸易条约与协定
2．最惠国待遇原则
3．国民待遇原则
4．贸易协定
5．关税及贸易总协定

贸易条约与协定属于国际法的范畴。

六、问答题

1．简述世界贸易组织和关税及贸易总协定的关系。
2．世界贸易组织的宗旨、目标和职能。
3．世界贸易组织的基本原则。
4．我国加入世界贸易组织后的权利与义务。

课堂讨论

通过本章阅读以及相关资料了解,对我国加入世界贸易组织的意义进行分析。

第九章 电子商务与国际贸易

学习要求

◆ **重点掌握**

电子商务的概念
电子商务的类型
电子商务在国际贸易中的运用过程

◆ **掌握**

电子商务的运行机制
电子商务对国际贸易的影响
电子商务在国际贸易中的主要优势

◆ **了解**

电子商务的功能

第一节 电子商务的运行

一、电子商务的概念

从时间上来讲,电子商务概念的出现要早于网络营销。

电子商务（Electronic Commerce，EC）最早产生于 20 世纪 60 年代,90 年代得到长足发展。电子商务产生和发展的重要条件主要是计算机的广泛应用。19 世纪 60 年代以来,随着企业开展商务活动的手段从传统的电话、电报、传真、广播、电视等电子化手段扩展到计算机技术、网络通信技术、国际互联网技术,电子商务也就应运而生。

电子商务不仅仅是手段,更重要的是基于各种网络发展出来的交易、技术、在线交易、认证,等等,会形成新兴的电子商务业,新兴的电子商务业是国民经济的重要组成部分。(柴跃廷,2006)

电子商务就是企业运用各种电子化手段开展各类商务活动的总称。从字面上理解,"电子商务"中电子是手段,商务是目的。因此通俗讲,电子商务也就是使用各种电子手段或工具从事商务活动。电子工具包括从初级的电报、电话、广播、电视、传真到计算机、计算机网络,到 NII（国家信息基础结构——信息高速公路）、GII（全球信息基础结构）和 Internet 等现代系统。商务活动是从泛商品（实物与非实物,商品与非商品化的生产要素等）的需求活动到泛商品的合理、合法的消费除去典型的生产过程后的所有活动。因此电子商务概念可以从广义和狭义两方面来理解。广义的电子商务,是指企业运用电话、电报、传真等传统电子化手段与计算机技术、现代网络技术、国际互联网（即因特网,Internet）技术开展的商务活动；狭义的电子商务,指企业基于网络技术在互联网上开展的各种商务活动。

【阅读资料】

2020 年电商行业发展趋势

一、社交媒体购物进一步发展

在以前,如果人们想在线购买商品,就必须通过电子商务网站购物,但是现在,大家可以直接从自己喜欢的社交媒体网站上在线购物。根据相关数据报告称,社交电商行业发展势头强劲,整个市场规模将在今年超过 2 万亿元,2021 年将达 3 万亿元。

二、电商补贴大战加剧

从行业监管来看,电商法的推出、京东与阿里 N 选一的官司仍

第九章 电子商务与国际贸易

在持续,电商行业未来二选一的执行难度在加大。如果 N 选一的难度确实加大,平台表面上更具可行性的方案就是补贴了,所以 2021 年补贴大战似乎箭在弦上不得不发。电商玩家磨刀霍霍、补贴纷至沓来的背后,共同指向了同行之间电商用户的争夺。

三、内容营销成为一大趋势

内容将在促销中扮演一个非常重要的角色,未来一年的电商趋势更加强调使用内容来促进销售,B2B 电商趋势也在朝着这个方向发展。如果产品拥有许多评论,或者消费者是被已经使用过的人推荐购买,他们就会对你的产品更感兴趣。同样,消费者认为关于产品的博客比传统广告更可靠,因此,最新的电商趋势会使用内容作为强大的营销工具。

四、电商直播更加热闹

2019 年,随着头部主播的名字被大家熟知,淘宝、京东、抖音、拼多多、快手、微博、秀友等都纷纷开启了直播带货业务。从图文到短视频,从短视频到直播,随着 5G 民用的到来,低延迟、高清画质的特点,让直播离我们每个人的生活越来越近。

五、AR 和 VR 体验将更受欢迎

AR 和 VR 可以让在线购物者网购时也能增强产品体验。从低谷到复苏,5G 的快速发展成为 VR、AR 再次大热的"助燃剂",市场关注的目光再次投向 VR、AR 领域,而且还有人分析认为 VR、AR 将处于爆发前夜。2021 年随着 5G 普及度越来越广,AR 和 VR 体验将更受欢迎。

二、电子商务的类型

(一)按电子商务的主体进行分类

电子商务的主体,也称电子商务的交易对象,就是参与电子商务的双方当事人。按电子商务的主体进行分类,一般将电子商务分为企业与企业之间的电子商务、企业与消费者之间的电子商务、企业与政府之间的电子商务、消费者与消费者之间的电子商务。

1. 企业与企业之间的电子商务

企业与企业之间的电子商务(Business to Business,B to B),

231

就是企业与企业之间通过国际互联网进行的寻找贸易对象、交易洽谈、商品订货、签订合同、货款结算、售后服务等商务活动，是企业之间使用最早、运用最广的电子商务形式。

2. 企业与消费者之间的电子商务

企业与消费者之间的电子商务（Business to Customer，B to C），就是最终消费者通过互联网向企业（零售商）购买各种消费品、服务以及直接消费各种服务的交易活动，是最终消费者利用因特网进行消费活动。这种形式的电子商务一般以网络零售业为主，主要借助于因特网开展在线销售活动，是目前发展最快的一种电子商务形式。

3. 企业与政府之间的电子商务

企业与政府之间的电子商务（Business to Government，B to G），就是企业通过互联网与政府机构之间开展的各项事务活动，包括企业与政府之间进行的各种报批手续，企业与政府之间进行的征税与纳税活动，企业与政府之间进行的物品采购活动等。

4. 消费者与消费者之间的电子商务

消费者与消费者之间的电子商务（Consumer to Consumer，C to C），C to C 商务平台就是通过为买卖双方提供一个在线交易平台，使卖方可以主动提供商品上网拍卖，而买方可以自行选择商品进行竞价。比如一个消费者有一台旧电脑，通过网上拍卖，把它卖给另外一个消费者，这种交易类型就称为 C to C 电子商务。

（二）按电子商务的交易内容进行分类

按电子商务的交易所涉及的商品内容进行分类，电子商务分为间接电子商务与直接电子商务。

线上采购也叫在线采购，或叫网络采购，是指客户通过电子商务交易完成采购的交易方式。与此相对应的，线下采购就是在现实商店完成采购的传统采购方式。

1. 间接电子商务

间接电子商务（Indirect Electronic Commerce）就是通过互联网进行采购并通过传统物流配送系统完成从供应商到购买者的有形物品的交易活动。间接电子商务涉及的商品是有形货物，如鲜花、书籍、食品、汽车、家用电器等，交易的商品需要通过传统的渠道如邮政业的服务和商业快递服务来完成送货。因此，间接电子商务的基本特征是线上采购、传统配送与线下消费。

第九章 电子商务与国际贸易

2. 直接电子商务

直接电子商务（Direct Electronic Commerce）就是通过互联网进行采购并在互联网完成消费过程，不需要经过传统物流配送系统的无形物品和服务产品的交易活动。直接电子商务涉及的商品是无形的货物和服务，如计算机软件、音像制品、网上订票、网上参团旅游或娱乐、网上咨询服务以及网上银行、网上证券交易等，通过互联网或专用网直接实现交易。因此直接电子商务的基本特征是线上采购，线上消费，不需要传统的物流配送体系介入。

（三）按电子商务使用的网络类型进行分类

按企业开展电子商务业务所使用的网络类型进行分类，电子商务分为基于EDI网络的电子商务、基于因特网的电子商务与基于内联网的电子商务。

1. 基于EDI网络的电子商务

基于EDI网络的电子商务（Electronic Data Interchange，EDI），即电子数据交换，是企业之间在商务活动中按照一个公认的标准和协议，将标准化和格式化的文件，通过计算机网络进行数据交换和自动处理。由于对管理、资金和技术都有较高的要求，到目前为止还没有得到普及。

2. 基于因特网的电子商务

基于因特网的电子商务，是企业利用国际互联网即Internet网络开展的各种商务活动，目前得到飞速发展，是电子商务的主要形式。

3. 基于内联网的电子商务

基于内联网的电子商务，是在一个大型企业的内部各成员单位之间通过内部网络或一个行业内各企业单位之间通过内部网络开展的商务活动，在企业内部与行业内部得到广泛使用。

【阅读资料】

EDI的产生与应用

全球贸易额的上升带来了各种贸易单证、文件数量的激增。在各类商业贸易单证中有相当大的一部分数据是重复出现的，需要反复地键入。有人对此也做过统计，计算机的输入平均 70%来自另一台计算机的输出，且重复输入也使出差错的几率增高。据美国一家大型分销中心统计，有5%的单证中存在着错误。同时重复录入浪费人力、浪费时间、降低效率。因此，纸面贸易文件成了阻碍贸易发展的一个比较突出的因素。另外，销售商为了减少风险，要求小批量、多品种、供货快，以适应瞬息万变的市场行情。而在整个贸易链中，绝大多数的企业既是供货商又是销售商，因此提高商业文件传递速度和处理速度成了所有贸易链中成员的共同需求。同样，现代计算机的大量普及和应用以及功能的不断提高，已使计算机应用从单机应用走向系统应用；同时通信条件和技术的完善，网络的普及又为 EDI 的应用提供了坚实的基础。正是在这样的背景下，以计算机应用、通信网络和数据标准化为基础的 EDI 应运而生。

一个传统企业简单的购货贸易过程：买方向卖方提出订单。卖方得到订单后，就进行它内部的纸张文字票据处理，准备发货。纸张票据中包括发货票等。买方在收到货和发货票之后，开出支票，寄给卖方。卖方持支票至银行兑现。银行再开出一个票据，确认这笔款项的汇兑。而一个生产企业的 EDI 系统，就是要把上述买卖双方在贸易处理过程中的所有纸面单证由 EDI 通信网来传送，并由计算机自动完成全部（或大部分）处理过程。具体为：企业收到一份 EDI 订单，则系统自动处理该订单，检查订单是否符合要求；然后通知企业内部管理系统安排生产；向零配件供销商订购零配件等；向有关部门申请进出口许可证；通知银行并给订货方开出 EDI 发票；向保险公司申请保险单等。从而使整个商贸活动过程在最短时间内准确地完成。一个真正的 EDI 系统是将订单、发货、报关、商检和银行结算合成一体，从而大大加速了贸易的全过程。因此，EDI 对企业文化、业务流程和组织机构的影响是巨大的。

三、电子商务的运行机制

（一）电子商务的组成要素

电子商务由电子市场、交易主体、交易事务、配送中心、认证中心、网上银行等基本要素构成。

电子市场是企业在因特网（Internet）上开展商务活动的场所，

第九章 电子商务与国际贸易

是企业进行商品和服务交换的市场，是商务活动的载体，是电子商务的基础；交易主体是从事通过因特网开展商务活动的当事人，包括企业、银行、商场、政府机构和消费者个人等；交易事务是企业开展的伴随着商品与服务的交易所产生的询价、报价、转账支付、广告宣传、商品运输等事务；配送中心是根据企业配送货物的需要，组织运送无法从网上直接得到的商品给购买者；认证中心（Certification Authority，CA）是在电子商务中为用户颁发数字证书，以保障电子交易安全的机构；网上银行（E-bank）是通过因特网完成传统银行业务的虚拟银行柜台。

（二）电子商务的运行过程

电子商务的交易主体在电子市场上完成商品交易的全过程经历了交易前的准备、交易谈判与合同签订以及交易合同履行与售后服务 3 个阶段。

电子商务的优势主要在于其运作的高效率。

1. 交易前的准备

这一阶段主要是指买卖双方和参加交易各方在签约前的准备活动，主要指交易各方在交易合同签订前的活动，包括在各种商务网络或 Internet 上发布和寻找交易机会，通过交换信息来比较价格和条件，了解对方的有关情况，选择交易对象。

2. 交易谈判与合同签订阶段

在这一阶段，电子商务交易的买卖双方通过各种网络沟通工具就交易条件即合同内容进行谈判，并在达成一致的基础上签订线上电子合同或线下书面合同。买卖双方就商品的交易条件，包括商品的品种、规格、数量、价格、交货地点、交货期、交易方式和运输方式、违约和索赔等合同条款，通过即时网络沟通工具与 E-mail 等方式进行多次洽谈与反复磋商。买卖双方就交易条件即合同内容达成一致后，利用电子数据交换（EDI）方式签订电子合同，也可利用传统签约方式订立书面交易合同。

3. 交易合同履行与售后服务阶段

在这一阶段，电子商务交易的卖方根据交易合同进行发货；而买方即根据交易合同对收到的货物进行确认，并接受卖方提供的售后服务。卖方根据交易合同进行备货、组货，并向买方发货。买方在收到货物后根据交易合同进行确认，经确认符合合同规定的要求，就按一定方式向买方发送确认信息。买方在收到货款后，即完成合同履行。在商品使用过程中，按交易要求，卖方还要向买方提供售后服务，以保证产品的正常使用。如果在合同履行过程中，买卖任何一方发生违约行为，受损方有权向违约方进行索赔。

四、电子商务的功能

电子商务在商品信息传递、贸易洽谈、合同的签订、合同的履行、货款的支付等贸易过程的各个环节各个方面，得到广泛运用，是由于电子商务比传统贸易手段提供更高贸易效率的一系列新功能。

（一）发布供求信息

电子市场是全天候开放的市场。贸易双方在电子市场上发布供求信息，非常便捷，费用极其低廉，而且不受时间、空间与地点的限制。

（二）缔结贸易关系

商品卖方通过电子市场寻找潜在买主，而商品买方通过电子市场寻找商品供货商。商品买卖双方通过电子市场所提供的各种网络沟通工具完成咨询与洽谈过程，并可通过签订电子合同建立贸易关系。

（三）结算商品货款

买卖双方可通过网上银行进行商品货款的支付与结算。适应网络贸易的发展，一种新的在线支付与结算形式，即第三方在线支付与结算形式得到迅速发展。商品买方将货款汇到第三方在线银行，在收到商品并进行确认同意接受后，通知第三方在线银行放款给商品卖方。

客户关系管理是一个不断加强与顾客交流，不断了解顾客需求，并不断对产品及服务进行改进和提高以满足顾客的需求的连续的过程。它是一项综合的信息技术（IT技术），也是一种新的运作模式，是一种旨在改善企业与客户关系的新型管理机制。

（四）管理交易业务

通过因特网不仅能实现客户关系管理，而且能实现交易业务管理。企业通过因特网一对一跟踪搜集客户对产品的使用信息与售后服务信息以及不满意信息，并通过不断改进产品与售后服务以提高客户满意度。买卖双方与银行、保险、税务、运输等部门单位之间，业务往来单据采用电子票据的形式，各种业务手续直接通过因特网

第九章　电子商务与国际贸易

办理，对部分交易业务实现无纸化管理。

第二节　电子商务在国际贸易中的运用

一、电子商务在国际贸易中的运用过程

国际贸易过程，包括交易准备、交易磋商、合同订立、货款结算等 4 个主要阶段。电子商务由于比传统贸易手段提供更低交易成本、更高交易效率，在国际贸易各个阶段、各个环节得到广泛运用。国际贸易的电子化发展是大势所趋。

（一）交易准备

交易前，商品出口供应商通过因特网提供的各种媒介向世界各国发布商品广告，向国外客户提供商品供应信息，寻找交易机会和交易伙伴；商品进口采购商通过因特网各种媒介搜集、查询自己所需要的商品信息，比较各商品供应商的商品交易条件，了解商品产地国的出口政策及其他背景资料。

（二）交易磋商

商品进口采购商在充分比较各商品供应商的商品交易条件基础上，通过因特网向各商品供应商进行询盘，并在询盘基础上选择一个最适合自己需要的商品供应商通过网上各种沟通工具进行交易磋商，并按照国际贸易惯例与规则就贸易合同的条款，包括商品种类、数量、价格、交货地点、交货期、付款方式、运输方式、违约和索赔等进行谈判。

（三）合同订立

通过反复谈判，意思表示一致后，进出口贸易双方采用 EDI 方式或数字签字等其他方式订立进出口贸易电子合同。各种价目表、报价单、定购单、运输说明、发货通知、付款通知等各类商务单证，文件都采用标准的报文形式完成相互传递。

（四）货款结算

进出口贸易双方根据协议完成各种交易手续后，商品出口供应商组织货源，对出口商品办理网上保险、报关与报检手续，将出口商品交付给运输公司进行装箱、起运、发货。进出口贸易双方可通过电子贸易系统跟踪货物。银行按照合同与相应单证通过网

上银行处理贸易双方收付款，进行结算，出具相应银行单证等。商品进口商按合同验收并确认自己所购商品，最终完成整个交易过程。

二、电子商务对国际贸易的影响

随着信息化技术和经济全球化的快速发展，电子商务活动在世界各国和地区兴起并迅猛发展。它的触角已延伸到社会的各个领域，国际贸易领域是最早感受到电子商务影响和冲击的领域之一。现在，电子商务对国际贸易的影响，已不断向深层次扩展。

（一）电子商务对国际贸易交易主体的影响

电子商务对国际贸易交易主体的影响表现在以下两方面。

（1）涌现了新型的国际贸易交易主体。电子商务促使大批向国际市场提供产品或服务的"虚拟企业"涌现出来。"虚拟企业"是由各自的专业领域拥有核心技术的单个企业联合而成的企业群体网络，它能完成单个企业不能承担的市场功能，可以更加有效地向市场提供商品和服务，但在资本关系上却不具有强制各个企业发生联系的权力，跨国公司战略联盟是"虚拟企业"的主要表现形式。

跨国公司战略联盟也称国际战略联盟，指两个或两个以上的跨国公司为实现某些共同战略目标而结成的联合体。其形式主要有技术开发联盟、合作生产联盟、市场营销与服务联盟、多层次合作联盟、单边与多边联盟等。

（2）扩大了国际贸易交易主体。电子商务技术简化了国际贸易的流程，为中小企业进入国际市场提供了极为便利的通道。

（二）电子商务对国际贸易场所的影响

（1）电子商务促使国际贸易的业务活动逐渐转移到电子虚拟市场进行，开辟了一个新的市场空间，为国际贸易提供了新的运行环境。

（2）电子商务促使国际市场实现统一，突破了传统国际市场以一定的地域为存在前提的局限性，在全球范围内以信息网络为纽带连成一个统一的大"市场"，促进了新型世界市场的形成。

（三）电子商务对国际贸易交易方式的影响

（1）广泛采用网络洽谈方式。国际贸易买卖双方不是采用面对面的洽谈方式，而是采用网络提供的各种联系与沟通的方式进行联系与洽谈，完成贸易谈判工作。

（2）拥有新的交易手段。贸易双方可用标准格式文件（如合同、

第九章 电子商务与国际贸易

提单、发票等）进行即时传送和交换，可在网上直接办理报关、报检、租船订舱、缴税、结算等各项外贸业务手续。

（3）产生了贸易方式新类型。一些无形产品可以通过电子商务方式实现和完成供货与结算等完整交易过程。

（四）电子商务对国际贸易经营管理方式的影响

通过电子商务进行国际贸易，突破了传统贸易以单向物流为主的运作格局，实现了以物流为依托、资金流为形式、信息流为核心、商流为主体的全新经营管理模式，使生产者、用户及消费之间的互动性得到增强，使及时供货制度和"零库存"生产得以实现，商品流动更加顺畅，由信息不对称形成的委托——代理关系与方式发生动摇，贸易中间商、代理商和专业进出口公司的地位相对减弱，引发了国际贸易中间组织结构的革命。

过去，在国际贸易中，由进出口商作为商品买卖的媒介，专业的进出口贸易公司占有十分重要的地位。现在，生产者与消费者之间通过网络直接接触，使得信息网络成为最大的中间商，贸易中间商、代理商和专业的进出口公司的地位相对降低，从而引发了国际贸易中间组织结构的革命。

（五）电子商务对国际贸易营销模式的影响

电子商务在国际贸易中的运用，产生了电子营销（E-marketing），使国际贸易营销模式不断发生改变。第一种是互动式营销模式，就是客户凭借网络互动性直接参与国际贸易营销过程中；第二种是整合式营销模式，就是企业和客户形成了一对一的营销关系；第三种是定制式营销模式，就是随着企业和客户相互了解的增多，销售信息将变得更加定制，大量销售转向定制销售。

电子营销也称网络营销，是以互联网为主要手段进行的、为达到一定营销目的的营销活动。

三、电子商务在国际贸易中的优势分析

与传统的国际贸易业务运作方式相比，电子商务在国际贸易中的优势十分明显，主要表现在以下方面。

（一）降低贸易成本

通过电子商务进行国际贸易，一方面，直接传递电子单证，既可大幅度降低纸单证的制作费用与文件处理费用，又可缩短交单结汇的时间，加快资金周转，节省利息开支；另一方面，贸易双方通过网络直接接触，减少了交易的中间环节，只需支付较低的网络通信和管理费用就可获得存储、交换和处理信息，节省了资金，降低了成本。

（二）提高交易效率

通过电子商务开展国际贸易，贸易双方可采用标准化、电子化

239

的格式合同、提单、保险凭证、发票和汇票、信用证等,在网上实现瞬间传递,节省单证的传输时间,而且还能有效地减少因纸面单证中数据重复录入导致的各种错误,能显著提高交易效率。

(三)提高客户满意度

利用电子商务进行国际贸易,任何客户都可在全球任何地方、任何时间从网上得到相关企业的各种商务信息。如果即时得到答案,客户还可以通过电子邮件进行询问,只要企业及时回复,客户就可以得到满意的答复。全天候的服务、不间断运作可使全球范围内的客户随时得到所需的信息,迅速得到所需答案,为出口企业带来了更多的订单,极大地提高客户的满意度。

(四)扩大贸易机会

利用电子商务进行国际贸易,消除了地域的界限与时间的限制,没有了宗教信仰的限制与种族的歧视,减少了国际贸易中的有形和无形壁垒,甚至公司的规模和经济实力的差别都显得不再重要,所有这一切都增加了贸易机会,更加有效地向市场提供商品和服务。

> 第三方电子商务平台,也可称为第三方电子商务企业。泛指独立于产品或服务的提供者和需求者,通过网络服务平台,按照特定的交易与服务规范,为买卖双方提供服务,服务内容可以包括但不限于"供求信息发布与搜索、交易的确立、支付、物流"。

(五)提高国际竞争力

出口企业可通过建立企业站点或第三方电子商务平台,一方面主动提供各种供求信息服务;另一方面宣传企业形象、扩大企业知名度。企业可通过各种网络沟通工具及时与客户进行双向沟通与交流,及时地为客户提供全方位服务。总之,出口企业可利用电子商务增强企业的国际市场竞争力。

【阅读资料】

电子商务正在掀起国际贸易领域里的一场新的革命

在传统国际贸易中,交易方对产品的订购、销售、配送、支付以及各类谈判等商务活动往往分别在不同的场所进行。而在网络条件下,国际贸易的商务场所和运营方式都发生了根本性变化。整个贸易活动包括交谈、讨论、信息的索取、洽谈、定购、商品交换、结算、商品退换等都是在电脑网络上进行的,这大大地提高了贸易

第九章 电子商务与国际贸易

的效率。同时，电子商务突破了传统贸易以单向物流为主的运作格局，凭借网络技术将商务活动中的物流、商流、信息流、资金流等资源汇集在一个平台上，并通过这个平台完成资源的共享和业务的重组，从而帮助交易主体降低经营成本，加速资金周转，提高服务管理水平，增强市场适应能力。另外，电子商务能够使人们更广泛、更充分地利用信息，了解商情，共享资源。信息的透明化和公开化使市场主体间的竞争更加激烈，这必将有助于促进企业拓宽服务渠道并带动服务质量的提高。简而言之，作为一种以电子数据交换为主要内容的全新贸易运作方式，电子商务打破了时空的限制、加快了商业周期循环，高效地利用有限资源、降低成本、提高利润，有利于增强企业的国际竞争力。因此说，电子商务正在掀起国际贸易领域里的一场新的革命。它的运用，拓展了国际贸易的空间和场所，缩短了国际贸易的距离和时间，简化了国际贸易的程序和过程，使国际贸易活动全球化、智能化、无纸化和简易化，实现了划时代的深刻变革。所有这些，都是电子商务在短短十年左右的时间里得以迅速发展的原因，也是其可能取代传统贸易方式的根本所在。随着网络技术的日新月异，电子商务越发显示出它的勃勃生机，其必将成为国际贸易发展的主流。

（资料来源：关征. 电子商务与国际贸易. 大连：大连出版社，2008）

本章小结

1．电子商务就是企业运用各种电子化手段开展各类商务活动的总称，包括广义电子商务与狭义电子商务。

2．按电子商务的主体，一般将电子商务分为企业与企业之间的电子商务、企业与消费者之间的电子商务、企业与政府之间的电子商务、消费者与消费者之间的电子商务。按企业开展电子商务业务所使用的网络，一般将电子商务分为基于 EDI 网络的电子商务、基于因特网的电子商务与基于内联网的电子商务。

3．电子商务由电子市场、交易主体、交易事务、配送中心、认证中心、网上银行等基本要素构成。

4．电子商务的交易主体在电子市场上完成商品交易的全过程经历了交易信息发布与搜索、交易谈判与签订合同以及交易合同履行与售后服务三个阶段。

5．电子商务具有发布供求信息、缔结贸易关系、结算商品货款、管理交易业务等比传统贸易手段提供更高贸易效率的一系列新功能。

6．电子商务在国际贸易的交易准备、交易磋商、合同订立、货款结算等四个主要阶段得到广泛运用。

7．电子商务对国际贸易交易主体、国际贸易场所、国际贸易交易方式、国际贸易经营管理方式、国际贸易营销模式等方面有着巨大影响。

8．电子商务在国际贸易的应用产生了降低贸易成本、提高交易效率、提高客户满意度、扩大贸易机会、提高国际竞争力等主要优势。

练习题

一、填空题

1．电子商务就是企业运用_____开展各类商务活动的总称。

2．B to B 是指企业与_____之间开展的电子商务活动，而 B to C 是指企业与_____之间开展的电子商务活动。

3．_____是企业在因特网（Internet）上开展商务活动的场所，是电子商务的基础。

4．按企业开展电子商务业务所使用的网络类型进行分类，电子商务分为基于_____的电子商务、基于_____的电子商务与基于内联网的电子商务。

5．电子商务的交易主体在电子市场上完成商品交易的全过程经历了_____、_____以及交易合同履行与售后服务 3 个阶段。

6．电子商务在国际贸易的交易准备、_____、_____、货款结算等 4 个主要阶段得到广泛运用。

7．电子商务在国际贸易应用中具有_____、_____、提高客户满意度、扩大贸易机会、提高国际竞争力等主要优势。

二、单项选择题

1．企业基于网络技术在互联网上开展的各种商务活动是（　　）。

  A．狭义电子商务　　　　B．广义电子商务
  C．EDI 电子商务　　　　D．内联网电子商务

2．目前得到飞速发展的电子商务的主要形式是（　　）。

  A．基于 EDI 网络的电子商务
  B．基于因特网的电子商务

C．基于内联网的电子商务

D．基于内部网的电子商务

3．通过 Internet 完成传统银行业务的虚拟银行柜台为（　　）。

A．EC　　　　　　　　B．EMS

C．CA　　　　　　　　D．E-bank

4．除了 EDI，进出口贸易双方订立进出口贸易电子合同还有（　　）等方式。

A．传真　　　　　　　B．电报

C．数字签字　　　　　D．安全认证

5．在国际贸易中，通过电子商务方式实现和完成供货、消费与结算等完整交易过程的商品有（　　）。

A．书籍　　　　　　　B．音乐

C．化妆品　　　　　　D．保健品

6．在国际贸易中，电子商务的运用，能显著提高交易效率主要在于（　　）。

A．节省物流时间　　　B．减少沟通费用

C．缩短洽谈时间　　　D．节省单证的传输时间

三、多项选择题

1．按电子商务的主体进行分类，一般将电子商务分为（　　）。

A．企业与企业之间的电子商务

B．企业与消费者之间的电子商务

C．企业与政府之间的电子商务

D．消费者与消费者之间的电子商务

E．直接电子商务

2．电子商务的交易主体是从事通过因特网开展商务活动的当事人，主要包括（　　）。

A．因特网服务提供商　　B．银行

C．商场　　　　　　　　D．政府机构

E．消费者

3．在国际贸易中，电子商务的运用，能扩大贸易机会，主要在于（　　）。

A．消除了地域界限　　B．没有了时间限制

C．没有了宗教信仰的限制　D．减少了贸易壁垒

E．没有了种族歧视

四、判断题

1．广义狭义的电子商务，包括利用国际互联网、企业内部网和局域网进行的交易活动。（　　）

2．间接电子商务就是通过互联网进行采购并通过传统物流配送系统完成从供应商到购买者的有形物品的交易活动。（　　）

3．电子市场是全天候开放的市场。（　　）

4．在国际贸易洽谈中，电子商务不能取代电话、传真等传统手段成为主要方式。（　　）

五、名词解释

1．电子商务
2．电子市场
3．直接电子商务
4．EDI

六、简答题

1．什么是狭义电子商务？
2．按电子商务的主体，电子商务是如何分类的？
3．电子商务有哪些功能？
4．电子商务在国际贸易中是如何运用的？
5．电子商务在国际贸易中有哪些主要优势？

课堂讨论

通过本章的阅读及相关资料的了解，分析电子商务对国际贸易有哪些影响。

第十章　主要国家或地区的对外贸易

◆ 重点掌握

发达国家对外贸易发展的特点
发展中国家的对外贸易发展战略

◆ 掌握

美国、日本的对外贸易管理及其对外贸易政策演变
欧盟贸易政策的内容与目标

◆ 了解

美国、日本、欧盟对外贸易的发展概况
发展中国家对外贸易的特点
如何加强"金砖五国"之间的经济往来

第一节 发达国家对外贸易概述

一、发达国家的含义

发达国家主要从四个方面衡量：人均GDP高、工业技术先进、科学技术先进、社会福利高。

发达国家（Developed Country）又称已发展国家、工业化国家、高经济开发国家（MEDC），是指经济发展水平较高，技术较为先进，生活水平较高的国家。已发展国家大多具有较高的人均国内生产总值，不过，通过开发自然资源也可以达到较高的人均国内生产总值，而这样的国家未必有较先进的技术（比如沙特阿拉伯开发石油，秘鲁开发磷肥等）。目前世界公认的真正的发达国家只有18个：美国、日本、德国、法国、英国、意大利、加拿大、瑞典、丹麦、挪威、芬兰、比利时、卢森堡、瑞士、奥地利、荷兰、澳大利亚、新西兰。其中前7个是最发达的国家，被称为"西方七国"。

二、发达国家对外贸易发展的特点

1. 发达国家在世界贸易发展中很不平衡

第二次世界大战以后，发达国家在世界贸易中仍占支配地位，但发展很不平衡。第二次世界大战以后美国的世界贸易地位衰落的主要原因是商品竞争能力差，这与美国劳动生产率的增长速度较慢、产品质量和适应性不强等原因有关。而德国、日本的世界贸易地位迅速提高的主要原因，是与它们的经济高速增长和大力引进国外先进技术以及所采取有利于提高商品竞争能力的政策措施密切相关。

2. 国际贸易商品结构发生了重大变化

传统商品贸易结构进一步向高级化、多样化的制成品发展。在传统商品贸易中，初级产品所占比重在迅速下降，而制成品所占比重在不断上升。其中，发达国家各种工业制成品出口商品结构中所占的比重则大大高于整个世界和其他两种类型国家的水平。与此同时，在制成品构成中，高技术产品已占主要地位。据联合国工业发展组织（United Nations Industrial Development Organization，UNIDO）《2002/2003工业发展报告》有关数据，在发达国家制成品出口中，中/高技术产品已高达60%。

3. 技术贸易日益发展

伴随着世界科学技术的进步，由技术、信息和智能构成的"软技术"（Soft Technology）已成为国际贸易中的独特贸易商品。20世纪60年代中期，世界技术贸易总额为25亿美元，到20世纪80年代中期世界技术贸易总额突破500亿美元。但是世界技术贸易主要在工业发达国家中进行。据有关数据，发达国家之间成交的技术贸易总额占世界技术贸易总额的80%以上，发达国家和发展中国家之间成交的技术贸易总额只占世界技术贸易总额的10%，而发展中国家之间的技术贸易所占比重还不足10%。[1] 在世界技术贸易中，跨国公司控制了相当的份额。

4. 服务贸易地位上升

服务贸易包括商业性服务、通信、建筑、销售、教育、金融、保健、旅馆和饭店、保险、个人文化与娱乐、交通运输等类别。据统计，商业服务贸易在整个世界出口商品构成中的比重已从1980年的17%提高到1989年的19%，贸易额已达到6530亿美元，其年均发展速度（1980—1989年）为6.5%，高于商品贸易的年平均发展速度4.5%。

5. 贸易集团化的趋势加强

第二次世界大战后初期贸易集团化就已出现。20世纪50—60年代出现了大批经济贸易集团，70—80年代初期处于停顿状态，80年代后半期又掀起世界范围经济贸易集团化的高潮。

第二节 美国的对外贸易

美国是当今世界最大的发达国家，面积937.26万平方公里，名列俄罗斯、加拿大和中国之后；人口3.3亿，名列中国和印度之后；2022年，国内生产总值25.46万亿美元（按当年价格计算），居世界首位。

美国拥有先进的科学技术、丰富的劳动力资源、自然资源和投资资源。美国具有高度发展的服务业、工业、农业、金融业和庞大的政府采购以及巨额的高消费，使美国具有世界上其他国家所不能比拟的广阔的国内市场。

---

[1] 张翠微. 国际技术贸易与我国经济发展刍议. 国际贸易问题，1995（11）.

一、美国对外贸易发展特点

1. 美国在世界商品贸易中的地位受到挑战,但影响力仍不容小看

目前美国在世界商品贸易中比重呈下降的趋势,但在世界贸易进出口国家排名中,居前二位。美国在世界商品出口总额中的比重战后初期占 32.5%,2003 年占 9.7%,居于德国之后,居世界第二位。2021 年美国商品出口额为 17543 亿美元,是全球第二大商品出口国。

2. 美国服务贸易居世界首位

服务业是美国经济最大的组成部分,也是具有很强出口竞争力的产业,多年来一直保持较大贸易顺差。美国服务贸易的出口额和进口额均列为世界第一位。

3. 美国的跨国公司数量巨大

《财富》杂志发布了 2021 年世界 500 强企业名单,美国有 122 家公司上榜,数量仅次于中国,位居第二。(中国有 143 家企业上榜。)

4. 美国对外直接投资

2021 年,美国对外直接投资总额约 3499.6 亿美元,吸收外国直接投资 3336 亿美元。

二、美国对外贸易政策与措施

(一)贸易自由化

从第二次世界大战结束到 20 世纪 70 年代中期,美国外贸政策主要倾向是贸易自由化。

1947 年,美国同其他有关国家一起签订了"关税及贸易总协定"。美国同意平均降低关税 21%,但降低关税的商品主要是美国垄断企业及战略储备所需要的锰砂、镍、铝、云母等工业原料,而对棉布等消费品减税极少。

1962 年 10 月 4 日,肯尼迪政府为了迅速摆脱 1960—1961 年经济危机的影响,并企图突破西欧共同市场的关税壁垒,制定并签署了《扩大贸易法》,以取代 1934 年的《贸易协定法》。该贸易法除了授权总统可削减关税最多 50%外,还规定总统可以削减关税 50%以

第十章　主要国家或地区的对外贸易

上，直到 100%。美国政府依据上述贸易法案同西欧共同市场及其他国家共 50 余国于 1964 年 5 月开始举行"肯尼迪回合"（Kennedy Round）减税谈判，1967 年 6 月 30 日勉强达成协议，在"关税及贸易总协定"范围内工业品关税平均削减了 35%，减税分五期进行，至 1972 年 1 月 1 日全部完成。在"肯尼迪回合"减税谈判实现以后，1974 年 12 月美国国会通过了《1974 年贸易法》。

"肯尼迪回合"指关贸总协定于 1964 年 5 月至 1967 年 6 月在瑞士日内瓦举行的第六轮多边贸易谈判，时任美国总统约翰·肯尼迪根据 1962 年美国《贸易拓展法》提议召开此轮谈判，因此称作"肯尼迪回合"。

通过关税及贸易总协定主持的七轮贸易谈判，美国的关税壁垒大大降低。在总协定成立之前的 1946 年，美国进口商品平均关税水平为 26.4%，到 1987 年"东京回合"的减税完成之后，美国除石油以外的工业品关税将减至 4.3%。

（二）新贸易保护主义

新贸易保护主义（New Trade Protectionism）从 20 世纪 70 年代中期起在美国出现。1983 年以后的经济复苏并未影响新贸易保护主义的加强。

新贸易保护主义的主要表现如下。

1. 限制进口的主要措施从关税壁垒转向非关税壁垒

据统计，美国进口商品受非关税壁垒影响的进口额从 1966 年的 93.79 亿美元增至 1986 年的 1030.69 亿美元，20 年内增长了 10 倍。同期受到影响的进口额占美国总进口额的比重则由 36.4%增至 45%，净增 8.6%。

2. 扩大征收"反倾销税"和"反补贴税"的行动

在 1984—1985 年，美国进行的反倾销调查总共有 61 起。美国进行反倾销和反补贴调查占所有国家进行反倾销和反补贴调查的比重，分别从 1983—1984 年的 26%和 45%提高到 1984—1985 年的 31%和 78%。

3. 加强财政、金融、外汇等鼓励出口措施

在财政方面，通过对出口商品减免税收和提供补贴以鼓励出口；在金融方面，设立美国进出口银行向出口厂商提供优惠的出口信贷；在外汇方面，干预外汇市场，降低美元汇价。

（三）加强外贸管理

在贸易自由化和新贸易保护主义的基础上，出现了管理贸易制度。

1. 以立法形式强调单边协调管理,使外贸管理制度法律化

1984年10月30日,美国总统里根签署了一项规定美国以后10年贸易政策的法律《1984年关税与贸易法》。该法是适应美国加强对外贸管理的需要而制定的,其主要目的在于扩大出口,限制进口,改善美国大量贸易逆差的状况。1988年8月23日,美国总统里根签署了保护贸易色彩十分浓厚的《1988年综合贸易法》,该法又称为"一揽子贸易法案"。该法确立了战后美国贸易政策在新的历史条件下的基本格调与战略。《1988年综合贸易法》的实施则是以立法形式加强单边行动的具体表现。根据该法案"超级301条款",美国可以对其出口产品实行"不公平贸易"行为的进口国家,实施报复措施,这表明美国将以单方面的政策手段来解决贸易争端或迫使对方开放市场。

"超级301条款"是根据美国《1974年贸易法》中的"301条款"修订的。

2. 从加强国际多边合作转为更多地使用双边协调管理的方式

随着世界经济贸易区域集团化的加强,国际多边贸易体制的削弱,美国贸易政策的重心已由多边向双边转移,加强有针对性的双边贸易谈判,以解决贸易争端与冲突,同时寻求建立区域性贸易集团,以获取更大的贸易与经济利益。例如,美国以《1988年综合贸易法》为依据,加强针对性的双边贸易谈判,强调对等互惠条件,1989年生效的"美加自由贸易协定",将在10年内逐步实现商品的自由流动,这会给美国带来更多的出口机会。

3. 突出对知识产权的管理

美国是世界上最大的知识产权贸易国,所以20世纪80年代以来,美国更加关心和加强其对知识产权的保护和管理。《1988年综合贸易法》针对外国对美国知识产权存在的保护问题而制定了"特殊301条款",授权美国贸易代表将对知识产权没有提供保护的国家认定为"重点国家",并可自行根据该条款对上述国家的"不公正"贸易做法进行调查和采取报复措施。

三、中国与美国的贸易关系

中国是世界最大的发展中国家,美国是世界最大的发达国家,发展中美经贸关系不仅对中美两国经济的发展具有重要的作用,而且也是世界和平与稳定的重要因素。中美两国在平等互利的基础上建立和发展长期稳定的、全面的经济贸易关系,对两国人民的友好往来和各自经济的发展与繁荣,对世界和平和发展,也都有着十分

第十章 主要国家或地区的对外贸易

重要的意义。

（一）中美经贸关系的发展

中美经贸关系源远流长。新中国成立前，中国是美国的重要出口市场、原料供应地和投资场所。新中国成立之初，中美两国继续保持着贸易关系。1950年6月美国发动侵朝战争，同时也对中国实行"禁运"，致使两国贸易关系完全中断。1972年，美国总统尼克松访问中国，与我国领导人商谈两国关系正常化及两国关心的其他问题，发表了著名的中美《上海公报》。该公报指出："双方把双边贸易看作是另一个可以带来互利的领域，并一致认为平等互利的经济关系是符合两国人民的利益的。"从此，开辟了中美关系的前景，也为中美贸易的恢复与发展奠定了基础。特别是1979年1月，中美两国正式建交，两国贸易关系由此进入一个新的发展时期。

（二）中美贸易关系发展的主要障碍

中国和美国，作为世界上最大的发展中国家和最大的发达国家，经济互补性强，发展经贸、科技交流与合作的潜力很大。但同时也应看到，中美经贸、科技合作的规模水平，同两国经济发展的需要相比，还很不相称，还存在一些人为的障碍。

1. 关于最惠国待遇问题

最惠国待遇（Most-favored Nation Treatment，MFN）问题曾长期困扰中美经贸关系的发展。最惠国待遇是贸易伙伴间相互给予的基本待遇，中美相互给予这种待遇是《中美贸易关系协定》的核心条款和发展两国经贸关系的根本保证。但自1980年《中美贸易关系协定》生效以来，美国国会要求总统每年单方面审议一次我国的移民情况，并提出报告，再由国会按例行程序继续给予我国最惠国待遇。这种做法使我国不能在平等互利的非歧视原则下享受美国的最惠国待遇，实际上把中美贸易置于一种极不稳定的状态。这种做法一直持续到2001年中国加入世界贸易组织，美国国会才以绝对多数通过了给予中国永久性最惠国待遇的决定，使这一困扰中美经贸关系发展20多年的问题得以解决，为进一步发展中美经贸关系铺平了道路。

最惠国待遇是国际经济贸易关系中常用的一项制度，是国与国之间根据某些条约规定的条文，在进出口贸易、税收、通航等方面互相给予优惠利益、提供必要的方便、享受某些特权等方面的一项制度，又称"无歧视待遇"。

2. 关于贸易不平衡问题

进入20世纪90年代，中美双边贸易统计数字差距逐年扩大。因此，中美贸易不平衡问题，成为中美贸易发展的一个障碍和分歧点。

近年来，美国对华贸易存在逆差是事实，但如果实事求是地分析，美国显然把逆差的程度严重地夸大了。造成这种情况的主要原因是，美国在进行贸易统计时，忽视了以下3种情况。

（1）中美贸易是以转口贸易和加工贸易为主。美国把经中国香港转口的贸易直接计入中国内地的出口。

（2）美国通过中国香港出口到中国的商品并未算作美国对中国的出口。

（3）美商在华建立了不少加工贸易项目，如鞋类、玩具等，加工产品的绝大部分销往美国。而对这些商品中国只收取了较低的加工费，但美国却把整个产品的出口售价都统计在中国对美国出口贸易额中。

毫无疑问，这都会加大美国的贸易逆差额。同时，这也是造成中美贸易统计差异的原因所在。

对于中国贸易顺差问题，商务部主要从以下3个方面来减少顺差。

（1）扩大进口，特别是加大资源性商品、高新技术产品、重大装备和设备以及国外先进技术的进口，为外国商品进入中国提供更多的方便。如把中国出口商品交易会更名为进出口商品交易会。

（2）降低出口增幅。调整加工贸易政策，提高加工贸易的门槛，严格限制高能耗、高污染和资源性商品出口。

（3）扩大内需，这是治本之策，要培育和做大国内市场，让中国市场消化更多国内外企业生产的产品。

3. 关于美国限制进口中国商品问题

美国一贯对中国输入的所谓敏感性商品采取进口限制政策。其中对纺织品的限制尤为突出。纺织品是中国主要的出口商品，美国是中国纺织品出口的主要市场之一。随着中国纺织品对美国出口的增加，美国对来自中国的纺织品开始限制。因此中美两国纺织品贸易的历程十分坎坷。2001年中国入世后，中美纺织品贸易发展进入相对平静期。但是由于中国对美纺织品出口增长加快，使得美国纺织品制造商协会不断加大对布什政府的压力，指责中国操纵人民币汇率，削弱了美国纺织品的竞争能力，最终迫使美国商务部启用《中美入世协议》的"进口潮"机制条款，于2003年正式宣布对从中国进口的针织布、胸衣和袍服3类纺织品实施为期一年的保障措施，结果遭到中方的强烈抗议。2005年，中欧、中美经过多轮谈判，相继签署了关于双边纺织品贸易的谅解备忘录,一定程度上解决了中欧、中美双边纺织品贸易摩擦,也缓解了其他发展中国家对纺织品问题的关注,为中国出口企业创造了稳定、可预见的贸易环境,为向全球纺织品贸易一体化的平稳过渡作出了贡献。2008年12月31日,《中国加入世贸组织工作组报告书》第242条款纺织品特限措施以及中美、中欧纺织品备忘录到期,世界贸易组织成员将不能再引用第242条款对我国纺织品出口实施限制,商务部自2009年1月1日起将不再实行输美纺织品出口数量及许可证管理和输欧纺织品出口许可证管理。

4. 中美贸易摩擦

中美贸易摩擦又称中美贸易战、中美贸易争端,是中美经济关系中的重要问题。中美贸易战开始于2018年3月,美国正式在中美贸易战场上开了第一枪!北京时间2018年3月23日0时50分左右,美国总统特朗普在白宫正式签署对华贸易备忘录。特朗普当场宣布,将有可能对从中国进口的600亿美元商品加征关税,并限制中国企业对美投资并购。此后,中美贸易摩擦不断升级至贸易、科技、金融、外交、地缘政治、国际舆论、国际规则等全领域。美国挑起中美贸易摩擦,直接目的在于以中美贸易严重失衡迫使中国进一步对美开放市场,深层次目的在于试图重演20世纪80年代美日贸易战以遏制中国崛起、维护美国霸权。中美贸易严重失衡责任不在中国,主要原因在于美元国际储备货币地位、美国过度消费的低储蓄模式、全球价值链分工以及美国对华高新技术出口限制等。

【阅读资料】

何为"242条款"

欧美连续对我国纺织品设限的依据,都是《中国加入世贸组织工作组报告书》第242条款,即"从中国加入世贸组织到2008年12月31日止,中国的纺织品和服装一旦给进口成员造成市场扰乱,则该成员可以提出磋商请求并提供相关证明材料。在收到磋商请求后,中国应主动控制相关产品的出口数量。如磋商不能达成一致,则上述限制应继续,但实施期限不得超过一年"。

(资料来源:邹忠全. 中国对外贸易概论. 大连:东北财经大学出版社,2006)

第三节 日本的对外贸易

日本是一个岛国，由本州、北海道、九州、四国4个大岛和3900个小岛组成。总面积为37.8万平方公里，人口为1.27亿。

日本是世界经济大国。工业和国内生产总值均居世界前列。工业体系完整，工业结构为知识、技术密集型。农业实行机械化商品性生产，产品主要为稻米、小麦。渔业发达，捕鱼量位世界前茅。海运、航空、铁路、公路均极发达。

一、日本对外贸易发展特点

第二次世界大战后日本对外贸易发展特点，可以归纳为以下3点。

（1）地理位置优越，有利于发展对外贸易，且以海上贸易为主。日本的工业主要分布在太平洋沿岸地区。东京、横滨、大阪、名古屋等都是优良海港，海上交通便利，有利于发展对外贸易。

（2）对外贸易一直处于顺差状态，但受全球经济衰退影响，2008年出现了28年以来的第一次逆差。一向主推"贸易立国"的全球第三大经济体——日本，受到前所未有的严峻挑战。

（3）贸易地理方向集中度高，主要贸易伙伴为美国、中国和韩国等。日本主要进出口区域为亚洲、北美自由贸易区和欧盟。从出口国别来看，美国仍是日本第一大出口国。中国和美国是日本第一和第二大进口市场。

二、日本对外贸易政策与措施

1. 大力推行产业政策以促进出口

从第二次世界大战以后到20世纪70年代，日本经济处于追赶欧美发达国家阶段，与"贸易立国"战略密不可分的产业政策，是日本经济追赶取得成功的重要经验之一。在由外需主导型向内需主导型转变的过程中，日本没有放弃一贯实行的产业政策，即使在90年代经济陷入长期停滞的条件下也是如此。

20世纪70年代中期以后，日本政界、科技界、财界以及经济学界就日本经济和科技的发展前景和出路进行了广泛的探讨，并逐步形成了"科技立国"的新战略。一方面对钢铁、有色金属、造船、石油化学、纤维和造纸等消耗能源较多的产业进行设备更新和产品

第十章 主要国家或地区的对外贸易

换代;另一方面将电子、能源、生命科学、新材料、宇宙和海洋开发等作为重点扶持的产业,大力推动这类产业产品的生产和出口,现在看来取得了很大成效。如今,日本在汽车发动机用精密陶瓷、火箭和飞机用碳素纤维、生产用机器人、办公自动化机器和新材料;生物工程技术产业如医药、农业、食品、能源;信息产业产品如游戏软件、半导体和大规模集成电路以及视听产品等领域,仍然保持着世界领先地位,出口额也稳步增长。比如,日本多年来一直是生产机器人的最大出口国,日本在这一行业的优势甚至于超过美国。

2. 加速日元国际化,抵消日元升值的不利影响

日元国际化的进程早在20世纪60年代就开始了,其主要标志是 1964 年正式成为国际货币基金协定(Agreement of the International Monetary Fund)"第8条款成员国",开始承担日元自由兑换的义务。

20世纪70年代以后,以美元作为国际中心货币地位的危机为主要背景,日元国际化进程得到发展。1978年放宽了对外汇的管制,1980年实行了新的外汇管理条例,1981年修订《新银行法》。1984年5月,日本公布了《关于金融自由化和日元国际化的现状与前景》。此后,为了促进日元国际化,日本政府采取了许多措施,比如扩大对外提供日元贷款、在贸易中更广泛地使用日元作为结算和支付货币、吸收欧洲日元贷款和放宽发行欧洲日元债券条件等。上述措施使日元国际化程度不断提高,比如从 1975—1985 年,日元在世界各国官方外汇储备中所占的比重从 0.5%上升到 7.6%,日元出口贸易中日元结算比例在 1997 年达到了 36%,这就意味着日本 36%的出口贸易不受汇率波动的影响。1998 年 4 月 1 日,日本实行了新的外汇法和外贸法,公司和个人可以自由在海外日资银行开设美元账户,存储美元,在国内可以使用美元购物。如今,日元已成为可自由兑换货币中比较重要的一种,日元汇率波动对其对外贸易的影响大大减轻。

3. 大力发展互补型对外投资

日元升值后,日本对外直接投资开始不断增加。1970 年,日本对外直接投资总额仅为 9 亿美元,1973 年超过了 30 亿美元,此后逐年增加,1981 年达到约 90 亿美元,1984 年突破 100 亿美元。1985

《国际货币基金协定》,1944 年 7 月 22 日联合国货币金融会议通过,于 1945 年 12 月 27 日生效。该协定共 31 条,曾于 1969 年和 1976 年 12 月两次进行修改。根据该协定成立了国际货币基金组织,是国际货币体系的主要支柱。

金融自由化指开放日本国内金融市场和欧洲日元市场并使利率自由化。日元国际化是指在国际交易中广泛地使用日元,让日元成为完全可以自由兑换的国际储备货币。

年广场协议（Plaza Accord）后，日本对外直接投资更是急剧增加，1986—1988 年 3 年时间对外投资累计 1028 亿美元，超过了战后 1951—1985 年 35 年累计对外投资总额的 837 亿美元。1989 年日本对外直接投资为 441 亿美元,超过了美国的 368 亿美元和英国的 352 亿美元，首次跃居世界第一位，2001 年日本对外直接投资累计 325 亿美元（以平均汇率折算）。

从投资结构看，日本对外投资主要集中于制造业，投资额最多的电气、汽车、化学、钢铁和有色金属等行业，占其对外制造业投资的 64%。日本对外投资中服务业一直未占据主导地位，主要限于金融保险、商业服务和不动产。

从投资地区构成看，日本对外投资主要以发达国家为主，依次为美国、英国、荷兰、澳大利亚、加拿大、德国和法国。对发展中国家和地区的投资主要集中在东亚地区，包括中国、印度尼西亚、泰国、中国香港、新加坡和马来西亚等，另外对开曼群岛和巴拿马的投资也比较高。

日本对外投资的一个鲜明特点就是与对外贸易的互补性强。比如日本向美国和欧洲国家的投资主要是为了绕开北美自由贸易协议和欧盟的贸易壁垒，对东亚国家的投资主要是为了降低生产成本。换句话说，日本将其一部分出口能力转移到其他东亚国家，通过利用这些国家廉价的工业用地和劳动力而形成生产能力，再向欧美国家出口。所以，从全球的角度看，日本的出口能力大大超过国际贸易统计的数额。而且，日本对东亚国家的投资主要以劳动密集型制造业为主，使这些国家对日本资本密集性资本品的需求不断增加，日本出口增长得以保持。

4. 推行战略性进口保护政策

从统计资料看，日本关税和直接的非关税壁垒措施并不高于同类发达国家，但日本市场的保护程度却非常高，主要体现在间接的非关税壁垒措施和产业政策、商品标准、政府采购等方面。其中比较典型的就是利用技术性贸易壁垒限制进口。根据世界贸易组织的有关统计，从 20 世纪 80 年代初期到 1994 年世界贸易组织成立之前，日本向关税及贸易总协定通报的，要实施的技术壁垒数量是 508 件，同期美国为 500 件，欧盟国家为 226 件，澳大利亚为 54 件。1995—2001 年，日本通报要实施的技术壁垒数量为 265 件，同期美国为 215 件，欧盟为 191 件，澳大利亚为 106 件。

1985 年 9 月 22 日，美国、日本、联邦德国、法国以及英国的财政部长和中央银行行长（简称 G5）在纽约广场饭店举行会议，达成五国政府联合干预外汇市场，诱导美元对主要货币的汇率有秩序地贬值，以解决美国巨额贸易赤字问题的协议。因协议在广场饭店签署，故该协议又被称为"广场协议"。

关贸总协定作为国际组织已不存在，它已被世界贸易组织取代。但是 GATT 作为协议现在仍然存在，但已不是国际贸易规则文件的主体，并已被修订更新。

第十章　主要国家或地区的对外贸易

所以，日本是世界上采取技术贸易壁垒最多的国家，这些措施对减少进口起到了重要的作用。就保护的领域看，主要集中在农产品、药品、生物技术产品、纺织品和服装、皮革等。就农业领域看，日本自第二次世界大战以来一直对农业采取高保护政策，为此已经与美国发生了数次贸易摩擦，和中国之间的农产品贸易争端也开始出现。另外，日本还在进口通关手续、政府采购、动植物的检验和检疫及产品标准方面以及服务贸易领域为进口设置了重重障碍。由于日本的战略性进口贸易保护政策实施已久，美国与其进行了数次谈判但收效并不明显，日本在这方面的经验是我国应该认真研究和借鉴的。

三、中国与日本的贸易关系

一直以来，经贸关系互利共赢都是中日关系的核心，也是中日共同的根本利益所在。中国、日本互为最主要的贸易伙伴。

1. 双边贸易额飞速增长

中日邦交正常化伊始的1972年，中日双边贸易额仅有10.4亿美元，30多年过去了，中日贸易得到了长足发展，双边贸易额增长200多倍。

据日本海关统计，2019年1—6月中国与日本双边货物进出口额为1464.1亿美元。其中，日本对中国出口638.7亿美元；日本自中国进口825.4亿美元，日本与中国的贸易逆差186.7亿美元。由于受新型冠状病毒肺炎疫情影响，2020年前4个月，我国与日本的贸易总额为6656亿人民币，与同期相对下降了2.1%，贸易顺差为599亿元人民币。

日本对中国出口的主要产品是机电产品、化工产品和运输设备等。日本自中国进口的主要商品为机电产品、纺织品及原料和贱金属及制品。在日本市场上，中国的劳动密集型产品占有较大优势，如纺织品及原料、鞋靴、伞和箱包等轻工产品在日本进口市场的占有率均在60%左右。

2. 双边投资持续增加

1979年，日本企业开始对华直接投资，截至2019年年底，日本累计对华投资实际使用金额为1157.0亿美元，占中国吸引外资总额的6.1%。自2010年以来，中国对日本直接投资显著增加，2021

年达到 50 亿美元左右。同时，日本对华直接投资中的服务业投资增多，投资领域朝着多元化方向发展。

我国对日本的投资虽然起步较晚，但发展迅速，在信息产业、软件外包服务、食品加工、新闻出版等多种行业都有了一些投资和合作，海尔、华为、上海电气等一些有实力的企业开始启动对日投资合作。2007 年，中国博奇和亚洲传媒在东京证券交易所成功上市。截至 2007 年年底，我国累计对日投资企业约 353 家，实际投资 2.4 亿美元。

3. 日本对华政府援助项目推动了中日经贸关系的发展

1979 年，日本开始对华实施政府开发援助（Official Development Assistance，ODA），自此，ODA 项目成为中日经贸往来中重要的一部分。但自 1992 年以来，日本政府对华 ODA 政策发生了转变，不仅在援助的地区、内容、领域、方式和资金额度方面进行了调整，而且增加了政治条件。

政府开发援助也称政府发展援助，是发达国家对发展中国家的一种经济援助。

日本政府通过 ODA 帮助我国发展能源、资源等基础产业，在交通、运输以及通信、农林、城建、环保等方面建设了一些大型项目。与此同时，日本对华经济援助多用于日本国内的采购，带动了对华出口，使日本企业得到了不可忽视的经济利益。1990 年，日元贷款占我国基本建设投资的 2.39%，1991 年该比例提高至 2.43%，但此后，日元贷款在我国基本建设投资中的占比越来越小。日本对华 ODA 逐年缩减，目前，日本政府已基本决定停止提供政府贷款、无偿援助、技术合作等三大主干内容。

第四节 欧盟的对外贸易

欧洲联盟（简称欧盟）前身是欧洲共同体（简称欧共体）。目前，欧盟包括 27 个成员国：比利时、丹麦、德国、希腊、西班牙、法国、爱尔兰、意大利、卢森堡、荷兰、葡萄牙、奥地利、瑞典、芬兰、波兰、匈牙利、斯洛伐克、立陶宛、拉脱维亚、爱沙尼亚、捷克、斯洛文尼亚、塞浦路斯、马耳他、保加利亚、克罗地亚和罗马尼亚。英国在 2020 年 1 月正式宣布脱离欧盟。

欧盟是世界上一支重要的经济力量。欧盟的诞生使欧洲的商品、劳务、人员、资本自由流通，使欧洲的经济增长速度快速提高。欧盟不仅因为新加入国家正处于经济起飞阶段而拥有更大的市场规模与市场容量,而且欧盟作为世界上仅次于美国的资本输出经济实体和商品与服务出口经济实体,以及欧盟相对宽容的对外技术交流与发展合作政策,对世界其他地区的经济发展特别是包括中国在内的发展中国家至关重要。2022年以来,欧盟经济处于低迷状态。除了新型冠状病毒肺炎疫情因素外,俄乌冲突也影响了整个欧洲。

一、欧盟对外贸易发展概况

1950—1995年,欧盟15国的货物出口与进口贸易额的增长速度较快,在世界出口贸易中的比重显著上升,从1950年占世界出口的30.7%提高到1995年占世界出口的40%。但自20世纪80年代起,欧盟的出口与进口贸易额的年均增长率均呈下降趋势。

成员国之间的贸易增长迅速。随着贸易自由化的开展,欧洲联盟成员国之间的贸易增长迅速,欧盟经历了贸易成长的高峰期。

2019年欧洲联盟27国对外贸易额(不含盟内贸易)40643亿欧元。其中,出口21323亿欧元,进口19320亿欧元;顺差2003亿欧元。英国"脱欧"后,美国、中国、英国分别为欧盟前三大贸易伙伴,占比分别为15.2%、13.8%、12.6%。美国、英国、中国分别为前三大出口市场,占比分别为18%、14.9%、9.3%。中国、美国、英国分别为前三大进口来源地,占比分别为18.7%、12%、10%。

二、欧盟对外贸易政策与措施

(一)欧盟贸易政策的主要内容

在推动欧洲统一的进程之中,以追求和分享集团排他性利益为主体的战略始终贯穿于一体化的各项计划与行动之中。把区域经济联合的集团利益突出展现于其成员国国家利益之上,这也是当今世界经济与政治格局向多极化方向发展、国际经济竞争日趋激烈的选择。欧盟的贸易政策与经济一体化以及欧洲结合的战略目标紧密相关,因此,欧盟贸易政策的内容必然反映出经济一体化的发展和欧洲联合以及加强欧盟的国际政治、经济地位的要求。

1. 欧盟的进口贸易政策

欧盟制订进口贸易政策的主要目的和重要内容就是贸易保护政策。这要求在统一的贸易政策下,通过内部产品消除流通障碍,并尽力阻止外部产品的进入,以保证欧盟成员国产品在欧盟市场的自由流通。典型的政策体现是关税同盟政策、共同农业政策(主要是农产品贸易保护政策）等。其主要手段：一是消除成员国相互间的关税以及与关税有同等作用的其他课税；二是设定统一的对外关税率；三是设定价格控制目标（主要适用于农产品）；四是资金支持。

2. 欧盟的市场准入政策

欧盟于 1996 年 2 月公布了一份题为《面临国际贸易的总体挑战：欧盟关于市场准入的战略》文件，标志着欧盟在共同对外贸易政策上的战略发展和变化，即以过去的以贸易保护措施为主的统一市场规则，逐渐转向以打开他国市场作为战略重点的共同对外贸易政策。欧盟的这一变化无疑将影响欧盟的全球经贸战略，也必将对整个国际贸易产生深远影响。

欧盟的市场准入战略是以其统一市场的开放为条件来换取他国市场的相应开放，这是欧盟在"乌拉圭回合"谈判中所坚持的主张。欧盟将以市场准入为目标，在多边范围内监督实施这一国际贸易规则。欧盟将通过诸如世界贸易组织等国际组织来要求其他国家改选所承诺的义务，以求各国在同等条件下向欧盟开放市场。在双边贸易关系中，如果贸易对象国不改选协议义务，欧盟可以根据贸易壁垒法规或新普惠制法规来采取单方面的贸易制裁措施。欧盟的贸易壁垒法规，即"3286/94 号法规"，类似于美国的贸易法"301 条款"，是欧盟采取市场准入措施的基本法规。根据该法规，欧盟可以单方面暂停履行所承担的协议任务，提高进口关税或采取进口数量限制。欧盟也可以根据新普惠制法规对受惠国单方面终止或取消普惠待遇，以打开该国市场。

与反倾销所具有的区域内保护效力不同，市场准入措施拥有打开他国贸易壁垒的区域外效力，尤其是欧盟以统一市场的开放为后盾，其影响不可轻视。根据欧盟的贸易壁垒法规规定，只要有欧盟内的工业企业或成员国提出申诉，执委就有权受理市场准入案件，进行立案调查，并与对象国谈判解决。其结果往往是对象国或者开放市场，或者受到欧盟方面的制裁而影响对欧盟的出口。因此，不应低估或忽视欧盟市场准入措施的威慑力。

（二）欧盟贸易管理主要措施

1. 关税及关税管理措施

2002 年，欧盟所有产品平均关税税率为 6.4%，其中非农产品平均关税税率为 4.1%，农产品平均关税税率为 16.1%。欧盟在食

第十章 主要国家或地区的对外贸易

品、饮料、烟草和纺织品等产品进口方面存在关税高峰，阻碍了有关产品的进口。关税高峰在农产品方面表现得尤为突出，如乳品、蛋白、天然蜂蜜，平均税率为 36.6%，最高税率有的高达 209.9%；又如谷物平均税率为 39.2%，最高税率有的高达 101.1%。欧盟在纺织品关税的制定上存在关税升级现象，如成衣的关税远高于纺织原料的关税。欧盟对一些水果、蔬菜或园艺产品除按从量税（Specific Duty）或复合税（Mixed or Compound Duties）征收关税外，不征收季节性关税。在欧盟区内生产同类产品的情况下，欧盟会按时令调整进口关税。

> 从量税是按照商品的重量、数量、容量、长度和面积等计量单位为标准计征的税收。复合税又称混合税，是对某一进出口货物或物品既征收从价税，又征收从量税。

2. 非关税壁垒

非关税壁垒是欧盟限制进口的主要措施。20 世纪 80 年代初，西方工业发达国家进口商品受到非关税壁垒影响的程度，美国为 15.9%，日本为 10.7%，欧洲经济共同体为 52.3%。可见，欧洲经济共同体进口商品受非关税壁垒影响程度最深。欧洲经济共同体的进口商品有 1/2 以上受到各种非关税壁垒的影响。

欧盟使用的非关税壁垒主要有：进口配额制、"自动"出口限额制、进口许可证制、技术性贸易壁垒和反倾销措施等。

三、我国与欧盟的经贸关系及发展

2019 年，欧盟为我国第一大贸易进出口伙伴，总额达到了 4.86 万亿人民币，比 2018 年增长了 8%。由于受新型冠状病毒肺炎疫情影响，全球经济正遭受前所未有的打击。2020 年前 4 个月，我国与欧盟的进出口贸易总额为 1.23 万亿元人民币，与 2019 年同期相比下降了 6.5%，贸易顺差约为 2000 亿元人民币。

我国与欧盟的经贸关系可以分为以下几个阶段。

1975 年建交之前，双边的贸易发展属于民间交往的性质，由于与欧共体没有外交关系，双边贸易发展也只能通过与各个成员国分别进行的。

1975 年至 20 世纪 90 年代中期，双边贸易关系正式建立，1978 年，我国与欧盟签署了贸易协定，成立了贸易联合委员会。1994 年，欧盟开始实施亚洲新战略，并相继制定了三个专门针对对华关系的政策性文件，1995 年通过了《中欧关系长期政策》，1996 年通过了《欧盟对华合作新战略》。1998 年欧盟理事会通过了决议，把中国从"非市场经济"国家的名单上删除，并通过《与中国建立全面伙伴关

系》。把欧盟的对华政策提高到与美国、俄罗斯、日本同等重要的地位，标志着中国与欧盟经贸关系进入了一个成熟稳定的发展阶段。

2020年，中国是欧盟前十大货物贸易伙伴中唯一实现贸易双向增长的贸易伙伴，中国在欧盟进出口市场中的比重均有所上升。从进出口总额看，中国是欧盟最大的贸易伙伴；但是将进出口市场分开来看，中国只是欧盟最大的进口来源地，在欧盟出口市场的排名中仅位居第三。新型冠状病毒肺炎疫情以来，欧盟主要进口来源国的占比结构略有变化，中国所占份额继续上升。2020年，欧盟从中国进口 3835.19 亿欧元，同比增长 5.72%，占欧盟进口总额的比重为 22.37%，同比增长 3.65 个百分点。

第五节 发展中国家或地区的对外贸易

发展中国家大多分布在亚洲、非洲和拉丁美洲及其他地区，占世界陆地面积和总人口的比重约为 70%。发展中国家地域辽阔，人口众多，有广阔的市场和丰富的自然资源及众多战略要地，无论经济、贸易还是军事，都占有举足轻重的地位。其中，中国是最大的发展中国家。

一、发展中国家对外贸易概况

（一）发展中国家在世界贸易中的比重不断提高

20 世纪 70 年代，由于石油价格上涨，发展中国家在世界出口贸易中的比重迅速提高。受石油价格下降和 20 世纪 80 年代初债务危机的影响，发展中国家在世界贸易中的比重有所下降。1990 年，非洲、拉丁美洲和加勒比海地区许多发展中国家在世界贸易中的比重甚至低于 1970 年的水平。

20 世纪 90 年代以来，发展中国家对外贸易的增长速度高于发达国家，发展中国家在世界贸易中的比重不断提高。发展中国家在世界出口贸易中的比重由 1970 年的 19.2% 上升至 2003 年的 32.1%；在世界进口贸易中的比重由 1970 年的 18.8% 上升至 2003 年的 29.0%。

（二）发展中国家的对外贸易发展很不平衡

由于经济发展和经济结构的不同，以及发达国家需求结构的变化和跨国公司投资方向的变换,使发展中国家对外贸易发展很不平衡。

制成品出口国家的出口在世界贸易地区分布中呈上升趋势,而其余国家呈下降趋势。发展中国家出口贸易中,制成品出口贸易增长率高于其他商品。在整个发展中国家和地区贸易中,石油出口国家贸易始终处于顺差地位,制成品主要出口国从逆差转为顺差,而其余的发展中国家和地区贸易始终处于逆差地位。

(三)发达国家与发展中国家的矛盾呈现出新的特点

如今,贸易与环境、贸易与劳工标准、贸易与竞争政策、贸易与商业腐败等问题已经成为发展中国家与发达国家贸易矛盾的新领域。一方面,欧美等少数发达国家以抵制"生态倾销"(Eco-Dumping)、"社会倾销"(Social Dumping)(或"劳工倾销")及"不公平竞争"为借口,以贸易制裁相威胁,力图将这些问题纳入多边贸易体制之中;另一方面,广大的发展中国家则以这些问题不符合国情、"政治倾销"为由,坚决反对。

"生态倾销"是指某国国内厂商使用过低的环境标准在国际上获得某种不公平的竞争优势。是欧美国家20世纪80年代中期针对环境标准较低的发展中国家提出的一个概念。

目前,发达国家在世界贸易体系中仍占绝对主导地位。不仅如此,发达国家还是世界贸易"游戏规则"的制定者和维护者。发达国家利用其政治、经济和科技优势,制定了有利于发达国家利益的国际贸易规则,为本国企业在21世纪参与国际分工和竞争营造良好的国际环境,而发展中国家的对外贸易仍没有改变在世界贸易中的从属地位,随着发展中国家经济实力的不断增强和贸易地位的不断提升,其与发达国家的贸易矛盾和斗争仍将继续。

"社会倾销"是一些发达国家对发展中国家低劳工标准的产品所提出的一种变相的贸易保护理论。

二、发展中国家的贸易发展战略

(一)进口替代发展战略

"进口替代"是指一国采取各种措施,限制某些外国工业品进口,促进国内有关工业品的生产,逐渐在国内市场上以本国产品替代进口品,为本国工业发展创造有利条件,实现工业化。进口替代发展战略又称进口替代工业化政策,是内向型经济发展战略的产物。一般做法是国家通过给予税收、投资和销售等方面的优惠待遇,鼓励外国私人资本在国内设立合资或合作方式的企业;或通过来料和来件等加工贸易方式,提高工业化的水平。为使国内替代产业得以发展,就要使用提高关税、实行数量限制、外汇管制等手段,限制外国工业品进口,以使国内受进口竞争的工业在少竞争、无竞争的条件下发育成长。

进口替代战略有助于刺激国内需求。消费、投资和出口常常被认为是拉动一国经济增长的"三驾马车",而进口替代发展战略的特点就在于,它是借助某种程度的国家干预和保护,利用本国资源从事在国内具有较大需求的工业制成品的生产。实施该战略,就意味大规模的国内生产和投资行为的开始,这对国内的投资需求产生极大的刺激作用。进口替代战略是增强发展中国家经济内循环质量的关键。

(二)出口导向发展战略

所谓出口导向发展战略,就是扶植和鼓励发展出口加工工业,使本国的工业生产面向世界市场,并以制成品和半制成品出口逐步代替过去传统的初级产品出口。其主要目的是利用扩大出口来积累资金,带动整个工业和国民经济的增长。

由于实施进口替代发展战略暴露出来的矛盾,迫使一些国家或地区寻求新的办法。在20世纪60年代中期前后,首先是东亚和东南亚一些国家和地区如新加坡、韩国、中国台湾,在实行一个短暂的进口替代之后,很快转向"面向出口"的贸易发展形式。它们指望利用自身廉价的原料和能源,发展劳动密集型的加工装配工业,并通过出口来带动经济的增长,缓和国际收支的严重压力。

在此以后,其他国家如巴西、墨西哥、菲律宾、马来西亚、泰国等,都先后不同程度地转向面向出口的贸易发展形式。

出口导向发展战略,关键是提高出口商品的竞争力,开拓和扩大国际市场。为此,实行这一贸易形式的发展中国家相应采取了一系列不同于进口替代期间的政策与措施。在外贸政策上,主要是适当放松进口限制,大力鼓励出口。为此采取的措施有:对出口制成品减免关税,外销退税(退还原材料进口关税),对出口给予补贴;对产品出口提供信贷和保险;对出口部门所需的原材料、零配件和机器设备进口,减免关税或减少进口限制;给出口商提供一定比例的进口配额和许可证等;在外汇和汇率政策上,除给出口企业和出口商优先提供外汇或实行外汇留成、出口奖金等措施外,还拟订合理的汇率,以改变本币高估,不利于本国产品出口的情况。为此,在此期间许多国家都实行了本币对外贬值的办法;在投资政策上,对面向出口的企业提供减免企业所得税、营业税等优惠;在外资政策上,为解决资金和技术的缺乏,吸引外国先进管理经验,打开国

第十章　主要国家或地区的对外贸易

际市场销售渠道，一些国家和地区先后实施具有吸引力的鼓励外国投资的政策，给外国投资者提供各种优惠和方便。为此采取的措施主要有：享受"国民待遇"，放宽利润和资本汇出的比率，放宽持投比例和投资部门的限制，享受税收和信贷方面的优惠，优先提供基础设施和公用事业服务，简化投资审批手续，给外国投资者及其家属以居住的方便等。一些国家与西方发达国家还签订了投资保证协定和避免双重税收协定。

第六节　"金砖五国"的对外贸易

一、"金砖五国"一词的来源

"金砖五国"是指巴西、俄罗斯、印度、中国及南非五个有希望在几十年内取代七国集团成为世界最大经济体的国家。这五个国家中，巴西被称为"世界原料基地"，俄罗斯被称为"世界加油站"，印度被称为"世界办公室"，中国被称为"世界工厂"，南非被称为"钻石之国"。

金砖国家最早是指"金砖四国"，这一词是由高盛证券公司首席经济学家吉姆·奥尼尔(Jim O'Neill)在 2001 年 11 月 20 日发表的一份题为《全球需要更好的经济之砖》（The World Needs Better Economic BRICs）中首次提出来的。2003 年 10 月，该公司在题为《与 BRICs 一起梦想：通往 2050 年的道路》（Dreaming with BRICs: The Path to 2050）的全球经济报告中预言，BRICs 将于 2050 年统领世界经济风骚，其中：巴西将于 2025 年取代意大利的经济位置，并于 2031 年超越法国；俄罗斯将于 2027 年超过英国，2028 年超越德国；如果不出意外的话，中国可能会在 2041 年超过美国从而成为世界第一经济大国；印度可能在 2032 年超过日本；BRICs 合计的 GDP 可能在 2041 年超过西方六大工业国(七国集团中除去加拿大)，这样，到 2050 年，世界经济格局将会大洗牌，全球新的六大经济体将变成中国、美国、印度、日本、巴西和俄罗斯。高盛的这份经济报告，使中国、印度、俄罗斯、巴西四国作为新兴经济体的代表和发展中国家的领头羊受到世界更多的关注，由此 BRICs（译称"金砖四国"）的称谓便风靡世界。

2010 年 11 月，二十国集团会议在韩国首尔举行，南非在此次会议上申请加入"金砖四国"。2010 年 12 月，中国作为"金砖国家"

"金砖四国"来源于英文 BRICs 一词，是指巴西（Brazil）、俄罗斯（Russia）、印度（India）和中国（China）四国，因这四个国家的英文名称首字母组合而成的"BRICs"一词，其发音与英文中的"砖块"(bricks)一词非常相似，加之这四国都是非常具有未来发展潜力的发展中国家的大国，都是未来掘"金"的好地方，故被称为"金砖四国"。

国际贸易概论

合作机制轮值主席国,与俄罗斯、印度、巴西一致商定,吸收南非作为正式成员加入"金砖国家"合作机制,"金砖四国"即变成"金砖五国",并更名为"金砖国家"(BRICS)。

"金砖五国"国土面积占世界领土总面积的30%,人口占全球总人口的42%。2021年,"金砖五国"GDP合计已达24.7万亿美元,约占全球经济总量的25%。国际货币基金组织数据显示,"金砖五国"对世界经济增长的贡献率超过50%。可以说,金砖国家是名副其实引领世界经济增长的最主要动力源。

二、"金砖五国"的对外贸易发展概况

(一)巴西

巴西是拉丁美洲最大的国家,总人口2.16亿(2022年),为美洲第二,居世界第六;面积851.49万平方公里,是拉丁美洲面积最大的国家,为世界第五,仅次于俄罗斯、加拿大、美国与中国;与乌拉圭、阿根廷、巴拉圭、玻利维亚、秘鲁、哥伦比亚、委内瑞拉、圭亚那、苏里南、法属圭亚那接壤。巴西拥有辽阔的农田和广袤的雨林。国名源于巴西红木。得益于丰厚的自然资源和充足的劳动力,2021年GDP为1.61万亿美元。

2021年巴西出口总额2787.4亿美元,全年进口总额2189.5亿美元。巴西前五大出口目的国分别为:中国、美国、阿根廷、荷兰和智利,对前五大出口目的国出口占出口总额的比重分别为:32.12%、10.89%、4.20%、3.27%和2.32%。

2021年,巴西对我国出口额为644.22亿美元。在巴西对我国出口商品中,初级产品占比超过90%,其中以铁矿石、石油等为主的"矿产品"是巴西销往中国的最大类别商品;以大豆、木浆等为主的"植物类产品"是巴西向中国出口的第二大类别商品,之后是以牛肉、鸡肉为主的"动物类"商品。多年来不但铁矿石、大豆等大宗商品对我国出口保持稳定增长,而且肉类、水果、蜂蜜等产品对我国出口商机也不断增加,农产品对我国出口占比近十年来显著提升。2021年巴西对我国农业出口额超过400亿美元。

巴西前五大进口来源国分别为:中国、美国、阿根廷、德国、韩国,前五大进口来源国在进口总额中所占比重分别为:21%、18%、6%、6%和3%。2021年巴西从我国进口294.13亿美元。巴西主要进口产品主要包括:成品油、原油、汽车配件、通信设备、非航行

第十章 主要国家或地区的对外贸易

用船舶、集成电路、药品、农药、各类管件、化肥等。2019年巴西进口成品油129.8亿美元，同比增长1%；进口原油46.5亿美元，同比下降8%；进口汽车配件46亿美元，同比下降22%；进口通信设备44.3亿美元，同比增长4%；进口非航行用船舶44亿美元，同比下降54%；进口集成电路41亿美元，同比下降10%；进口药品37.1亿美元，同比增长7%；进口农药36.1亿美元，同比增长22%；进口各类管件35.5亿美元，同比增长258%；进口化肥34.6亿美元，同比增长11%。

中国与巴西早在100多年前就开始了交往，建在里约热内卢蒂茹卡国家公园的中国亭是对于1812年来此传艺的中国茶农永久的纪念。1974年8月15日两国建交以来，政治、经济、贸易、文化、科技合作顺利发展。目前，巴西是中国在拉丁美洲最大的贸易合作伙伴，2020年，两国双边贸易额为1025.66亿美元，首次突破1000亿美元大关。

（二）俄罗斯

俄罗斯国土面积1707.55万平方公里，是世界上面积最大的国家（世界国家和地区第1名；占苏联领土面积的76%），水域面积占13%，地域跨越欧亚两个大洲，与多个国家接壤。人口1.46亿（2022年）。俄罗斯人口分布极不均匀，欧洲部分人口约占全国人口的4/5，而广大东部地区人口密度每平方公里不足一人。城市人口占全国的73%。

俄罗斯是世界经济大国。苏联时期它是世界第二经济强国。苏联解体后其经济一度严重衰退。2000年之后俄罗斯的经济迅速恢复发展。2006年俄罗斯的经济全面超过1990年解体前。2021年俄罗斯的GDP达到1.78万亿美元。

俄罗斯出口商品结构以能源产品和资源型原料产品为主，能源产品大约占出口商品总额的40%以上，金属、宝石及其制品占出口商品的1/4。俄罗斯的出口商品以初级产品为主，体现了鲜明的特征。

俄罗斯是世界上最大的天然气出口国。2021年，俄罗斯每天生产1010万桶原油和凝析油，其中470万桶/天出口，占了45%以上。俄罗斯大部分出口的原油和凝析油，出口到了经合组织欧洲地区，几乎占俄罗斯总出口量的一半。中国是俄罗斯原油和凝析油进口数量最多的国家。2021年，中国进口了俄罗斯原油和凝析油出口总量的近 1/3，即 140 万桶/天；荷兰和德国合计进口了俄罗斯原油和凝析油出口总量的 1/4，即 118 万桶/天。

2021 年，俄罗斯出口了 8.9 万亿立方英尺（约合 2520 亿立方米）的液化天然气和管输天然气，占其 24.8 万亿立方英尺天然气（约合 7023 亿立方米）产量的 36%。在俄罗斯出口的天然气中，84%是通过管道输送到目的地国家的，其余的是液化天然气。与原油和凝析油出口类似，经合组织欧洲地区是俄罗斯天然气最大的出口地区，占俄罗斯天然气出口总量的近 75%。德国、土耳其、意大利、白俄罗斯和法国获得了俄罗斯出口的大部分天然气。中国和日本是俄罗斯十大天然气出口目的地之一，合计占俄罗斯天然气出口总量的约 10%，即 8820 亿立方英尺（约合 250 亿立方米）。

俄罗斯生产的煤炭一半以上用于出口，2021 年煤炭出口总量为 2.62 亿短吨（约合 2.38 亿吨）。俄罗斯 2021 年煤炭出口总量的 1/3，出口到了经合组织欧洲地区，其中德国、荷兰、土耳其和波兰共占俄罗斯煤炭出口总量的 24%。2021 年，俄罗斯煤炭出口总量中的 90%是动力煤，主要用于发电。

俄罗斯进口商品以机器设备、运输工具、食品和农业原料为主，其相加几乎占到进口商品总额的 60%以上，说明多年来俄罗斯工业缺乏技术的更新改造，工业设备严重老化。另外，农业产品依然短缺，农副产品难以满足国内需求，每年不得不动用外汇，大量进口食品。

俄罗斯是横跨欧亚的大国，由于历史形成的经济区域分工和经济地理的特点，俄罗斯的经济重心一直在欧洲。俄罗斯对外贸易的重点在欧洲，与欧盟、独联体国家和中东欧国家的外贸比重占到 80%以上，与亚太经合组织国家的外贸比重还不到 20%。

（三）印度

印度位于亚洲南部，是南亚次大陆最大的国家，最悠久的文明古国之一。与孟加拉国、缅甸、中国、不丹、尼泊尔和巴基斯坦等国家接壤，与斯里兰卡和马尔代夫等国隔海相望。人口 14.08 亿（2021 年），面积约 298 万平方公里，GDP 3.18 万亿美元（2021 年，国际汇率）。

印度是一个农业大国，主要农产品有稻米、小麦、牛奶、油料、甘蔗、茶叶、棉花和黄麻等。印度是世界第一大产奶国，也是世界重要的产棉国和产茶国。牛、山羊、绵羊头数居世界第一。

第十章 主要国家或地区的对外贸易

印度对外贸易中，主要出口产品有纺织品、宝石及珠宝、化工产品、石化产品、农渔产品、皮质品、电子产品及地毯等，主要进口产品则有原油、黄金、宝石、钢铁、化学产品、机械及电子产品。主要进出口方向是欧盟（比利时、瑞士、德国、荷兰、英国）、北美地区（加拿大、美国）及澳大利亚、日本和中国。2008年，中国超过美国，成为印度的第一大贸易伙伴。

1950年4月1日，中印两国建交。近几年来，中印经贸关系发展迅速。2003年，两国建立了联合研究小组，专门研究两国经济的互补性，并制定了经贸合作计划。2004年，中印双边贸易额超过136亿美元，同上一年的76亿美元相比，增长率约80%。2005年4月，中印签署《中华人民共和国与印度共和国联合声明》，宣布建立战略合作伙伴关系。

（四）中国

近年来，在全球经济贸易整体放缓的背景下，中国对外贸易逆势增长，规模创历史新高，实现稳中提质，高质量发展取得新成效。2022年，我国外贸进出口在上年高基数基础上实现稳定增长，连续6年保持世界第一货物贸易国地位。据有关数据显示，2022年我国货物贸易进出口总值42.07万亿元，比2021年增长7.7%。其中，出口23.97万亿元，增长10.5%；进口18.1万亿元，增长4.3%。党的二十大报告指出，我国实行更加积极主动的开放战略，构建面向全球的高标准自由贸易区网络，加快推进自由贸易试验区、海南自由贸易港建设，共建"一带一路"成为深受欢迎的国际公共产品和国际合作平台。我国成为140多个国家和地区的主要贸易伙伴，货物贸易总额居世界第一，吸引外资和对外投资居世界前列，形成更大范围、更宽领域、更深层次对外开放格局。

2020年以来，习近平总书记多次作出重要指示批示，强调稳住外贸外资基本盘，要求促进外贸创新发展，培育外贸新动能。党的十九届五中全会也明确提出，全面提高对外开放水平，推动贸易和投资自由化便利化，推进贸易创新发展，增强对外贸易综合竞争力。党的二十大报告指出，我国要推进高水平对外开放。依托我国超大规模市场优势，以国内大循环吸引全球资源要素，增强国内国际两个市场两种资源联动效应，提升贸易投资合作质量和水平。稳步扩大规则、规制、管理、标准等制度型开放。推动货物贸易优化升级，创新服务贸易发展机制，发展数字贸易，加快建设贸易强国。要深度参与全球产业分工和合作，维护多元稳定的国际经济格局和经贸关系。

（五）南非

南非全称南非共和国，位于非洲大陆最南端，北邻纳米比亚、博茨瓦纳、津巴布韦、莫桑比克和斯威士兰，海岸线长 3000 公里，国土面积 121.909 万平方公里，人口 5939.2 万（2021 年），是南部非洲最大的经济体。

南非属于中等收入的发展中国家，也是非洲经济最发达的国家。1994 年新南非成立以来，经济年均增长 3%，2005—2007 年超过 5%。2008 年受国际金融危机影响，南非经济增速明显放缓，降至 3.1%。2009 年南非经济逐渐回升向好。2010 年经济形势进一步好转。国内生产总值 4190 亿美元（2021 年，国际汇率）。

南非自然资源十分丰富，矿业历史悠久，具有完备的现代矿业体系和先进的开采冶炼技术。2008 年矿业产值约占国内生产总值的 8%，直接就业人口约 52 万。矿产品是出口的重要构成部分，2008 年矿产品出口额约占出口总额 31%。同时南非也是世界上重要的黄金、铂族金属和铬生产国和出口国，钻石产量约占世界的 9%。南非的德比尔斯（De Beers）公司是世界上最大的钻石生产和销售公司，总资产 200 亿美元，其营业额一度占世界钻石供应市场 90%的份额，目前仍控制着世界粗钻石贸易的 60%。矿业与制造业、农业、服务业并称为南非经济的四大支柱，且深井采矿等技术居于世界领先地位。

南非农业较发达，产值约占国内生产总值的 3%。可耕地约占土地面积的 13%，适于耕种的高产土地仅占 22%。农业、林业、渔业就业人数约占人口的 7%，其产品出口收入占非矿业出口收入的 15%。农业生产受气候变化影响明显。玉米是最重要的粮食作物。各类罐头食品、烟、酒、咖啡和饮料畅销海外。畜牧业也较发达，主要集中在西部 2/3 的国土。牲畜种类主要包括牛、绵羊、山羊、猪等，家禽主要有鸵鸟、肉鸡等。主要产品有禽蛋、牛肉、鲜奶、奶制品、羊肉、猪肉、绵羊毛等。所需肉类 85%自给，15%从纳米比亚、博茨瓦纳、斯威士兰等邻国和澳大利亚、新西兰及一些欧洲国家进口。绵羊毛产量可观，是世界第四大绵羊毛出口国。

南非实行自由贸易制度，是世界贸易组织（WTO）的创始会员国。欧盟与美国等是南非传统的贸易伙伴，但近年与亚洲、中东等

第十章 主要国家或地区的对外贸易

地区的贸易也在不断增长，中国是南非最大的贸易伙伴国。表 10-1 是近年来南非的对外贸易情况。

表 10-1　　近年来南非的对外贸易情况　　单位：亿兰特

进出口额 \ 年份	2005	2006	2007	2008	2009	2010
出口额	3314	3965	4919	6631	5154	5900
进口额	3517	4650	5612	7276	5412	5850

南非的外国资本主要来自欧美国家，尤以欧洲为主，占对南非累计投资额的近 70%，美洲占近 20%。英国是累计对南非直接投资最多的国家，约占 2/5。外资投资以间接投资为主，如证券资本投资，直接投资（FDI）较少。在南非，拥有资产的外国公司投资大多集中于采矿、制造、金融、石油加工和销售等部门。2020 年南非吸收外国直接投资 31.1 亿美元。1994 年以来，各国政府、国际组织承诺向南非政府提供援助，用于支持"重建与发展计划"。主要援助国有美国、英国、德国等。多边组织如世界银行和国际货币基金组织也均向南非提供援助。2002 年南非共接受各类援助 6.568 亿美元，其中无偿援助 5.049 亿美元。

【阅读资料】

金砖五国经济贸易合作

近年来，金砖国家虽然取得较大发展，但各国经济增长并非完全同步，特别是 2008 年美国次贷危机发生之后，全球经济疲弱，金砖各国经济增长也出现了较大幅度地震荡。然而，这一时期以中国为代表的金砖国家依然保持强劲的经济增长态势，金砖国家内部之间的经济合作持续深化。有数据显示，中国与其他金砖国家货物贸易额从 2008 年的 1752 亿美元大幅提高到 2019 年的 3614 亿美元，金砖国家贸易总额占世界比重已接近 17%。中国对其他金砖国家投资存量从 2008 年的 53 亿美元快速增长到 2019 年的 270 亿美元。受新型冠状病毒肺炎疫情和全球经济萎靡的影响，贸易和投资规模增幅有所波动或减缓，但经济贸易往来仍然持续向好。2020 年在主题为"深化金砖伙伴关系，促进全球稳定、共同安全和创新增长"的第十二次俄罗斯峰会上，金砖国家领导人提出推进金砖国家经济伙伴关系，明确贸易投资和金融、数字经济、可持续发展三个重点合作领域，为未来 5 年金砖国家经贸合作规划了重点领域和路线图。与会各国承诺，维护多边贸易体制，重振和改革包括联合国、世界贸易组织、世界卫生组织、国际货币基金组织等国际组织在内的多边体系。2021 年金砖国家领导人第十三次会晤，进一步强调以包容的协商与合作为基础，促进金砖国家间经济、贸易、财政、金融等领域合作和可持续发展。新型冠状病毒肺炎疫情爆发以来，金砖国家在经济贸易领域开展了广泛合作，为全球抗击疫情、经济复苏作出了积极贡献。

本章小结

1. 发达国家又称已发展国家，是指经济发展水平较高，技术较为先进，生活水平较高的国家，又称作工业化国家、高经济开发国家（MEDC）。

2. 发达国家对外贸易发展主要特点是：①发达国家在世界贸易发展中很不平衡；②国际贸易商品结构发生了重大变化；③技术贸易日益发展；④服务贸易地位上升；⑤贸易集团化的趋势加强。

3. 第二次世界大战后美国对外贸易发展特点表现在：①美国在世界商品贸易中的地位受到挑战，但影响力仍不容小看；②美国服务贸易居世界首位；③美国的跨国公司数量巨大；④美国主要贸易伙伴多。

4. 第二次世界大战后日本对外贸易发展特点表现在：①地理位置优越，有利于发展对外贸易，且以海上贸易为主；②对外贸易一直处于顺差状态；③贸易地理方向集中度高，主要贸易伙伴为美国、中国和韩国等。

5. 第二次世界大战后，发达资本主义国家在世界贸易中仍占支配地位，但发展很不平衡。发展中国家在世界贸易中的比重在不断提高。

6. 发展中美经贸关系对中美两国经济的发展具有重要的作用，它是世界和平与稳定的重要因素。欧盟经过五次扩大后成员已由最早的 6 个成员发展成 27 个成员。欧盟是一个发育成熟的统一大市场，有着巨大的生产能力和先进的科学技术，其整体实力在世界经济中占有重要地位，世界第一大经济和贸易集团，欧盟成员多数是我国的传统贸易对象，有着悠久的贸易历史。中日双边贸易额大幅度增长，中国已取代美国成为日本第一大贸易伙伴。发展中国家中被称为"金砖五国"的对外贸易也引起了世界各国的特别关注。

练习题

一、填空题

1．中美贸易关系发展的主要障碍有_____、_____、_____等。

2．欧洲联盟成员国共有_____个国家。

3．欧盟贸易政策的主要内容有_____、_____。

4．发展中国家的贸易发展战略有_____、_____。

5．"金砖五国"指_____、_____、_____、_____、_____。

二、单项选择题

1．中国第一大贸易伙伴是（　　）。
   A．日本　　　　　　B．美国
   C．欧盟　　　　　　D．东盟

2．美国一贯对我国输入的所谓敏感性商品采取进口限制政策。其中，对（　　）的限制尤为突出。
   A．纺织品　　　　　B．机电产品
   C．钢铁　　　　　　D．农产品

三、多项选择题

1．欧盟的前三大进口国分别是（　　）。
   A．中国　　　　　　B．美国
   C．俄罗斯　　　　　D．加拿大
   E．日本

2．欧盟使用的非关税壁垒主要有（　　）。
   A．进口配额制
   B．"自动"出口限额制
   C．进口许可证制
   D．技术性贸易壁垒和反倾销措施
   E．外汇管制

四、判断题

1．经过五次扩大后欧盟成员国已由最早的 6 个成员发展成 27 个成员。（   ）

2．贸易与环境、贸易与劳工标准、贸易与竞争政策、贸易与商业腐败等问题已经成为发展中国家与发达国家贸易矛盾的新领域。（   ）

3．"金砖五国"中的印度被称为"世界工厂"，中国被称为"世界办公室"。（   ）

五、名词解释

1．进口替代
2．出口导向

六、问答题

1．简述发达国家对外贸易发展特点。
2．第二次世界大战后美国对外贸易政策与措施有哪些？
3．简述第二次世界大战后日本对外贸易发展特点。
4．欧洲联盟的对外贸易政策与措施有哪些？
5．简述发展中国家对外贸易发展概况。

课堂讨论

通过本章的阅读与相关资料的了解，分析中国加强与西方发达国家经贸来往的障碍与对策。

参 考 文 献

[1] P.A.Samuelson. International Trade and the Equalization of Factor Prices. Economic Journal, 1948.

[2] Wassily W. Leontief Domestic Production and Foreign Trade: The American Capital Position Re-Examined. Proceedings of the American Philosophical Society, 1953，97.

[3] Linder, S.B. An Essay on Trade and Transformation, New York: John Wiley and Sons, 1961.

[4] 卢森堡．国民经济入门．彭尘舜，译．北京：三联书店，1962.

[5] 李嘉图．政治经济学及赋税原理．丰俊功，译．北京：商务印书馆，1979.

[6] 姚曾荫．国际贸易概论．北京：人民出版社，1987.

[7] 冷柏军．国际贸易理论与实务．北京：中国财政经济出版社，2000.

[8] 斯奈德，佩里．电子商务概论：第2版．成栋，译．北京：机械工业出版社，2001.

[9] 覃征，李顺东，阎礼祥．电子商务与国际贸易．北京：人民邮电出版社，2002.

[10] 马赛厄斯，波拉德．剑桥欧洲经济史：第8卷．王春法，译．北京：经济科学出版社，2004.

[11] 杨先明．国际直投资、技术转移与中国技术发展．北京：科学出版社，2004.

[12] 刘诚．国际贸易．北京：中国金融出版社，2005.

[13] 夏皮罗．跨国公司财务管理基础：第5版．蒋屏，浦军，译．北京：中国人民大学出版社，2006.

[14] 袁永友．国际贸易基础知识．北京：对外经济贸易大学出版社，2006.

[15] 蒋瑛．跨国公司管理．成都：四川大学出版社，2006.

[16] 葛正鹏，郑备军．西方经济成长——基于经验研究．北京：科学出版社，2006.

[17] 杜奇华．国际技术贸易教程．北京：首都经济贸易大学出版社，2007.

[18] 王红岩．国际投资学教程．上海：立信会计出版社，2007.

[19] 赵春明．跨国公司与国际直接投资．北京：机械工业出版社，2007.

[20] 林康．跨国公司经营与管理．北京：对外经济贸易大学出版社，2008.

[21] 卢进勇,刘恩专. 跨国公司理论与实务. 北京:首都经济贸易大学出版社,2008.
[22] 郭兰羽,兰宜生. 国际贸易学. 上海:上海财经大学出版社,2008.
[23] 刘咏芳,等. 国际贸易电子商务. 北京:清华大学出版社,2008.
[24] 祝雅辉. 国际电子商务贸易. 上海:上海财经大学出版社,2008.
[25] 赵燕平. 电子商务概论. 2版. 北京:高等教育出版社,2008.
[26] 陈岩. 国际贸易理论与实务. 北京:清华大学出版社,2008.
[27] 薛荣久. 国际贸易. 北京:对外经济贸易大学出版社,2008.
[28] 张玮. 国际贸易原理. 北京:中国人民大学出版社,2009.
[29] 陈同仇,张锡嘏. 国际贸易. 北京:对外经济贸易大学出版社,2009.
[30] 周启元,谭立本. 国际贸易. 北京:中国商务出版社,2009.
[31] 潘素昆. 跨国公司经营与管理. 北京:中国发展出版社,2009.
[32] 朱智洺. 国际贸易学. 北京:中国电力出版社,2009.
[33] 刘春航. 跨国公司战略与中国本土企业的发展. 北京:中信出版社,2009.
[34] 张锡嘏. 国际贸易. 4版. 北京:对外经济贸易出版社,2009.
[35] 张二震,马野青. 国际贸易学. 4版. 南京:南京大学出版社,2009.
[36] 孙睦优. 国际贸易学. 武汉:武汉大学出版社,2009.
[37] 吴汉嵩. 国际贸易学. 广州:暨南大学出版社,2010.